公有土地租赁制度

——国际经验

〔美〕史蒂文·C.布拉萨　康宇雄　编

林肯土地政策研究院　译

商　务　印　书　馆

2007年·北京

图书在版编目(CIP)数据

公有土地租赁制度:国际经验/(美)布拉萨等编;林肯土地政策研究院译.—北京:商务印书馆,2007

ISBN 978-7-100-05342-6

Ⅰ.公…　Ⅱ.①布…　②林…　Ⅲ.公有地-租赁-研究
Ⅳ.F301

中国版本图书馆 CIP 数据核字(2007)第 003602 号

公有土地租赁制度——国际经验

〔美〕史蒂文·C.布拉萨　康宇雄　编

林肯土地政策研究院　译

商 务 印 书 馆 出 版
(北京王府井大街36号　邮政编码 100710)
商 务 印 书 馆 发 行
北 京 瑞 古 冠 中 印 刷 厂 印 刷
ISBN 978-7-100-05342-6

2007 年 8 月第 1 版　　开本 787×1092 1/16
2007 年 8 月北京第 1 次印刷　　印张 14¼
定价:28.00 元

Leasing Public Land

Experiences from Abroad

Edited by

Steven C. Bourassa and Yu-Hung Hong

LINCOLN INSTITUTE
OF LAND POLICY

目　录

前言

贡献者

第一部分　已建立系统的经验教训 ………………………… 1

第一章　澳大利亚堪培拉的公有土地租赁

马克斯·纽齐兹………………………………………… 3

第二章　荷兰一百年的公有土地租赁制度

巴里·尼达姆 ……………………………………… 27

附　录　决定土地地租价格和价值的方法 ………………… 46

第三章　瑞典土地租赁制度——获得土地价值的方法

汉斯·马特森 ……………………………………… 52

第四章　芬兰公有土地租赁制度

佩卡·V. 弗塔嫩 …………………………………… 70

第五章　土地租赁制:在以色列私有化时期广泛的公有土地的所有制

雷切勒·奥尔特曼 ………………………………… 88

第二部分　公有土地租赁系统尝试 ……………………… 127

第六章　乌克兰城市土地私有化使用期限的选择:租赁权的作用

安·路易斯·斯特朗………………………………… 129

附　录………………………………………………………… 160

第七章 路易斯安那的经验——租赁军事基地
克里斯蒂·I. 巴克斯特 …………………………… 167
第八章 波兰的长期公有租赁制度:鼓励性契约的含义
戴维·戴尔-约翰逊和 W. 简·布热斯基 ………… 186
附 录 模型…………………………………………… 214

林肯土地政策研究院简介 …………………………… 218

前　言

回顾我们的这项关于国际公有土地租赁制度的研究课题，其缘起其实很有水到渠成的意味。1999 年，康宇雄（Yu-Hung Hong）在林肯土地政策研究院作为访问学者工作期间，为该研究院的时事季刊《土地之界》（*Land Lines*）撰写了一篇探讨中国香港和堪培拉的土地租赁制度经验的文章。

这篇文章引起了非常大的反响。有学者提出，这种基于两个个案的研究成果是否能够被广泛运用到其他公有土地租赁系统中；也有人建议把此文翻译成多种语言以便为更广泛的读者学习领会。我们注意到了这些反响，并决定向林肯土地政策研究院申请组织一场研讨会，以收集和研究当今世界各国公有土地租赁状况。该申请获得批准后，我们在 2000 年 6 月召开了为期两天的研讨会。那次会议的交流成果以及此后我们的研究所得由林肯土地政策研究院在 2003 年汇编成《公有土地租赁：政策探讨及国际经验》（*Leasing Public Land*：*Policy Debates and International Experiences*）。

这里呈现给广大读者的版本，包含了《公有土地租赁：政策探讨及国际经验》书中 12 个章节中 8 个章节的中文翻译。这些被选中的章节描述了中国之外许多国家地区的土地租赁经验。这些经验可被大致归为两种：成熟的土地租赁经验与在若干经济转型国家以及美国有些地区正在进行的租赁制度实验。书中涵盖的具体案例包括澳大利亚堪培拉、荷兰、瑞典、芬兰、以色列、美国路易斯安那、乌克兰和波兰。我们希望研究这些公有土地租赁经验对中国的土地政策制定能够起到一定的示范和指导作用。

对于林肯土地政策研究院给予我们的财政支持和《公有土地租赁：政策探讨及国际经验》有关章节的重新印刷许可，我们在此深表感谢。最后，感谢商务印书馆使本书得以付印发售。

史蒂文·C. 布拉萨（*Steven C. Bourassa*）
康宇雄（*Yu-Hung Hong*）

贡 献 者

研讨会协调者和编译者

Steven C. Bourassa

Professor and Director

School of Urban and Public Affairs

University of Louisville

Louisville, Kentucky

Yu-Hung Hong

Visiting Assistant Professor

Department of Public Administration and Urban Studies

University of Akron

Akron, Ohio

作者

Rachelle Alterman

Professor, Holder of David Azrieli Chair in Architecture and Town Planning

Associate Dean for Research and Graduate Studies

Technion: Israel Institute of Technology

Haifa, Israel

Christie Baxter

Principle Research Scientist

Department of Urban Studies and Planning

Massachusetts Institute of Technology

Cambridge, Massachusetts

W. Jan Brzeski

Senior Urban Specialist

The World Bank

Washington, DC

David Dale-Johnson

Associate Professor of Finance and Business Economics

Marshall School of Business
University of Southern California
Los Angeles, California

Hans Mattsson
Professor of Real Estate Planning
Royal Institute of Technology
Stockholm, Sweden

Barrie Needham
Professor of Spatial Planning
Faculty of Management Sciences
University of Nijmegen
Nijmegen, Netherlands

Max Neutze (deceased)
Visiting Fellow
Urban and Environment Program
Research School of Social Sciences
Australia National University
Canberra, Australia

Ann Louise Strong
Emeritus Professor of City and Regional Planning
University of Pennsylvania
Philadelphia, Pennsylvania

Pekka V. Virtanen
Emeritus Professor of Urban Planning, Land Valuation and Management
Helsinki University of Technology
Espoo, Finland

第一部分

已建立系统的经验教训

第一章

澳大利亚堪培拉的公有土地租赁

马克斯·纽齐兹(Max Neutze)

本章主要介绍澳大利亚首都堪培拉出租公有土地用于城市建设的经验教训①。第一部分主要介绍澳大利亚的土地政策,时间从1901年英国殖民地联盟决定重新建立国家首都开始。从19世纪30年代以来,土地政策就是政治体系中的主要部分。长期以来占据大量农村土地的土地所有者不需要付出任何代价就可以使用土地的现象,引起人们普遍不满。城市土地的投机活动也很猖獗,尤其在19世纪80年代更甚(Cannon,1966)。

公有土地租赁系统以及城市发展前的公有土地所有制都促进了堪培拉的城市建设。尽管公有土地租赁系统在堪培拉得到很高的评价,本章主要讨论现存的问题和不足,因为人们已经充分认识到公有土地的租赁系统对城市规划和公共财政的促进作用。但是在近几十年,公有租赁系统已经在一些方面出现了腐化现象。

一、历史背景

1788年,阿瑟·菲利普(Arthur Phillip)上校在悉尼小海湾登陆并在当地建立刑事殖民地,宣布了土地归英国皇室所有。土地归皇室所有的说法

① 堪培拉是澳大利亚首都范围(ACT)内的主要城市区域。ACT剩余的地区大部分是自然丛林,主要作为水资源聚集处和空地之用。

直到1788年才给予更正，并认为这些土地是无人占领的，因此不属于任何一方。直到1992年，高等法院按昆士兰法律第二条判定该土地在欧洲入侵前是归当地政府所有①。本章的这个部分简要描述一些澳大利亚农村土地私有化的原因，并与城市的土地私有化进行对比。到19世纪末，澳大利亚大部分土地已完成了私有化过程并实行私人终身所有制。

1. 从1788年的殖民统治到1901年的联邦政府

回顾历史，尽管早期的新南威尔士州长不断地进行英勇的尝试，但是土地使用受益于所有澳大利亚人民的目标却从来没有实现过。相反地，第一批殖民者看到的是大面积贫瘠的土地，覆盖着桉树和洋槐。对于初期的殖民者来说，最大的威胁是饥饿，因而他们积极地进行食物的生产。直到1830年，土地都是按照租赁合同进行分配的：每个被释放的囚犯可获得30英亩的土地，结婚后可获得50英亩，每增加一个小孩可以多分得10英亩。士兵和自由移民者可以分得更大份额的土地。在头10年里土地是免费出租的，往后每年每10英亩土地的租金为一个先令。土地使用者要求居住、清理并耕种他们所得到的土地，但是这些问题被广泛地忽略了；相反地，土地使用权变成了投机买卖中的主要项目。直到1830年，在接近400万被分配的土地中，不到10%的土地被整理。在被整理的土地中，不到1/4的土地被耕作。

从1831年起，土地买卖成了当地殖民政府的一项重要财政收入。地主们在政治上的势力逐渐强大，但是劳动力和妇女却相对地比较缺乏。在新南威尔士州，土地是以拍卖的方式出售的，并规定了土地最低的拍卖价格为每英亩5先令，到了1839年土地价格上涨到每英亩12先令，1842年为一英磅，所得的收入主要用于帮助移民迁徙。到1851年将近200万英亩的土地被出售。政府并没有试图限制可被出售的土地数量。投机购买再次成为社会问题，并且绝大部分的土地并没有被用于农业生产。另一方面，一种新现象——擅自占用土地——在各殖民地划分的统治区域外出现。擅自占地

---

① 175 CLR, pp. 51～53.

者通常并没有土地的所有权。从1847年起,一些擅自占地者被允许租赁这些土地,租期为14年,或者也可以按每英亩1先令的方法将土地买下。他们通过这种条款购买土地,并控制水源,反过来使他们能够控制更大范围的土地。

随着这些擅自占有土地者势力的增强,到了19世纪50年代他们具备了阻止土地被过分开发和条件苛刻的租赁合同的实行的能力(Gollan,1960)。在19世纪50年代淘金热时期出现了大量的移民,殖民政府开始担心当金子被开采完后可能出现的大批失业危机。同期,成年男子享有了投票选举权。从事于开采金矿的工人数量在那几年中呈现下降的趋势。尽管遭到擅自占有土地者的反对,逐步开发土地还是渐渐成了社会的主要趋势。

对大地主深刻的反感在澳大利亚一连持续了好几代,因此关于土地的一些激进想法迅速在社会中蔓延开来,甚至一些在其他方面持比较传统态度的保守党派也支持这种观点。19世纪50年代的土地开垦运动很大程度上是受了传统经济学家约翰·米尔(John Stuart Mill,1870)思想的影响。为了达到同一个目标,他们提出了两种不同方案:政府永久性拥有所有土地或者(根据所有土地价值)征收土地累进税。

1870年威廉·H.格雷沙姆(William H. Gresham)成立了一个短期土地税收改革同盟,他们的目标主要是:立即停止销售所有皇室土地;国家拥有公有土地的长期所有权——也就是说,土地不能出售给私有个体,但是土地使用权是可以转让的;并且逐渐废除所有非直接税收,国家的收入必须完全从土地租赁中获得(Mayer,1964)。

尽管格雷沙姆的同盟很快就解散了,但是此后又出现了不少持有相同看法的政治人物,例如乔治·哈克(George Harker)和詹姆斯·米尔曼(James Mirams)向维多利亚国会提出了土地国有化的报告。在《我们的土地和土地政策》(George,1871;Else-Mitchell,1993)发表后不久,在1872年新成立的维多利亚土地使用改革同盟采用了与他们观点类似的土地管理计划。在澳大利亚,亨利的单一土地计划的建议被认为与土地国有化是相一致的。在他视察澳大利亚后(1889~1890年),单一税收同盟在很多地方成立。他的想法被广泛地接受,特别是在一些崇尚自由贸易的地区,但是贸易保护主义者并不是很看好他的想法，其中包括强烈要求实行进口税的工党。在一定程度上出于这个原因，新南威尔士自由贸易殖民地和昆士兰地区采取了按未开发土地价值征收土地税的形式，并成为当地政府的主要财政来源，而维多利亚、塔斯马尼亚岛和南澳洲保护贸易主义的殖民地主要按照土地开发后的价值征收土地税。此外，自由贸易殖民通过土地买卖获得较多的土地和部分的财政收入。

关于成立澳大利亚联盟，建立自己的宪法体制，设立新的国家首都的争论持续进行了几十年，但是各方始终支持征收土地税并实现土地国有化，并在19世纪90年代经济萧条期达到鼎盛。19世纪80年代社会财富的过分富足还清晰地浮现在人们的脑海中，但到了19世纪90年代早期一些人就因为破产而待业在家(Cannon，1966)。宪法第125章说到：

> “联邦政府的席位将由议会决定，并且是在联邦政府获得的领土范围内使用，属于联邦政府和新南威尔士州……联邦政府的领土范围不能少于100平方英里，其中包括皇室土地的部分应无偿归联邦政府所有。”

这部分内容使得学者们对于联邦政府是否用法律阻止政府本身买卖土地的问题展开了讨论。从政治的角度来看，这部分宪法强调的是联邦政府的领土权而不是土地所有权。然而，在1910号政府(行政)席位法令第九章里明确指出“联邦政府的所有皇室土地不得以任何理由出售或分配给任何私人个体”。这条法令和宪法确保了城市土地供应的垄断权和开发土地租赁权。

2. 联邦政府形成后的一个世纪

租赁管理法令最近的报告(Stein，Troy and Yeomans，1995)中总结了最初在澳大利亚土地资产(ACT)中设立公有土地租赁制度的原因：避免以未开发土地为对象的投机行为；允许澳大利亚人民拥有土地自然增值而产生的价值；支付建立国家首都的费用；利用租赁条款保证土地井然有序地发展。关于最后一个目标，当地学者认为承租人和出租者之间签订的合同比单纯依据法律决定土地发展计划来得更为有效且积极。

前两个目标可以认为分别针对于未开发和已开发土地而言。因此公有土地租赁可以避免其他私人个体获得由于政府或集体行为，例如在城市开发前后由于人口、经济的发展而产生的非劳动的土地增值的那部分价值。公有土地所有权的另一个目的在于降低住房用地成本、开发城市空地、建设公路和其他公共基础设施。这些目标是互相联系的。例如，避免其他私人个体获得土地自然增值而产生的财富必然要求这部分收入属于澳大利亚人民，避免由于外界刺激而随意更改城市原有发展计划，这些目标将有助于确定城市发展井然有序地进行。上述第三个原因在 19 世纪 90 年代尤为重要，因为一些人认为联邦制度本身或者建立联邦首都是过分奢侈的行为。从此以后，这个目标逐渐退到次要地位。

方法和结果同样重要。一些用于实现这些目的的政策措施在随后的实施中被慢慢地削弱，包括：联邦政府拥有所有适合城市发展或再发展土地的所有权，土地以租赁的形式而不是出售给私人个体；地租随着土地价值的变化而进行调整；租赁合同中包含使用目的的条款以便于控制土地的使用；合约中规定土地的开发必须在特定的时间内开始并完成（对于大部分的开发商而言，必须在一年内开始土地的开发并在两年内完成）；在合约规定的开发项目没有完成之前土地租赁合同不允许被转让给其他承租人；更改任何土地的使用目的会导致地租的调整以反映合同价值的变化。

堪培拉的主要变化发生在 1921 年拥有 2 000 人口的联邦政府转变为 1996 年拥有 297 000 人口的独立城市这段时间。即便在 20 世纪 20 年代后期，该城市的人口数量还是很少的，行政管理的主要焦点在于如何计划和建设一个未来的城市。该城市的发展主要产生在二战后；在 1947 年人口数也只有 15 000 人。在 1989 年，ACT 政府主要负责该城市的规划和土地管理。迫于当地商业界的压力，政府对商业要求给予优先考虑，而较少地考虑到当地的一般人民。除了极少数人外，大部分学者认为在这个时候完成了国家首都的建设。

尽管到了 1920 年完成了水资源供应、污水处理、电力供应和大量的植树造林等工作，但是堪培拉大部分的建设工作在一战期间停止了。建设工作在战后继续进行，国会从墨尔本迁移到堪培拉。临时议会大楼在1927年对外开放。但是直到20世纪60年代后期，其他政府部门才陆续搬迁到堪培拉。永久性议会大楼到1988年才正式建设完毕。

第一份土地租赁合同是有关农村土地的短期可再续合同，并且是按照1918年的租赁法令签订的。1924年城市土地租赁法令(CALO)赋予部长拍卖长达99年租赁合同的权利。年地租定为未开发土地价值(按买者的出价而定)的5%，并且20年后要对土地重新估价，此后每10年估价一次。租约中必须明确土地的使用目的：是居民用地、某种形式的商业用地或者是集体用地。此后不断有新的细节规定和开发条款加入到新的租赁合同中。

从1925年到1930年，联邦资产委员会(FCC)负责城市的发展规划。委员会被废除后，堪培拉的发展规划权落到政府部门掌握中，主要是由国家工程部门负责。然而，从20世纪20年代末到20世纪40年代末，城市发展并没有多大的进展。直到1930年，新的城市咨询委员会才宣告成立。这个委员会由四个处理特定公共义务的成员和三个堪培拉当地居民组成。

二战结束后，澳大利亚的住房和公共设施一度处于严重不足的状态。联邦政府调动战争资源的作用就显得尤为重要，国家给予政府征收收入税的权利。在20世纪50年代，其他各州要求结束墨尔本作为国家首都的政治压力不断增加，加速了国家机构和功能组织向堪培拉转移的速度，并且也增加了对办公用地和住房的需求。对于由于政府各部门间责任划分不清而造成延误的不满也日益增加。

由于参议院(McCallum，1955)1955年的干预，促进了国家资产开发委员会(NCDC)在1957年成立，委员会的主要任务就是"规划、发展和建设"堪培拉。然而，他们却没有管理国家土地的权利。由于得到总理孟席斯(Menzies)的资金支持，为了尽快缓解州际间的紧张状态，委员会通过加快建设公共建筑和设施，规划、发展和建设堪培拉，使这个城市的人口从1957年的36 000人发展到1989年的275 000人。和国家资产委员会(FCC)一样，这个委员会也遭到不同方面的指责，主要是由于他们闲置了土地，或者由于提供了过多的服务性土地，使得资源受到浪费。这种供给的不足是造成联邦政府从墨尔本向堪培拉转移失败的主要原因。但是,不论政府还是私人投资者都不能准确预见土地的确切需要量。

相对于满足联邦政府的低就业率和减少联邦政府的开支成本,服务于固定人口和促进当地商业发展更为重要,这样的政策导向导致联邦政府在1989年转变为自治政府。国家资产发展委员会(NCDC)也被一个专门负责土地管理和发展的政府部门所代替。先前归联邦政府和其政府当局使用的国家土地也由新的国家资产管理局负责管理。国家资产管理局后来重命名为国家资产局(NCA)。澳大利亚行政区域归澳大利亚土地资产部门(ACT)管理。国家资产局按国家重要性进行土地发展规划。尽管联邦政府还是行政土地的出租者,但是真正的受益人是澳大利亚土地资产部门(ACT)。自从成立了自治政府后,大部分未被开发的土地通过政府拍卖发展租赁合同而由私人投资者进行开发,并不是由开发商同政府直接签订合同。尽管NCDC负责详细的城市规划,但是ACT部门决定开发的区域和开发的程度,并拥有决定私人投资者开发计划的权利。这些私人投资者必须在拍卖中获胜并获得开发权。这些制度变化的重要意义将在下一章中讨论。在下一部分中将研究公有土地租赁制度在何种程度上完成他们的既定目标。

二、政策目标

1. 公有土地所有权

土地买卖开始于1911年,到1917年超过200 000英亩的土地被占有。在随后的几年间,即便是在20世纪60年代土地加速开发时期土地买卖量也很小。在1967年,97 500英亩的土地归私人终身所有。部分所有者向政府申请细分他们的农村用地用于城市开发。联邦政府决定收购剩下的终身所有的土地,到1985年仅剩670英亩的土地没被收购(Sparke,1987)。公共所有的农村土地只能以短期租赁的形式出租给私人个体进行农业耕作①。

---

① 然而,ACT政府宣布他们试图对没有可能发展成城市用地的农村土地授予99年的租赁合同。

在新南威尔士地区，堪培拉土地的发展具有特别的意义。土地允许以终身所有的形式进行买卖。政府拥有土地所有权可以避免私人获得未开发土地的自然增值。尽管没有仔细地研究过，但是因为降低了开发土地的成本，政府土地所有权对于开发土地的买主是有利的。公有土地租赁能够确保城市井然有序地发展。然而，对于公有土地租赁系统的正面影响的判断必须从三个方面进行比较。

① 如果不降低环境质量，并没有太多的土地适于城市发展。因此在不远的将来，新南威尔市地区的土地所有者会提供大量的土地进行城市建设以弥补堪培拉市场的不足①。

② 尽管 ACT 中非城市用地的土地归政府所有，但是政府最近通过协议以扩大农村承租人的权利。也就是说农村承租者可以申请改变租赁合同目的，使土地用于城市开发。一个以开发为目的，或者说急需资金的 ACT 政府即便不接受具体的开发计划，也会接受这样的开发建议。

③ 更重要的是，由于租赁系统的变化，政府在租赁土地上的资产日益受到侵蚀。三个最主要的变化包括从 1935 年开始决定地租方式的改变、1971 年废除地租、无法向承租人征收土地使用费。这些变化会在以下段落中分别讨论。

从 1935 年开始，随着制定地租的基准从拍卖价格转变成政府定价，租赁土地上的政府资产开始贬值。拍卖价格超过政府定价的部分作为承租人的溢价，因此承租人就获得一部分的资产②。

其他澳大利亚人总是嫉妒住在堪培拉的人，因为他们生活在一个被纵容的城市里。堪培拉被批评为愤怒的联邦政府的象征或者实例。在 20 世纪 60 年代，人们开始讨论，堪培拉作为一个独立的当地政府应该在何种程度上担负这些费用。市政财产税(通常是按比率计算，根据租赁合同的原始

---

① 在 70 年代早期，当城市迅速发展，一个建议在当时产生，希望 ACT 能扩大范围以适应未来扩张的需要。NSW 政府很快否决了这项建议，后来再也没有被考虑过。从那时起，堪培拉的发展速度开始变得缓慢。

② 根据布伦南(Brenan，1971)的研究，直接的原因显然是政府希望通过出售两个市场需求不足的饭店的租赁合同来增加现金收入。

价值征收)为了吸引人们在堪培拉居住所以设得比较低(Brennan,1971)。同时,地租因为其不公正性也变得不太被大众接受:在急剧通货膨胀时期,类似土地的地租可能很不一样,就是因为同处在 20 年重新估价周期的不同阶段①。在 1970 年堪培拉席位的替补选举运动中,总统戈顿(Gorton)宣布从 1971 年 1 月起废除地租,尽管对不同的合同的要求不一定相同,但是市政财产率增加可以保证相等的财政收入②。

财政上,设定和维持市政财产率在合理的范围内是失败的,相对于废除地租,降低了政府土地上的资产价值。但是政府作为出租者的法律权利并没有因此而减少。政治上,税率设定看成是对市政服务的一种赔偿,而不是土地的使用费。废除地租是对租赁系统的严重破坏。采用一个完全以溢金为基础的租赁制度从承租人的角度来说类似于终身所有制度。而且废除地租将阻碍政府通过调整地租而获得由于土地增值而带来的收入。当租赁合同目的发生变化,例如作为城市发展之用,或者出现通货膨胀,都可能导致土地价值的上涨③。

CALO 于 1936 年进行了一次修改,增加了一个新的条款 11A,第一次要求,如果要变更合同目的必须向最高法院提出申请。根据条款 11A,只有当合同目的的变化不违反堪培拉城市发展和建设治理原则的前提下才能被允许。这个修改促进并鼓励 20 世纪 80 年代私下兴起的再开发运动。从自治政府开始,由 ACT 管理局决定 1991 年的土地法代替 CALO 成为合同目的变更申请的依据。

当时盛行的租赁系统规定,如果改变城市土地的租赁合同目的,则需要进行合同的重新估价,因而可能导致地租的变化。在 1971 年实行了新的纯酬金租赁系统,要求建立一些新机制。如果租赁土地的用途是从农村用地向城市用地转变,出租人必须制定新的发展计划,与承租人协商按合同现价

---

① 这个不平等的问题是复杂的,因为应该在 1944 年到期重估的第一批租赁合同由于第二次世界大战而被搁置。

② 这种大方的态度仍然不能使总统所在政党赢得席位。

③ 以溢金为基础的租赁制度是一种将发展和使用土地的权利出售而不是以每年以租金形式租赁的制度。承租人任何权利的增加要征收类似改良费的费用,而不是增加每年上缴的租金。

重新签订购买合同。然而在堪培拉，NCDC 和 ACT 政府接班人并没有制定新的发展计划。正如私人终身拥有土地一样，由土地使用者实行土地开发计划，政府出租者只是对私人承租者的再开发计划起到监督的作用。

在这样的系统下，当农业用地转化成城市用地时，新增开发权的合同价值就必须等于开发权在市场上的价值。否则，再开发合同中的投机行为就会产生，人们可以从发展农业用地转向发展城市用地的合同中获利(Bourassa, Neutze and Strong, 1997)。CALO 于 1971 年进行了修改，要求所有成功申请租赁目的变更土地的承租人缴纳一定的改良费用，相当于 50%的合同价值增值。这部分增值主要是由合同目的变更而产生并不是 100%的增值。这些改良费用并不是用途变化费用(CUC)。自从 1990 年(在自治政府时期)，征收费用的比率一直在 50%～100%之间不断地变化，并且称之为改良费(Nicholls, 1999)。1990～1992 年之间，合同增加的价值是以合同变化前的市场价值为基础而计算的，而不是依据假设该合同未变化的未来市场价值。在这种定义之下，再发展合同的所有者假设开发商会获得资本收益，因此就会提高合同的要价，使他们能够尽可能获得开发商的收益，也即相当于 50%合同价值的增加。这样合同的市场价值就会增加，导致计算改良费的基础产生变化，按照连续迭代是 50%的基础上的 50%合同增值，比原来少得多。

然而，接着政府制定了新的政策解决这个问题，要求合同的价值必须依据合同在当时所包含的所有权利而确定。因此，合同价值增值就不能在合同买卖前资本化。在大多数情况下，目前政策要求承租人缴纳合同增值的 75%作为改良费①。

总之，土地租赁制度于 1935 年转变成酬金制度并于 1971 年完成，从而使得政府无法获得由于城市土地合同增值而产生的收益。但是政府仍拥有非城市用地，只是这些用地越来越不可能转化为城市用地。随着城市用地的重要性日益增加，城市用地密度不断加大，政府越来越不能利用他们的土

---

① 现在堪培拉改良政策的信息可以从网站上获得，http://www.palm.act.gove.au；有关使用变化的收费信息是在 2002 年 8 月 8 日更新的。布拉萨、纽齐兹和斯特朗(1997)详细分析了在以溢金为基础的租赁制度中改良费的定义。

地所有权和开发权而获得收益。首先,他们不能积极地开展土地再开发规划,并规定了土地用途,即便这些措施能够带来利润;其次,他们不能获得由于土地使用目的变化而新增加的开发权利的市场价值。

2. 出租土地而不是出售土地

从法律的角度说,自从堪培拉成为国家首都后,土地是以租赁的形式出租给私人个体使用的。但是,正如前几部分所讨论的,承租者的权利不断增加,而出租人所拥有的权利却不断减少。几个原因导致出租人权利的缩减。1935 年为了设定地租而进行租赁合同的价值评估从“合同签订后的第一个 20 年一次,此后的每 10 年一次”转变成“每 20 年一次”。尽管延长重新评估时间间隔在两次世界大战时期是合理的,但是在二战后的价格上涨时期会造成一系列的社会问题。私人出租者一般不支持延长评估间隔。从 1938 年开始,承租人有权在租约结束前评估土地开发而产生的价值①。

1980 年负责土地租赁的联邦政府部长宣布当地居民承租人有权在原有合同的后 30 年间续签该合同,只需付一定名义上的管理费。这种变化经过修订在 1991 年被纳入 ACT 的土地法律中。同样,对于非当地居民的承租人也有相应的这种权利,只要 ACT 或者联邦政府没有收回土地用于公共建设。实际上,向 ACT 租赁土地是永久性的。

自从 20 世纪 20 年代开始,即便合同是永久性的,对于租赁系统不满的声音也从来没有间断过。尽管澳大利亚广阔草场的公有土地租赁有史以来都是普遍现象,这样可以避免过分放牧和其他环境危害,但是从 19 世纪 30 年代以来澳大利亚城市土地公有土地租赁是非常少见的。在 ACT 范围以外,垄断出租者租赁城市公有土地是很罕见的②。部分出于这个原因,承租人对于合同的安全性有所保留。出租者和开发商在心理上都不很信任租赁合同,尽管大多数堪培拉当地居民承租人和非居民承租人知道他们几乎拥有了土地的终身所有权而不仅仅是承租土地。所有权的压力主要针对于开

---

① 这是一种理想状态变化,尽管在以后政策变化中,对于权利并没有什么影响。

② 达尔文(Darwin),北部地区的首府,是建立在租赁土地上的。但是其中的大部分都转变成私人所有权土地。在一些城市还存在由教堂出租的居住用地。

发商与投资者。对于堪培拉租赁系统的调查有很多，但是调查结果都是希望这种租赁制度能够长期保持①。

3. 根据土地价值的增加调整地租

在1971年废除地租之前，评估合同的长时间间隔和快速的通货膨胀减少了出租者土地的资产价值②。这也是废除地租的原因之一：如果地租至少每五年调整一次，与其说这是某种税收，不如说是一种商业租金。废除地租之后，出租者有两种手段可以获得部分土地价值增值：第一种是合同过期，但是对于居民承租者的合同来说这是不现实的；第二种即为如果土地使用用途变更则可以实现获利。但是第一种方法当合同可以以支付一定费用的方式续签时即无效。接着讨论第二种方法。

对于废除地租的争论并没有充分认识到征收土地租金和地租率所体现的不同的政治和经济目的。征收地租率可以是一种财政收入以用于公共设施建设，而土地租金是承租人由于拥有土地资本而获得的收入。考虑到土地租赁产生的收入，而忽略由于征收土地租金阻碍了人们购买土地的重大影响。因为不买土地可以获得土地自然增值而产生的那部分价值，这就会对土地使用用途的控制产生政治压力，使其能更好地实现获得土地增值的目的。同样，CUC土地酬金租赁系统的最重要的影响就是妨碍土地的占有率，这样才能最有效地实现土地增值的私有化。而且，虽然开发商提供服务的义务能产生最优的分配机制，但是这种作用会随着开发商对房屋价格控制力的增加而递减。最近关于不能区别这种目的的不同性的研究反映在尼古拉斯(Nicholls，1999)的文章中。他将地租率的收入、CUS的收入、土地租金收入(主要是农业土地的收入)和土地税收(根据土地是用于商业目的或者住房性质)的收入加起来，似乎它们仅仅只是获得土地收入的不同形式而已。他还指出从CUC获得少量收入并不是主要目的，因为大部分的土

---

① 在斯坦、特洛伊、约曼斯(Stein，Troy and Yeomans，1995)的文章中曾概括提到。

② 酬金租赁系统的变化是否影响到变化后租赁合同的出租人资产的价值还是个值得争议的问题。酬金租赁合同的买主会将合同净收益的预期变化考虑到他们准备支付的酬金中。1971年的变化对承租人而言当然是一笔意外之财。

地收入是通过其他途径获得的。而增加基础设施的费用可以从 CUC 的收入中扣除。

4. 合同目的条款作为规划和控制土地使用的工具

长期以来土地规划和合同管理的关系一直处于混乱状态，从某种角度上说类似于终身所有土地的开发和土地用途管理的关系①。人们一直试图将堪培拉建设成一个井井有条的城市，在 20 世纪初期，人们就开始大规模地规划城市发展变化(例如新德里)。1911 年芝加哥城市设计院的沃尔特·伯利·格里芬(Walter Burley Griffin)在新首都城市的国际设计大赛中胜出。一些学者批评他们的设计过于精致也过分昂贵导致计划实施的拖延，所以他们不得不对原有的计划进行修改。然而，大部分建筑方面的问题是通过公共建设工程和公共建筑、预留建筑空地和通过合同目的规范土地使用来实现的。比赛规定规划的城市要能容纳居民 27 000 人。但是后来加入了花园城市的构想导致居民容量比格里芬所设想的要低，因此只有堪培拉的内部范围——包括城市近郊、伯利·格里芬湖(Lake Burley Griffin)、公共地区、未被开发的山区和城市街道——按照他们的计划实施建设。

当堪培拉的发展接近格里芬的计划时，扩大开发和发展区域就是必不可少的。只要城市的发展主要是通过将农业用地转变成城市用地来实现，就不需要通过法律控制土地使用：没有必要控制私人土地所有者，因为政府是农村和城市土地的所有人、规划者和开发商。规划告知堪培拉居民将来城市的发展方向，提供出租人续签农村土地合同的权利，提供基础设施并细分土地。到了 60 年代末期，私人土地使用者开始递交土地开发申请，一个大都市的发展应运而生，也让人们了解了从公共的利益角度上允许怎样的开发行为。

当承租人有权申请土地使用目的变更时，未来土地使用的规划是必不

① 人们通常会将土地使用规划和土地使用控制相混淆。土地使用规划是一种事先的安排，预先设计解决未来发展中可能遇到的问题。土地使用控制是转让发展权，专门用于实施计划并将特定发展规划的影响考虑在内。

可少的。这样，政府就能依据这个计划确定使用目的的变化是否和城市发展方向相一致。但是如果政府能够调整租赁土地再开发的方向并将新的合同出售给承租人，这样的使用规划就不一定是必不可少的。但是另一方面来讲这样的做法会打击承租人和开发商对土地进行再开发的积极性。不管怎样，未来开发计划对于堪培拉来说是必要的，只要再开发意义重大、能够影响周边社区的生活设施建设进程。就目前情况而言，堪培拉土地再开发过程中租赁制度会比私人所有制产生更多的争论。

在一个成熟理想的城市公有土地租赁系统中，政府应该设有专门负责土地规划的官员，他们代表居民和商人的利益，在政治指导下进行专业系统的考虑，进而指导各地方的城市发展。另外，政府还应该设立法定的土地管理部门和组委会来实施政治管理的手段，担当公共管理的角色。他们的开发计划，类似私人开发者的计划，必须服从于政府规划控制。在堪培拉，与现行计划相违反的租赁合同是不能被通过的，只有与现行计划一致的合同才能被授予开发权；采用计划本身并不能拥有开发权。土地管理的目的是要最大化的公有土地的价值和从中获得的收入，但是必须基于两点条件：首先，开发计划是被批准的；其次，控制土地以避免土地供应出现垄断现象。土地管理当局的任务可以通过一系列土地管理账户来完成。尽管从 80 年代末期开始，政府许诺这些账户已经在建设当中，但是从来没有公示过（Stein，Troy and Yeomans，1995）。

土地规划和管理在堪培拉成立自治政府前是分离的，土地规划是一个法定管理部门（NCDC），而土地管理部门是一个政府部门，直接接受内阁管理。管理和规划部门的分开有利于出于政治目的或短期财政目的（酬金收入）而进行的土地开发，这也是土地管理账户未曾完成过的原因。从自治政府以后，这两部分功能由 ACT 政府的一个单独部门负责。这两个功能服从来自于利益集团的压力，并用于（其中一些可以说是滥用于）实现政府目标：以长期财政收入为代价换来土地尽可能早得被利用和开发。因为这样，承诺投资和增加就业率的投资者就可以获得折扣优惠和 CUC 的收入。没有公开的官方统计计算这些折扣所产生的代价。土地分区制而非土地合同成为控制土地使用的工具，进而冲淡了租赁系统的作用。

当农村土地分割和开发成了爱好风险的私人开发商的新焦点后(Bourassa,Neutze and Strong,1996),政府规划作用就越来越显著,并类似于私人土地所有制的土地规划。租赁合同管理的产生,将农村土地以短期开发合同的形式出租给开发商,接着以 99 年租赁合同的形式租给当地居民和开发商。因为土地再开发和变更土地用途基本上是爱好风险的私人开发商的行为,政府主要通过规划来对其进行控制。租赁合同的管理主要是提供与被允许的土地用途相一致的合同,从而获得和收集土地酬金或者 CUC 收入。

5. 完成土地开发的时间限制

限定长期租赁土地上的建筑在一定时间内修建完成的规定,有利于控制由于持有土地而产生投机行为的可能。根据市场需求,出租者可以控制土地供给从而控制开发的速度。这一点通常在新开发的城市土地租赁合同中有所体现,而且如果公共所有的土地是以出售的形式而不是出租的形式进行开发,这个限制也较容易实行。然而,自从 ACT 政府将大部分再开发和细分的农村土地转移给私营部门,他们就丧失了大部分控制土地发展速度的权力。当出租人冒险投资于这类土地时,控制土地开发速度的主体只能是市场需求。但是当私人投资者负责此类土地开发时,他们就可以控制土地开发速度,使之与市场要求相适应。出租人可以在合同中明确规定土地开发的速度,但是当市场需求减少时,这种规定就很难被实施。而且因为土地开发减速到底是为了适应预期外的需求量的减少,还是为了获得投机利润,二者很难分辨清楚,但是出租人失去了土地供给的控制权。关于土地再开发的问题就没有限制土地必须在一定时期内开发的规定。

总之,出租人要求土地要在特定时间内完成开发以确保住房用地可以以一定的速度供应到市场上,也就可以使建筑用地的价格与其机会成本接近:农村土地价值加上分配和设施费用。这一点只有在出租者确保在该价格下所提供的已开发完成的地区能够满足市场的需求时,才能实现。但是如果未开发的土地出租给私人承租人分配、维护并出售,并没有进行再开发,将会影响预期价格的实现。

6. 土地开发完成前,租赁合同是不可转让的

为了避免私人持有租赁土地而获得土地自然增值的利润,租赁合同在建筑完成前是不能转让的。第一个建筑设施——全部建设完毕——于1924年被拍卖。建筑没有完成不能转让的重要性可以从废除这个规定的影响上得到证明。1926年政府为了增加财政收入允许出售租赁合同。这个变化导致一时间投机买卖迅速兴起。FCC因为限制建筑设施供应而增加财政收入的做法受到了谴责。但是,从废除规定以后,除了一个租赁合同于1927年拍卖之外,其余的合同被迫在一年之内归还,并用于再出售以实现资本增值,而不是用于房屋建设和长期投资之用。1927年合同拍卖价格上涨是因为投机需求增加而不是因为供给的减少。这次事件也是导致FCC四年后结束的一个原因。除此之外,这些夸大的价格影响了地产价值,也影响了租用政府所提供的住房的承租人和房客所付的租金(Brennan,1971)。这个要求直到1959年才重新恢复,在这几年间,大部分时间对于开发完全土地的需求是很低的。租赁合同可以在市场上以最低价格买到,并且合同所带来的投机利润的可能性很小。

7. 随着租赁合同的目的变化而改变地租

租赁合同的目的条款在1971年1月废除地租前没有实质性的变化。1971年开始调整地租转由征收50%的改良费取代。在90年代,改良费的定义被修改了好几次,并总结了改良费征收的比例方式。自1970年开始,与其他城市相比,例如将在公有土地租赁合同视为一种普遍方式的阿姆斯特丹,土地收入在堪培拉并不是一个重要的财政收入来源(Nicholls,1999)。正如上述的理由所说明的,堪培拉的土地租赁收入并没有对国家首都建设作出多大的贡献。

三、管理公有土地租赁制度

这部分开始研究,就堪培拉土地租赁的成功经验来说,堪培拉的公有土

地租赁制度并没有发挥所有潜能的原因，并研究这些原因是否是地方性的。如果不是地方性原因，堪培拉经历的这些问题能不能在其他地区避免？接下来将从以下三个方面的表现来说明。

1. 公有地产的资本价值回报

众所周知，避免公有土地租赁系统的投机买卖行为会节省土地费用。这些节省的费用有两个可能的用途：增加财政收入或代替另一税收收入；降低住房和其他公共目的土地的使用费用。即便没有发生投机行为，城市土地价格和机会成本之间的差异越小，能获得的收入就越少。在受控制的市场下，一个收入最大化的公有土地垄断所有者，例如堪培拉，可以通过限制土地供给获得收入，但是这不符合广大的公共利益。堪培拉的政策指导将储蓄用于低成本土地而不是公共财政收入，特别是土地从农村向城市转化的过程中尤为明显。总之，堪培拉土地租赁之所以失败，原因在于承租人资产的增加是以出租者资产的减少为代价的。结果，在堪培拉土地市场上，私人通过土地自然增值而获得的利润从上述的几个方面不断增加。

通过公有土地获得的财政收入相对来说少得多，也不能像 19 世纪 90 年代所期望的那样支付建设国家首都的一部分庞大费用①。在土地从农村向城市转变过程中最好的收益就是从早期地租和晚期酬金中所获得的收入。主要且直接的原因是：① 在 1970 年前不能经常调整地租并且从 1971 年开始废除地租；② 不能获得因合同使用目的变化而产生的开发权利的增加所带来的市场价值的增加。但是为什么公有出租者会在这两个方面失败？

堪培拉并没有从 CUC 获得财政收入。草草拟就的租赁文件导致承租人土地开发权的混乱不清。这种情况下，如果合同的使用条款有所变化，政府很难决定承租人的责任范围，而且就算在合同条款没有变动直到过期的情况下，政府也难以决定合同的价值。改良费法律定义不明确，并且在自治

---

① 一个潜在的原因是相对于建筑、仪器、知识和信息，现有土地在发达经济的全部资本中只占很小的一部分，而不像 19 世纪 90 年代在宪法大会中争论建立国家首都时占有的很大份额。

政府成立后，改良费的定义修改了不下六次，但是始终没有最后的定论。这样，政府很难决定在什么情况下用什么样的法律定义，从而使情况更加复杂。

这种不清楚的状况正好符合财产游说团的利益，并且由于缺少一整套土地账目，没有人知道 ACT 纳税人在这方面支付了多少。当财产所有者们觉得改良费估算过高时，他们将反对并提出上诉；而 ACT 政府在他们认为改良费过低的情况下，即使有也很少提出上诉。ACT 政府本身并没有对租赁制度的法律建设作过什么贡献，尽管他们获得的财政收入应该是被用于此项工作的。相反地，他们使用所谓“政府一体”的方法完成土地开发的任务。他们利用土地使用规划的权利和作为出租人的地位，促使开发商支持他们的开发计划。他们没有举办任何的培训项目来让当地居民和公司了解租赁的性质和好处，同时对于租赁土地的投资也没有设定收入目标或投资回报率。

在假设的情况下决定土地的价值总是很困难的。再开发土地如何能在“目前租赁情况不变”的假设条件下进行估价？当附近类似的土地由于当前的租赁合同获得再开发权而价值显著增加而超过了估价价值的情况下如何应对？堪培拉的土地估价师从未解决过这个问题。正如布拉萨、纽齐兹和斯特朗(1997)所说的，这个问题的产生是因为 CUC 比率只有 50％(现在是 75％)而不是 100％而产生的。许多对使用价值的评估都在压力下有所降低。对于改良费的奇特解决方法是：改良费的数额必须通过 ACT 政府和开发商协商决定，但是协商代表知道政府是不会支持降价请求的。

这个问题的出现有两个起因。第一个是出于公有出租者的决定。公有出租者拥有除了出售给现任承租人之外的所有开发权，他们的决定并不接纳租赁土地使用目的的变化或再开发——没有任何私人出租者愿意这样做。第二个是以低于市场价值征收开发权增加所产生的费用。在财产游说团的压力下，政府认为这样的政策是为了促进土地再开发。但是这样做的影响不仅仅在于资助再开发、对于新开发的土地改变其使用目的，而且也使有再开发潜力土地的市场价值超过现有的使用价值。相反地，通过允许获取投机利润促进土地再开发的做法会导致土地再开发由于土地所有者为了获得最大利润的野心而延误，也会由于有潜力的土地价格过高而受到阻碍。

2. 控制土地使用以达到土地规划和环境保护的目的

土地合同条款从1928年到50年代中期很长一段时间里不能得到实施的现象时常发生。这段时间里经济增长缓慢，市场也比较松散。在50年代当市场需求增加时，对于一些廉价土地的需求也有所增加。这些土地是非居民用地，在商业中心附近并且位于居民区内部。CALO第十条规定政府有权批准在居民区内进行有限的非居民活动(例如，医生可以在自己家里设咨询室)。但是也产生许多因为居民用地被用于非居民目的的抱怨(例如，各种各样的办公室、修车厂、汽车零售商、储藏室等)，而工业用地则被用于更能获取利润的零售业或商业目的。

这些问题的产生一部分是由于一些租赁合同过于老旧，是二战前或二战刚结束时签订的。这些合同通常在土地使用目的上采用很笼统的词语，例如“商业的”或“居住的”之类的措辞。商业合同承租人认为他们有权进行零售、制造、维修和建立各种事务所。居住合同承租人认为合同没有明确定义“居住”，那么他们有权提高土地的居住密度。50年代后期签订的合同定义使用目的时就较为准确(Neutze，1988)。

对于与合同使用条款相违背的行为的最高制裁是终止合同。部分出于所谓保护承租人权利的目的，让他们觉得租赁合同是安全的，即便在附近居民抱怨不断的情况下，合同管理者很少采用这种方法强制合同条款的执行。也许最缺乏的就是斯坦、特洛伊和约曼斯(1995)所说的合同管理中的“妥协的文化”。这个问题一直存在于自治政府成立前后。当所有土地收入都归联邦统一政府所有时缺乏这种文化是可以理解的；但是当自治政府成立后土地收入归ACT政府所有，这个问题仍存在就不太正常。

3. 管理不善

一系列的调查认为ACT租赁系统的不足是由于管理不善造成的；最近提出这个观点的是审查ACT租赁系统的管理机制调查委员会(Stein，Troy and Yeomans，1995)。在他们的报告中提出了两个最为显著的理由证明ACT的管理不善问题。为了更好地评价他们的报告,必须清楚几个造成管理不足的原因。

首先,在20世纪,澳大利亚没有设立专门的地产管理部门。ACT负责管理土地的政府官员并没有专门的资格限制,也没有专门的标准可以了解如何进行管理。

其次,直到堪培拉签订第一份土地合同,许多当时国会中支持土地改革的联邦议员已经离开他们原有的职位。在20世纪,致力于租赁系统的政府官员在各政府各部门都有所减少。伴随着这种现象,人们对公有土地租赁系统目标和实施方式的认识也不断肤浅。公有土地的发展倒退为19世纪中期的水平,公有土地租赁成为一种短期的财政收入来源而不是一种长期的投资方式。人们更热衷于出售公有土地所有权或者不惜代价尽可能地将土地以高价出租,而不是以利用可调整土地的方式长期租赁公有土地。不论是联邦政府,ACT政府还是其他各政治派别都企图将堪培拉的土地以低于市场价值的方式出售或出租以促进其开发。不论是出售还是长期租赁,土地权利的安排大部分是不能修改的,因此尽管短期租赁是一种不合适的形式,但是也成为一种促进土地开发的方式。财产游说团长期以来固执地反对租赁制度,并支持任何倾向于土地私人所有制形式的政策。国家和当地政客们也接受财产游说团的观点。

四、公有土地租赁制度的政治经济学

1850年以后澳大利亚的农村土地发展与1970年以后堪培拉城市土地发展相类似。类似点之一分两种情况。第一种情况是农村土地先以租赁的形式开发,接着才由租赁形式逐渐转变为终身制的形式。这种转变的定价标准无理论依据,只是根据转让财产权的价值再加上可能丧失公共福利的机会成本来确定。第二种情况是堪培拉租赁系统内的公共财产被大量侵蚀,因此政府获得长期财政收入的机会减少,并且进行有效管理公有土地使用的能力也大为降低。另一类似点有关部门自治政府。在19世纪中叶,澳大利亚殖民地从由伦敦政府的直接管理转变为自治政府管理。1855～1890

年间所有殖民地完成了自治政府的建立。而且 1857 年在维多利亚成年男性开始被授予普遍投票权。土地政策和土地管理处于各殖民地自治政府的严格管理之下。尽管从 20 世纪 30 年代开始在堪培拉设了专门的咨询委员会，但直到 1989 年联邦政府仍负责管理政府的疆土问题。在两种情况下，土地由一个遥远、专制而且不负责任的政府的管理转变为由当地选举政府管理，而与租赁系统的腐败相一致。堪培拉是一个特殊的例子。尽管自治政府的管理是土地政策改变的因素之一，但在 1989 年之前所有的土地收入归联邦政府所有。

关于堪培拉土地管理的一个问题是：当承租人有权选举出租者时，这种租赁系统会不会比较稳定？在这样的体制下，承租人会不会获得更大的民主自由度？政府会不会对承租人更负责任？租赁制度的变质，甚至是腐败，都暗示了在自治政府管理之下答案是不会。但是这并没有解释租赁政策。大部分的腐败现象在自治政府成立前就已经存在了，当时堪培拉联邦国会内只有一名甚至没有选举代表存在。有人也许还会问，当纳税人有权选举其政府时，这样的公共财政系统会不会比较稳定？然而，有两个原因导致租赁系统更为脆弱。

首先，政府因为要提供公共设施服务，因此税收就是合理的。但是这并不意味着公有土地的租金或者酬金是合理的。实际上，当土地收入是以税收的形式而不是地租形式收取，这样的土地收入就更为脆弱。一个越民主的政府，就越容易进行资产清除以达到短期降低税收的目的，即便达到此目的，也是以长期的公共利益为代价。

其次，长期反对土地租赁制度的人来自于非居住合同所有者和开发商，而非来自于普通大众。在 2/3 的家庭居住者中，大部分是承租者，但是如果从租赁土地的价值来看，土地所有权的分配是不均衡的。家庭居住者大部分并不介意他们是拥有或是租赁土地。但是长期的风险投资者受到的影响就会比较大，也会更积极地从事反对土地租赁的活动。

五、结论

许多和我们一样研究城市土地市场与使用规划的学者认为当开发权为私人所有，并且土地的自然增值属于私人所有者时，公共管理者就很难控制和管理土地的使用。获得土地使用权以收取更大的资本收入的目的在于刺激私人所有者利用土地使用权。据研究，英国新城镇规划的成功在于新城镇的企业既是土地所有者又是土地规划者，在美国，新城镇企业既是土地所有者同时又拥有土地的使用权。堪培拉是另一种公有土地规划类型。在许多方面人们对政府负责利用公有土地建立新的国家首都寄予厚望，然而这些土地更适合于私人使用。

开发城市公共所有的土地，并且在公有土地租赁系统中保持土地所有权是达到堪培拉公有土地租赁系统财政目标和开发目标的关键。从这个意义上来说，在土地开发前的公共所有权比土地是以出售还是出租形式供私人使用要重要得多。堪培拉没有尝试过在土地再开发前由国家收购租赁合同，在一定程度上说明了政府在已建立的城市土地使用方面是成功的，达到了规划发展和财政收入的目标。

堪培拉被视为西方国家开发最成功的城市之一。部分是因为联邦政府舍得花重金进行投资；同时也是因为土地的公共所有权使政府能够控制土地发展以完成既定计划，并且确保土地供应避免土地价格通货膨胀。也就是说，不需要为了满足私人买主为了将土地价值增值私有化而产生的需求上涨而供应过多土地。基本上，政府能够预测不同使用目的土地的需求从而提供适当的土地供给。住房用地和公共设施用地按机会成本提供。堪培拉已经摆脱了过去的那个困难时期，逐渐变成一个受人欢迎的适于居住和工作的地方。

在 20 世纪 70 年代末期和 80 年代早期，情况有所变化。伴随着政府新自由主义活动，联邦政府公共服务的发展速度降低，城市发展的速度有所减慢，结果，土地开发和管理并不是以未来居住者为考虑对象，而是主要考虑现在居民需求的变化。废除土地租金就是这个变化的征兆。NCDC 是由联邦政府专门聘请的一个委员会。他们不需要同当地居民进行协商。同样地,联邦土地局负责管理土地,也不许和当地居民进行商议。

另一个重要的"忽略过失"是当20世纪80年代出现土地再开发和土地使用目的变更的需求时,政府并没有主动提供土地与合同以满足这种需求。关于土地租赁的公共教育在60年代就停止了,一个支持租赁系统的部门在不完善的法制制度下、依靠征收改良费的管理下强制执行。

公有土地租赁制度要能在市场经济下长久存在必须使所有的选民了解其长处,正如在19世纪90年代一样①。完善专业的地产管理部门、能清楚理解城市土地租赁的部门也是必不可少的。没有强大的政治势力的支持,来自资产市场的压力和私人可凭所有权从中获利的利益驱使会使公有土地租赁不断受到腐化。详细全面、透明度高的土地账户和土地管理的执行指标,能让当地选民清楚地知道公有土地资产的收入是多少。政府承租人致力于刺激土地开发,然而政治上却消息闭塞,不关心公有土地租赁的获利情况,通常会导致租赁系统的腐败。

参考文献

Bonyhady, Tim. 2000. Governor Phillip's legacy. In *Equity, environment, efficiency: Urban Australia*. Patick Troy, ed. Melbourne: Melbourne University Press.

Bourassa, Steven C., Max Neutze and Ann Louise Strong. 1996. Managing publicly owned land in Canberra: Rural to urban change of use, *Land Use Policy* 13(4): 273-288.

——. 1997. Assessing betterment under a public premium leasehold system: Principles and practice in Canberra. *Journal of Property Research* 14:49-68.

Brennan, Frank. 1971. *Canberra in crisis*. Canberra: Dalton.

Cannon, Michael. 1966. *The land boomer*. Melbourne: Melbourne University Press.

Else-Mitchell, R. 1993. Land taxation in Australia: The influence of Henry George. Address delivered to international conference convened by the Georgist Council of

① 1972~1975年在政府内设立有关土地期限的调查小组,因为当时有人提出要续签公有土地租赁合同,调查小组建议公有土地租赁合同应该只在堪培拉继续实行,并且在澳大利亚其他地方通过发展中心使用(Else-Mitchell, Mathews and Dusseldorp, 1974; 1976)。1975年在政府改革后,发展中心从政策议程中消失了。

Australia and the International Union for Land Value Taxation. Melbourne (26 September-2 October).

Else-Mitchell, R., R. L. Mathews, and G. J. Dusseldorp. 1974. *Commission of inquiry into land tenures: First report*. Canberra: Australian government Publishing Service.

——. 1976. *Commission of inquiry into land tenures: Final report*. Canberra: Australian Government Publishing Service.

George, Henry. 1871. *Our land and land policy, national and state*. San Francisco: White and Bauer.

Gollan, Robin. 1960. *Radical and working class politics: A study of Eastern Australia*. Melbourne: Melbourne University Press.

Mayer, Henry. 1964. *Marx, Engels and Australia*. Melbourne: Cheshire.

McCallum, John A. 1955. *Report of the select committee on the development of Canberra*. Canberra: Government Printing Office.

Mill, John Stuart. 1870. *Principles of political economy*. New York: D. Appleton.

Neutze, Max. 1988. The Canberra leasehold system. *Urban Law and Policy* 9:1-34.

Nicholls, Des. 1999. *A study of betterment and the change of use charge in the Australian Capital Territory*. Canberra: Australian Capital Territory Government.

Roberts, Stephen H. 1924. *History of Australian land settlement*. Melbourne: Melbourne University Press.

Sparke, Eric. 1987. *Canberra* 1954-1980. Canberra: Australian Government Publishing Service.

Stein, Paul, Patrick Troy and Robert Yeomans. 1995. *Report into the administration of the ACT leasehold*. Canberra: Australian Capital Territory Government.

第二章

荷兰一百年的公有土地租赁制度*

巴里·尼达姆(Barrie Needham)

大约从19世纪开始,荷兰的大城市开始买卖和分配土地,为建设长期租赁土地做准备。他们用这种方式获得控制土地发展的权利,并能对这些发展如何在未来一一实现产生影响。他们希望随着土地价值的上涨,这些土地合同能够作为社会收入的来源之一,因为土地上涨的收入归市政当局所有。许多市政府采取了这种方式,但是只有一小部分能够坚持将土地以租赁的方式进行分配而不是出让所有权。而且,采用这种公有土地租赁方式的政府个数也处于不断减少状态。这就是本章所要讨论和研究的问题。

第一部分首先描述了政府怎样通过法律形式规范土地租赁,并记录多少个城市使用租赁形式供应土地建筑而不是以终身所有制的形式。第二部分分析了公有土地租赁的开发原因。第三部分研究了财政原因,其中有一个专门的附录解释决定土地地租和价值的因素。第四部分将土地租赁放在法律准则背景下,解释公有土地租赁如何限制公共机构的权利。第五部分研究了最近关于一些城市实行公有土地租赁制度公平性的争论,特别是对于他们决定和增加租赁合同价格的方式是否合理存在争议。采用公有土地租赁制度的城市个数的减少部分是由于政治上的原因。最后一部分总结了通过学习荷兰一百年的公有土地租赁制度所得到的经验教训。

---

* 感谢鹿特丹市政府、阿姆斯特丹市政府和乔治·迪·卡姆(George de Kam)教授提供的信息和指导。

一、荷兰公有土地租赁制度:法律条例

荷兰土地租赁的规范形式起源于拿破仑法典,而拿破仑法典又起源于罗马法。因此,大概的原理和其他有拿破仑法律系统的国家类似①。在这套系统下,土地所有者(用盎格鲁-撒克逊(Anglo-Saxon)的话说,土地私人所有者终身拥有土地)尽管保留了土地所有权,但是可以在一定条件下将土地使用权转让给其他人。

私人土地所有者可以将许多权利以这种方式分离。其中一些权利是物质权利(权利所有者可以将这个权利转让给其他人);另一些权利是个人权利(私人所有的权利:权利的使用权只限制于直接从终身土地所有者手中获得该权利的人使用)。物质权利的例子有:将土地用于农业开垦(pacht)或者短期使用土地(例如,建设短期性建筑——opstalrecht)②。我们所感兴趣的权利是能够建立、使用和出售土地上永久性建筑的土地权利。Erfpacht(现在解释为土地租赁)权利就是一种这样的权利。具体解释为"享有和使用土地上属于另一私有个体的财产"(民法,第五部,第七章,第 85 条)。土地租赁是一种物质权利,也就是说其存在不依赖所有权性质。这样的权利可以用来进行交换,因此具有货币价值。显然地,当土地所有权拥有者签订土地租赁合同的同时也限制了自己的在租赁期间的一些土地权利。

二、谁制定和出售土地合同

拥有未开发土地终身所有权的私人个体在荷兰都可以制定和出售他们土地的租赁合同。合同条款(包括价格)由出租者和租赁人双方协商决定,但必须满足一些特定的条件。民法(第五部,第五章)明确规定合同条款必

---

① 这些国家是法国、意大利、西班牙、葡萄牙、荷兰、比利时和卢森堡(Newman and Thornley,1996)。

② 民法(第五部)规定了有关部门土地财产方面的有限物质权利。

须满足"一些其他的特定规定"①。

在荷兰包括市政当局在内，几乎没有土地所有者自己制定土地租赁合同②。在1981年市政府进行了一次关于土地合同使用情况的调查(De Jong,1984)。在1994年又重新进行了同样的调查(De Jong,Pluijmers and de Wolff,1996)(表2—1)。在两次调查中，人口超过25 000的城市都在调查范围之内。1981年回复比率是78%；1994年是84%。调查结果反映了这种规模城市的大致情况。

表2—1　城市如何分配建筑用地

分配土地方法	1981年(1)		1994年(2)	
	城市数目	回复比率	城市数目	回复比率
仅有终身所有制	9	8	28	24
大部分为终身所有制	80	75	70	59
大部分为土地租赁合同形式	13	12	7	6
依据情况决定采用终身所有制形式或地租形式	5	5	13	11
总和	107	100	118	100

显然，采用土地租赁形式分配建筑用地的城市(也就是说，他们一般不出售他们的土地所有权)从12%降到6%，而且没有使用土地租赁形式的城市从8%增加到24%。这样公有土地租赁方式丧失了存在的基础。然而，越来越多的城市(从5%增加到11%)根据情况决定采取土地租赁形式或所有权形式。

调查还发现在少数主要采用土地租赁形式进行土地分配的城市，大部分都是处于国家西部的大型城市。从未使用过租赁形式的城市都是小城市。然而，绝大部分的小型城市，在情况允许的条件下也会使用租赁形式分

① 在这方面，民法被视为一种既定的租赁合同。而且，城市房地产部门协会(Vereniging van Grondbedrijven)也规定了租赁合同的标准，但是只有少数一些城市按照他们的标准执行。

② 在南部，罗马天主教教堂按照这种方式出租他们的部分土地。最近，一些鹿特丹的房屋协会在出售他们先前租赁的房屋时，并不能出售土地的所有权。然而，这是一种例外。

配土地。例如，20 世纪 70 年代奈梅亨重建在城市中心和河之间的一块荒芜地区。市政当局首先获得这块土地，再以租赁的形式进行建设。通常，奈梅亨市政府是不会使用租赁形式开发土地的，但是在这个例子里，政府希望这块重建的土地价值能够逐渐上涨。政府希望以这种方式能够重新获得一些收入以弥补损失。

在私人个体可以制定和出售土地合同之前，他们要首先获得土地的终身所有权①。因此，市政当局为了租赁公有土地首先就要获得土地的所有权。如果首先研究这个问题——为什么市政府拥有土地所有权——有利于我们研究公有土地租赁的实施情况。

大部分城市没有保留土地用于建筑之需②。因此，如果他们打算出售土地租赁合同就必须先购买开发所用的土地。这是一种非常普遍的做法。直到几十年后的今天，几乎荷兰的所有的建筑都建立在以此种方式获得的土地上(除了一些少数私人的土地)。用于开发和再开发的土地一般都是由市政府首先获得这些土地，并提供公共设施，然后以建筑用地出售(Needham，1992)。一直到近期这种做法都是无异议的，因为土地开发的收入(获得规划许可与未获得规划许可土地的价值的差额)太少，以至于不能弥补私人投资者开发土地所承担的风险。结果，大部分市政府都能以友好的态度而获得土地，不需要动用权力强制进行购买。土地价格从 90 年代初期开始上涨，因此开发热潮也伴随而来。现在这种做法不断引起私人个体的不满(因为法律并没有授予市政府提供土地供给的垄断权利)。然而，大部分人民(甚至一些私人开发商)希望市政府提供有公共设施的土地(Needham，1997；Needham and Faludi，1999)。这种积极的政府土地政策作为荷兰土地规划和开发的特点受到其他各国学者和专家的关注(Lefcoe，1978；Badcock，1994)。

---

① 一旦建筑合同已经制定并出售给第一个承租人，就可以由承租人再转售给其他人。这并不是这里所要考虑的。而且，也没有事实证明存在大规模的建筑合同交易，除非这种合同出售与土地上建筑的转让有关。

② 当然，他们拥有许多范围内的土地。用于建设公路、公园等等，估计土地面积占荷兰总面积的 1.5%(Giebels，Koopmans and Moolhuizen，1985)。

上述的调查报告中包含着不寻常的隐藏信息：所有在 1981 年和 1994 年调查中包含的城市都提供建筑用地。尽管所有的城市可以以租赁的形式安排土地建设，但是只有一小部分的城市选择了这种方式。

三、公有土地租赁的规划原因

市政当局有权在他们的管辖范围内进行空间城市规划：我们称之为“法定规划权利”。这个权利最重要的一点就是可以赋予或收回土地的建筑许可，如果建筑计划与已通过的城市土地使用规划不一致时，这种许可就必须收回(Needham，1999)。荷兰政府要求在管理范围内被用于开发的土地要满足一些高标准，并且当地的政客是由当地选民选举而成。如果一个市政府认为国家政府赋予他们的管理土地的权利是不充分的，他们就会寻找其他的权利。这也是为什么一些市政府采取积极土地政策包括土地租赁在内的主要原因。

在 19 世纪后半叶，阿姆斯特丹、鹿特丹和海牙政府对涌进城市的劳工提供的住房质量达到了极其恶劣的程度。这些市政府认为国家政府给予的提高住房和建筑标准的权利是远远不够的，所以要求更强有力的权利。但是国家政府不同意他们的要求，所以市政府自己独立采取了一些措施。如果他们拥有需要开发的土地，他们就出售土地并根据签订转让契约时附加在开发商身上的一些附加要求强制土地开发的实行。接着，他们开始想办法获得有潜在假设价值的土地，这样可以更大面积地强加条件。阿姆斯特丹、鹿特丹、海牙和乌得勒支政府是发展最快的一批城市，它们将提供公共设施的土地用租赁的形式而不是以出卖所有权的形式进行开发[①]。阿姆斯特丹从 1896 年开始，海牙则从 1911 年开始。结果，直到今天，这些城市中

---

① 对这段事件的描述可参考阿姆斯特丹 1850～1990(Van der Valk，1989)；阿姆斯特丹 1930 年之前(Delfgaauw，1934)；阿姆斯特丹 1975 年之前(Van der Werf，1977)；阿姆斯特丹 1896～1996 (Ottens，1996)；海牙 1900 年之后(Werkgroep Nota Grondbeleid，1986)。更早期的例子可参考莫里斯(Morris，1985)，他描述了早在 1609 年阿姆斯特丹市政府是如何采用强制手段购买土地并根据契约出售。

的大部分土地还是归市政府所有：阿姆斯特丹占到80％，而海牙占了65％（并且中央政府占了所有权的另外12％）。市政府进行土地管理的态度可以说是实际的而不是理论的（Needham，1993）。

即便是现在，尽管法定规划权利比100年前强大了许多，但是许多市政府仍然觉得这些权利是不够的，仍通过提供建筑用地来增加权利。而且这些观点也受到许多社会和政治上的支持，不论是从地方还是从政府方面。这些增加的权利在产权转化（grondakte）过程中产生，由土地出售双方协商决定，其中可以包括法律没有批准给市政府的空间规划上的一些权利。这些条款包括例如：修建房屋的性质（出租或出售）；房屋出售或出租的价格；在商业中心开设店铺的性质；在产业用地上设立公司的性质；分担一些公共设施维护的义务；使用对环境有益的建筑材料；土地开工的时间和完成的时间等内容。

另外，通过分配土地，市政府可以获得一部分收益用于提供特定设施设备（例如，对开发土地以外的地区提供基础设施和绿化带）；用于补偿市政府进行土地开发和建设监管的费用；也可将用于公共住房的土地以低于市场价值出售。当然，这只有在分配价格低于市场价格，而且也只有在一方面扣除购置和服务费用后有足够的盈余、另一方面通过分配土地同时也能获得一定收入的条件下才可能实现。荷兰各市政当局不可能用法定分配权利从开发商手中获得这些好处，因此他们选择用出售土地的方式达到这个目的。

一些市政府甚至有更进一步的权利。他们拥有法定规划权利；通过提供建筑用地获得其他一些额外的权利，但是他们仍要求更多的权利。因此，他们选择以签订长期租赁合同的形式而不是出售所有权的形式分配土地，这样使他们能够比单纯的土地规划掌握更多的权利。土地租赁赋予市政府更多的规划权利包括：

- 长期控制土地的使用。通过所有权转让形式出售的土地，其使用方式是同第一任买主商量决定的，并且在必要的时候能够通过法律强制实行。然而，这很难强迫其后的所有土地所有者都遵守这项条款。如果不是通过所有权转移，而是以租赁的形式，条款就很容易持续执行，因为出租者仍拥有土地的物质利益（出租者尽管是单纯的所有权所有者，但是他们始终拥有这块土地)。这样就能够持续维护共用的公共设施,管理土地上零售业和商业的性质①。

• 责成承租者维护租赁土地上的建筑。这一点对已经开始退化的老城市尤为重要,并且在单纯的法定规划权下是很难达到的。

• 促使土地适合未来再发展计划。如果市政府想再开发一个地区,他必须获得这个地区的土地所有权。如果友好的土地收购不能成功,市政府可以使用强制购买方式。如果他们保有土地所有权,仅出售土地租赁合同,这样的土地就较容易被开发,因为违背承租人的意思终止合同还是比强制获得土地所有权来得容易些(但是,这并不是说一定会比较便宜。在租赁合同中通常包括了这样一个条款:如果市政府要在合同到期前废除合同,他们将付出一定的费用,数额与强制购买该地产的价格差不多)。

从中我们可以看出,通过公有土地租赁获得的附加权利与通过出售建筑用地所有权获得的权利相比,前者可以为政府提供在开发后的规划和控制土地与建筑的权利。

这些权利通常在租赁合同中以两种情况进行规定:一般情况,也就是说在所有合同中规定都一样(例如,租赁合同的期限、付款方式、中止合同方式),根据合同情况而定(例如,土地的价格和土地的使用条款)。

四、公有土地租赁的财政原因

当大城市纷纷采用土地租赁形式分配建设用地而不是私人所有制时,他们清楚地知道其中一个原因是为了预期土地价值增长的利益,为了获得土地价值增值的收益(Delfgaauw,1934)。

这个目的主要通过修改合同期限实现。最初,合同是以 50 年为期限,后来是 75 年。并且主要依据预计的土地所有权价值设定每年的地租②。

---

① 海牙市政府通过他们作为土地出租者的权利阻止红灯区扩散到其他区域。这可以在市政府第一次出售土地的时候得到控制,但是如果第一任买主转售土地,这个作用就不能发挥。这在过去不是说通过法定规划系统就能得到管理的,尽管现在是可以做到的。

② 通常的做法是将那个价值乘以市场的利息率,再加上管理费(见附录)。

后来，部分是由于从事土地租赁行业的要求，使得将租期内的所有年租资本化并在合同初期付清所有费用成为可能。在合同到期时，土地地租或者是酬金将修改为与当时土地价值持平的水平。

为了准确地估计在后来期限中的土地地租，政府必须对土地上的建筑进行分别估价，但是这是一项争议性很大的估价行为。而且，在 50 年或 75 年后的地租增加值可能会很高。这些问题，再加上公共管理者（市政府）是财政获益人，促使很多反对公有土地租赁的意见产生。

土地价值在六七十年代迅速上涨，主要是因为一些市政府在实行公有土地租赁时采取了其他的方法以获得这些利润。在原本的土地租赁制度中，即便土地价值上涨，地租在合同期限内保持 50 年到 75 年不变。一些市政当局开始实行浮动地租：初始地租与原来设定方式一样，与原先在租期内保持地租不变的协议不同，每 5 年按通货膨胀率调整地租。而且，一次性的酬金可以代替每年的租金；但是设定酬金有很多争议（人们不知道在租赁期间通货膨胀率将会是多少）。越来越多的人反对这种形式的土地租赁。毫无疑问，市政府是唯一的受益人，而政府也只会冷淡地安慰承租人："如果地租在 50 年后才修改，你们将不会遇到土地增值的情况。"这个问题将在附录里详细谈到。

还有其他方法可以使作为出租者的市政府获得土地增值的利益。如果合同所有者再开发土地（增加土地的使用密度或者产生更高的使用价值），都会使土地价值上涨。根据合同规定的条款，承租人必须获得出租者（市政府）的允许，并且一旦土地发生使用变化，征收的地租也会随着改变。反对这种做法的声音就比较少：因为很显然这是公平的。但是这种做法可能会打击私人进行城市土地更新的积极性，因为承租人不能获得土地价值增值。实际上，大部分的城市土地更新是由土地所有者、开发商和市政府共同完成的。

对于一些市政府来说土地租赁是一项重要的收入来源。例如，1999 年阿姆斯特丹从土地租赁获得的收入是 1.135 亿荷兰盾（2000 年 10 月的汇率为:2.59荷兰盾=1美元)[①]。同年,这个城市从财产税中获得的收入是2.63亿荷兰盾。正确地说,财产税只占了荷兰政府经常支出的一小部分:1999年在阿姆斯特丹仅占3%。土地租赁的纯收入占经常支出的1.3%(Amsterdam,2000b)。土地租赁成为一个重要的收入来源的原因在于,当土地地租修改时(通常是上涨),收入增加但是费用仍然保持不变。例如,在1980年,海牙市政府土地租赁毛收入为2 600万荷兰盾,并预计到2000年为4 200万荷兰盾,到2025年为6 200万荷兰盾(以1983年的价格为基准),但是费用保持不变预计大概为每年2 600万荷兰盾(Werkgroep Nota Grondbeleid,1986)。

使政府采用土地租赁的两方面原因——规划和财政——能够互相影响。如果土地规划能够为市民产生利益,社会大众就更愿意接受为土地合同制定的价格。并且如果政府获得的收入用于确保更好地维护城市基础设施,更好地进行城市开发规划,正如凯里(Carey,1976)在谈到阿姆斯特丹所说的,也是阿姆斯特丹市府委员会的最近决定(Amsterdam,2000a,19),市民也更愿意支付租赁合同的价格。

五、公有土地租赁的法律限制

怎样才能阻止公共机构滥用他们所有的租赁土地权利及土地以上建筑的权利?为了说明这点,我们采用荷兰制定的(其他国家的法律机构是依据拿破仑法典)公共机构所持有的两种不同性质的权利:公法所赋予的权利和民法所赋予的权利。

公法所赋予的权利(类似美国的"警察权利")是立法机构授予公共团体强制其他人实行他们的义务的一种权利。法律授予进行空间规划的权利就是这种类型的权利(例如,任何人都不能在没有允许的情况下进行建筑,必须通过某种程序获得许可后才可以)。显然,私人个体是没有这种权利的。民法所规定的义务是由两个人自由决定的(而公法是一方强制另一方执行

---

① 这是Meerwaarde afkoopsom和saldo erfpachtbedrijf的总合(Amsterdam,2000b,46)。

义务)。任何合法公民都可以使用民法。而且因为公共团体也是合法的,因此他们不但能使用公法,也可以使用民法规定中其他人拥有的所有权利。

这点可以通过市政府获得土地的例子进行说明。他们可以在民法的规定下友好地收购土地。另外,他们也可以用公共权利强制收购土地。总的来说,当市政府利用法律赋予的权利进行空间规划时,他们所使用的是公法赋予的权利。当他们出售土地作为一种规划手段时,他们使用民法中规定的权利来补充公法中赋予的权利。如果,为了出售土地,他们首先强制性地获得土地,这就是使用公法的权利。如果他们可以友好地收购土地,他们就是使用了民法的权利。并且如果政府选择以租赁的形式分配土地而不是出售土地所有权,他们就是用民法赋予的权利来加强他们的地位。

当政府(或其他公共团体)对公共利益负责时,有可能滥用公共和私人的权利。例如,假设政府制定了一个地区的发展计划,同时他们拥有部分的土地,他们会尽快将自己所有的土地出售以免支付利息。因此,可以利用授予建筑许可的权利,对申请在他们土地上进行建筑的申请人给予优先权。这种情况是现在关心的一个热门问题,许多市政府建立公共-私人合伙契约进行大规模的土地开发。

接下来将通过两个例子说明在公有土地租赁过程中可能出现的私人权利和公共权利之间的紧张关系。第一个例子来自鹿特丹。当政府出售租赁合同用于工业建设,合同包括了公司(承租人)必须遵守的雇员要求(the Besluit inzake social vestigingsbeleid)。获得这个合同的开发商对这项要求提出上诉并于1984年胜诉。法庭解释这条强迫公司执行的规定与出租的这块土地没有直接联系,因此与该市其他土地上的(非租赁土地)其他公司所要承担的义务不同。市政府终止了该项做法。

第二个例子——Kunst en antiekstudio v Lelystad BV, HR 8 July 1991, NJ 1991-691——市政府是一块用于建设艺术工作室土地的出租者。承租人想将租赁的工作室改成折价家具店。市政府拒绝了这项申请,因为在租赁合同中没有提及可以将该建筑进行零售目的。出租者提出上诉,认为这种情况——如果是城市政策的一个重要部分——应该由土地使用规划管理(公共权利)而不是用土地所有者的私人权利决定。上诉被拒绝接受。

许多市政府松了一口气:如果这项控诉成功了,就会削弱公有土地租赁的基础。

这些问题的重要性是显而易见的,其意义不仅仅局限于公有土地租赁制度。在荷兰法中,这些问题被称之为两方面原则(tweewegenleer),两方面分别是公法和民法。现在法学规定公共团体使用私人权利以完成其公共责任的条件是,只有在达到这个目的的公共权利不足时才能实行,但是这不能与已规定的公共政策目标相抵触。这里称之为反对原则(doorkruisingsleer)。从法学的角度分析,关于如何执行这项规定的条款是缺乏的(Geertsen,1999)。然而,这项规定是公证公司(Velten, Snijders and Huijgen,1995)宣称公有土地租赁必须完全终止的基础。但是法律的规定并没有获得支持。特定的社会背景和政治规定更具有影响力。

六、社会和政治问题

荷兰政府出于财政原因采用公有土地租赁的方式分配土地。然而,这种财政上的优势并没有明显地转移到市民身上;相反地,市政府采用土地租赁向承租人征收地租,而承租人就是市民。结果,大部分荷兰群众更愿意获得土地所有权而不是在当前条款下向市政府租赁土地。对承租人租赁土地的财政上的好处可能不需要太多的资本费用。承租人购买建筑(资本),按合同每年支付土地费用,不需要将大量的资本投入到土地上。然而,这种好处是很小的:他们购买土地和建筑通常采用抵押的方式①。而且,大部分的承租人愿意一次性付清合同的所有费用以避免每年按通货膨胀担负地租的风险。阿姆斯特丹有95%的承租人采用一次性付清的方式(Amsterdam,2000a,15)。不但如此,尽管人们预计购买租赁土地上的建筑可能比私人所

① 在荷兰房屋买主通常可以申请相当于土地价值加上建筑价值90%～100%的抵押贷款。贷款的利息可以从收入中扣除,同样每年的租金也可以从收入中扣除。另一方面,商人也不愿意将资本捆绑在土地所有权上。

有权土地上的建筑便宜点，但是实际上这种区别并不是很明显[①]。因此财政优势很小甚至不存在。然而，在一些租赁系统下，拥有租赁合同的财政劣势可能比私人所有土地更为明显。

荷兰政府出于财产管理的原因出租土地，从市民的角度看也是没有什么优势的，因为市政府作为出租者，很少出于这个目的使用他们的权利。德扬、普拉杰默和德沃尔夫(De Jong，Pluijmers and de Wolff，1996)的调查报告中清楚地谈到这个问题。他们发现使用土地租赁的市政府并没有比采用土地所有权的政府更加注意制定土地分配的条件。他们还发现在采用土地租赁的市政府中，只有一半拥有管理合同条款遵守情况的系统。

通常，市民将公有土地租赁作为市政府征税的一种方式——并不认为这种方式可以更好地进行城市或城镇的财产管理。所以公有土地租赁制度没有被广泛采用就不足为奇。这也解释了选择性使用公有土地租赁的原因：市政府如果担心使用这种方式会使他们失去支持，他们也就不会选择公有土地租赁制度。小城市不使用这种方式，因为他们担心城市和居民会选择其他地方居住而离开现在的城市。大城市选择土地租赁方式，因为他们知道居住在该城市范围内的需求很强烈，因此他们可以阻止一些人选择其他地方居住。一些市政府只出售工业用途的租赁合同是因为公司没有当地投票权，但是市政府不出售以住房为目的的合同，因为当地议会不想与他们的选民对抗。一些市政府只对住房协会出售租赁合同而不是转移所有权，因为他们答应在当地建立住房设施。这些选择使用目的在德扬、普拉杰默和德沃尔夫的调查报告中有所说明。

这种紧张关系的加剧导致了海牙市于1986年修改了土地租赁政策。土地租赁规则在1977年进行修改：地租每5年按照通货膨胀率进行修改而

---

① 在海牙市如果将出售价格与私人所有土地上的住房和租赁土地上的住房畸形比较：发现土地租赁的期限并不构成任何差别。我们也想在阿姆斯特丹市进行相同的研究，但是私人所有权土地上住房的数据并不充分。因此这项研究是根据租赁期限还很长的土地上的住房出售价格，且土地最近是按照酬金制度支付的(这个价格相当于私人所有权土地上的住房价格)，租金仍然按年支付的价格计算的。在所有的数据中，我们比较了75个出售价格。70%的数据说明土地期限对价格并没有影响，剩下的30%中只有部分(60%)说明预期价值的不同会影响销售价格(Amsterdam，1996)。

不是在75年的租期内保持不变。在80年代初期，这种变化的影响逐渐显现出来。同时，根据1923年法规签订的租赁合同（租金50年不变）进入了续签阶段，并且公众认为租金将会大规模上涨。许多居住在租赁土地上的居民开始向当地政治家施压。代表自由党（VVD）的政治家开始极端地批评公有土地租赁制度。

海牙政府在当时处于财政极度困难时期，并坚持从预期的地租收入增加中获得利益（见上述说明预期土地净收入增加的数字）。极具讽刺意味的是，市政府中负责管理财政的官员（the wethouder financien）是一名自由党人。从党派的角度来说，他必须废除公有土地租赁制度，然而他的城市财政职责迫使他必须保持公有土地租赁制度。

政治讨论持续了好几年，最后才达成一致（1986年建立了一整套新的规章制度）。土地租赁规定进行了修改，使承租人的财政状况与购买土地所有权人的财政情况相接近。当租赁合同第一次签订时，价值必须与所有权价值相等。承租人可以以年租的形式支付也可一次性付清。计算方式是以资本价值乘以当时利息率并加上管理费。合同期限是无限期的，地租一旦固定了就保持不变（与每5年按通货膨胀率更改有所不同）。选择一次性付清所有款项的承租人从财政上说，与购买土地所有权的个人是一样的。选择按年付地租的承租人，从财政上说相当于使用无限期贷款购买土地所有权，利息率每5年修改一次。财政上只有一点能体现合同所有者与土地所有权者之间的不同：如果土地的使用目的变化或土地进行再开发，合同原来的条件就不再满足，承租人必须获得出租者（市政府）的同意并且地租有可能上涨。

现在所有海牙政府签订的土地租赁合同均按照新的规章制度执行。根据1911年和1923年法规（租金75年不变）签订的合同的所有者，在合同过期后，可以根据1986年的规定申请新的租赁合同（无限期合同，租金保持不变）。续签合同的价格根据当时土地价格而定。因此，当由于合同过期并申请续签时，政府仍然期望获得一次性的高额收入。按照1977年法规（租金根据通货膨胀率浮动）签订的合同的所有者，可以申请将他们的合同根据1986年的法规进行转换。此后，地租就不再是市政府的一项收入来源。政府不能获得土地增值的利益，除非土地进行再开发。

最近阿姆斯特丹也进行了类似的政策讨论。在当地一些政治团体和其他团体的压力下，市政府修改了一些土地租赁的条款。承租者的财政劣势(相对于土地所有权买主)有所缓和，但是变化的程度还不及海牙(Amsterdam，2000a)。

公有土地所有者采取租赁形式而不是出售所有权形式进行土地分配的经验教训同样可以从两个方面进行分析。如果公共机构将土地租赁视为一种收入形式，他们就有可能会与选民为敌，这样选民会迫使政治团体改变租赁系统。如果这种压力足够大，政府当局甚至会选择完全放弃土地租赁系统。这样，他们失去的不仅是土地收入，而且是土地租赁所赋予的规划权利(土地管理)。许多荷兰市政府将这些不同的权利分配到不同的部门，这样更加激化了他们之间的矛盾：土地管理功能(包括土地租赁)属于一个部门负责，规划(包括/或者住房)归另一部门负责。因此部门管理人和政治团体负责人之间经常会有利益冲突。海牙市议会的成员为了保住规划的权利，放弃了土地租赁作为财政收入的一种来源。海牙市保留了公有土地租赁制度①。值得注意的是，当合同使用目的变化时地租也随着修改，这个规定并没有太多人反对。显然，这样获得土地价值的增值在政治上是被允许的。

需要补充的是，当时海牙市政府并没有好好利用土地租赁所赋予的管理土地的权力。他们并没有积极地管理承租者，使他们按照合同的规定实施土地建设。如果有人抱怨邻居讨厌的行为，或者房客抱怨房东没有做好房屋的维护工作，租赁合同就赋予市政府干预权力。但是市政府并不积极处理这类事情，除非有人将事情闹大而引起公众注意。也没有证据证明市政府利用土地租赁收入为公众服务。海牙市政治家们宣称为了保留土地管理权利他们要放弃财政利益，但可能这些政治冲突只是象征性的并不是实

---

① 这个研究同样可以运用于私人土地所有者，他们出售自己土地的租赁合同。最近英国历史上租赁合同的解放(租赁合同改革，住房和城市发展法令，1993)可以看成是这方面的一个表现，部分老地产商利用他们的所有权管理伦敦中部的大部分地区和部分伯明翰地区；然而，土地租金上涨太快，所以承租人希望获得土地所有权，因此他们对国会施加压力。地产商们没有选择余地，因为荷兰政府已经单方面修改规定，国会通过立法允许承租人在一些情况下获得土地，地产商们失去了收入和土地管理的权利(Needham，1993；Young，1993)。

质性的。

其次,也没有事实表明采用土地租赁形式的政府能充分利用土地租赁所享有的规划权利。可以说财政原因是更为重要的因素。例如,住房协会要在市政府租赁的土地上重新修建一些破旧的房屋。市政府本可以利用他们的土地所有权促使开发更顺畅地进行。然而实际上,在决定价格的问题上住房协会和市政府间产生了激烈的争论。市政府想提高租金,住房协会却威胁道如果政府这样做他们将放弃所有的再开发计划。结果是市政府将土地所有权出售给住房协会。价格高于第一次签订合同的价格(政府获得一部分土地价值增值)但低于当时市场价值。市政府意识到所拥有的土地的资产价值,住房协会出钱购买了他们开发的权利。事实是市政府出让规划权利,一个地区是否需要再开发并不在他们的考虑之列。

七、结论

我们不得不批评荷兰的公有土地租赁制度。一些市政府采用这种方式只是为了获得额外的规划权利。然而,并没有事实说明他们在使用那些权利。市政府知道相对于购买所有权者而言他们的土地租赁是不受欢迎的,政府将土地承租人置于财政劣势。因此,如果市政府认为居民和公司将寻找其他地方居住(出售土地所有权的城市),他们就不会采用土地租赁形式。

海牙市是英勇的。他们说,“我们这么做并不是为了钱,是为了获得规划权利,为了证明这点,我们将放弃未来所有的财政收入以获得规划权利”(1985 年 11 月 4 日的议会会议记录证明了这点)。但是海牙并没有使用这些规划权利!其他市政府,特别是阿姆斯特丹、鹿特丹与乌得勒支并不愿意放弃他们从土地租赁中获得的收入。如果他们面临放弃土地租赁的压力,他们将选择减缓承租人的财政劣势以保持土地租赁作为财政收入的一种方式。

荷兰超过一百年的公有土地租赁制度为其他国家提供了经验教训。总结归纳为以下五点。

① 采用公有土地租赁制度的规划必要性有多大?这决定于该国家公

共法律的规章制度(例如,根据法律规划、建筑规定,避免混乱的社会公共法规保障环境健康)。公有土地租赁所赋予的权利是额外的补充。如果所有的权利是完整并且详细的,那么就没有必要通过公有土地租赁增加额外的权利。如果其他权利是不完善的,不能解决一些重要问题,公有土地租赁就是一个有益的补充。

在这种情况下,公有土地租赁制度就必须是一贯的和公开的,必须系统地管理租赁土地的建设方向;并公开向市民证明使用这种方法是有益的。

② 承租人的财政地位重要性? 市民买的不是土地而是土地上的权利。需要做出的选择是只买土地所有权还是租赁权。所有权的价值更高些,因为它包括了租赁权没有的权利。因此,所有权的资产价值要大于租赁权的资产价值。如果承租人选择按年付利息而不是一次性付清的方式,这种价值关系也是不变的:年租的资产价值必须低于所有权的资产价值。在实际的操作中必须根据合同的财政条款和法律规定执行(详细内容可参见本章节的附录)。

存在一种例外,也就是说,当租赁土地使用目的变化时,变化可以增加或降低土地的使用价值。这点很难预见,也很难包括在合同第一次签订时所确定的财政条款中。当最初决定市场价值时,市场并没有考虑到这种变化。在这种情况下,当使用目的变化时,租赁合同的价格可以随着调整,即便这样会导致租赁合同的价值高于最初土地所有权的价值。

③ 什么是公有出租者的财政状况? 如果公有出租者使用公有土地租赁获得土地价值的增值,我们必须分辨清楚是由于使用目的变化而导致的土地价值上涨还是土地价值的普遍上涨。第一种性质的土地增值可以通过合法的增加地租或酬金的方式(尽管在其他国家,还有其他措施可以获得这种改良的价值)获得。

要想出完全没有争议的方法来获得土地价值普遍上涨的利润是比较困难的,因为最初地租(或者一次性酬金的数量)通常都是以合同签订时土地的市场价值设定的。我们可以合理地假设在合同签订时的市场价格已经包含了一部分预计土地价值增值的补助。因此,如果公有土地出租者想提高土地租金使之与增加的土地价值一致,那么原本的土地地租应低于合同签订时的市场价格。这样在合同签订时,浮动地租的资本化价值不一定高于所有权价值。

进一步建议:让市民看到公有出租者的财政状况。如果租赁系统为市政府提供财政收入,就应该让市民了解这部分收入怎样用于社区建设。

④ 短期和长期的影响都必须同时考虑到。关于荷兰公有土地租赁制度对于承租人的财政影响的经验是长期以来获得和总结的。短期来说,人民(包括选民)认为土地租赁可能是件好事。例如,他允许开发商获得土地而不需要一次性投入大量资金[①]。当土地合同需要续签或者当地租进行修改时矛盾一直存在。显然如果开发商不是土地所有者:他们甚至可能失去合同的续签权。如果开发商续签合同,他们会觉得合同的要价比第一次高出很多。他们会认为用于开发土地的租赁权价值决定是武断的。决定开发土地租赁权的价值确实很困难(Needham,1996;或者参见附录)。如果市民反对公有土地租赁,没有政治家会支持或者保留这种形式。因此,公共权利机构必须长期综合地思考整个计划,避免自己给自己制造麻烦。

⑤ 市政府怎样才能平衡规划和财政这两个目标?最后,如果政府因为规划和财政的目的要使用公有土地租赁,政府就不能太过贪心于财政收入以至于激起公众反对公有土地租赁制度,最后导致公有土地租赁制度不得不废除。那么,城市规划的目的一样是不能达到的。

在本书截稿时,新闻(2002 年 11 月 2 日)报道鹿特丹市政府决定放弃 2003 年的公有土地租赁制度。新的市府议会于 2002 年选举成立,他们代表选民废除了不受欢迎的公有土地租赁制度。这也是有财政原因的:向现在的承租人出售土地租赁合同可以在短期内积累 9 亿欧元。

参考文献

Amsterdam. 1996. *Erfpacht, een onderzoek naar de invloed van erfpacht op verkoopcijfers in het kader van de Wet WOZ*, Amsterdam: Gemeentebelastingen.

---

① 德国的一些住房协会使用租赁合同主要是出于这个目的。他们将土地租赁权安排给需要自己建筑房屋的人,这样这些人就不用在获得土地上分散他们的贷款能力,即所能贷款的数目。

——. 2000a. *Gemeenteblad afd.* 1, *n*2. 19, *Eindrapportage* 100 *jaar erfpacht*: *operatie Groot onderhoud*. Amsterdam: Gemeentebestuur.

——. 2000b. *Jaarverslag* 1999. Amsterdam: Gemeentelijk Grondbedrijf.

Badcock, B. 1994, The strategic implications for the Randstad of the Dutch property system. *Urban Studies* 31(3): 425-446.

Carey, G. 1976. Land tenure, speculation, and the state of the aging metropolis. *Geographical Review* 66: 253-265.

De Jong, J. 1984. *Gemeentelijke gronduitgifte*, proefschrift Rijksuniversiteit Utrecht. Deventer.

De Jong, J., Y, Pluijmers and H. W. de Wolff. 1996. De praktijk van de gemeentelijke. gronduitgifte, in *Weekblad voor privaatrecht*, *notariaat en registratie*, 9 September, 546-551.

Delfgaauw, G. Th. J. 1934. *De grondpolitiek van de gemeente Amsterdam*. Paris, Amsterdam.

Geertsen, S. R. J. 1999. *De juridische toelaatbaarheid van stedelijke erfpacht als ruimtelijk ordeningsinstrument*. Nijmegen: Vakgroep planologie, Nijmegen School of Management, University of Nijmegen.

Giebels, R., C. C. Koopmans and F. Moolhuizen. 1985. *De risico's voor gemeenten op de markt voor bouwrijpe grond*. Amsterdam: Stichting voor Economisch Onderzoek.

Lefcoe, G. 1978. When governments become land developers. *Urban Land and Policy* 1:103-120.

Morris, A. E. J. 1985. Historical roots of Dutch city planning and urban form. In *public planning in the Netherlands*: *Perspectives and changes since the Second World War*. A. K. Dutt and F. J. Costa, ed. Oxford: Oxford University Press.

Needham. B. 1992. Long leases: A biblical stewardship? *Estates Gazette* 9325: 114-116.

——. 1993. Amsterdam under construction. In *Dutch strategic planning in international perspective*, A. Faludi, ed. Amsterdam: SISWO publicatie 372:127-132.

——. 1996. The valuation of building leases on developed land. Paper delivered to the Third Annual Conference of the European Real Estate Society, Belfast 26-28 June 1996.

——. 1997. Land policy in the Netherlands. In *Tijdschrift voor Economische en Sociale Geografie* 88(3): 291-296.

——. 1999. The EU compendium of spatial planning systems and policies: The Netherlands. Luxembourg: Office for Official Publications of the European Communities.

Needham, B. and A. Faludi. 1999. Dutch growth management in a changing market. *Planning practice and Research* 14(4): 481-491.

Newman P., and A. Thornley. 1996. *Urban planning reform*, *housing and urban de-*

velopment act 1993. Cambridge：Granta Editions.

Ottens E. S. , ed. 1996. *Een eeuw erfpacht in Amsterdam*. Amsterdam：Gemeentelijk Grondbedrijf.

Rust，W. N. J. 1996. Erfpacht：en financieel-economische beschouwing. In *Een eeuw erfpacht in Amsterdam*，E. S. Ottens，ed. Amsterdam：Gemeentelijk Grondbedrijf，95-102.

Valk，A. van der. 1989. *Amsterdam in aanleg*. Planologische Studies nr. 8，Het Planologisch en Demografisch Instituut，University of Amsterdam.

Velten，A. A. van，G. M. F. Snijders and W. G. Huijgen. 1995. *Erfpacht：pre-advies van de Koninklijke Notariële Broederschap*. Lelystad：Koninklijke Vermande.

Werf，S. van der. 1977. De grondpolitiek van Amsterdam. In *Spiegel van onroerend goed*. G. Bolle and C. A. Snepvangers，ed. Deventer：Kluwer，193-246.

Werkgroep Nota Grondbeleid. 1986. *Discussienota Grondbeleid*. Gemeent ‘s-Gravenhage，Den Haag.

Young，P. 1993. *Pyrrhic victory：The leasehold reform，housing and urban development act* 1993. Cambridge：Granta Editions.

附　录

决定土地地租价格和价值的方法

一、决定未开发土地租赁合同市场价值的原则

假设地租以拍卖的形式出售。价格可以是一次性资本价格的形式(一次性酬金,在合同期限内不需要再付款),或者是年租的形式(在合同期限内必须每年付清,价格必须包括合同期限内每年不同的付款方式的费用)。当合同被拍卖时,合同价格将会随着合同条款的不同而变化(例如,限制土地的使用方式),合同价格还必须根据通货膨胀的预期和合同价值的变化而定。这种方法导致了最后付款的价格等于租赁合同的市场价值。

使用一些假设性的数据来说明这种方法具体是如何操作的。

• 假设一块土地在第一年使用后产生 100 个单位的净收入(在第一年年末实现)(注意:这个收入扣除了所有的费用,包括建筑费用)。假设租赁期限是 50 年,没有通货膨胀和风险。真实利息率(例如,扣除了通货膨胀导致货币的贬值)是 4%。假设政府没有预期经营这块土地的真实净收入在合同期限内会有变化(附近土地的使用不会使土地价值上涨或降低,没有竞争者可以影响土地的价值,等等)。这样一个收入趋势的现值为 2 134 个单位。

$$= \sum_{t=0}^{50} \frac{100}{(1.04)^t}$$

• 假设通货膨胀率是每年 2%。政府预期每年纯收入会随着上涨。但是现值折扣率也须考虑通货膨胀率而有所增加:折扣率是 4%加 2%。这样收入趋势的现值为 2 163 个单位。

$$= \sum_{t=0}^{50} \frac{100(1.02)^t}{(1.06)^t}$$

这个形式与没有通货膨胀的形式基本上是相似的：每年增加的纯收入与高折扣率相抵消。

• 假设预计经营这块土地的纯收入会增加，随着这块地区的发展，每年预计增加1%。因为我们不仅考虑通货膨胀率对纯收入的影响，我们还考虑它对折扣率的影响，这样就可以忽略计算通货膨胀率。因此，考虑每年增加1%的纯收入，并使用4%的折扣率。这样收入趋势的现值为2 564个单位。

$$= \sum_{t=0}^{50} \frac{100(1.01)^t}{(1.04)^t}$$

二、荷兰市政府如何决定未开发土地合同的价格

荷兰不是以拍卖的方式决定土地合同的价格，也并不是依据任何可能开发的迹象。合同的要价是承租者(实际上是市政府)设定的，尽管有协商的空间，但是这个空间的范围是很小的，因为市政府不想冒令人怀疑的风险，认为他们偏袒一部分承租人。那么他们实际上是如何操作的呢?

1. 对于商业用途的土地

合同要价是根据以下条件设定的：

• 估计在合同期限内使用已开发土地的(土地＋建筑)纯收入，并计算这些收入的折扣现值(A)。

• 估计建设土地的资本费用(建筑的建筑费用)(B)。

• 他们之间的差别(A－B)就是在合同期限内土地使用权的资本价值。

实际上，收入的现值是基于合同是无限期的假设而计算的：但是因为存在折扣率，这样得出的价值和计算期限为50年的价值区别是很小的。有些时候会考虑建筑在合同到期时的情况。如果出租人有义务支付任何剩余价值，这就会增加合同的价值。同样地，如果剩余价值也以50年为期进行折

扣，那么他对于现值的影响就会很小。

决定土地地租的方法：

- 方法一：于合同签订时，一次性支付(A－B)；
- 方法二：最初地租的设定是以资本价值(A－B)乘以当时的货币利息率(可能还会再加上管理费用：在后面的讨论中我们将忽略这点，尽管现在阿姆斯特丹设定管理费为资本价值的1.5%)。

比较以上计算方法和在第一部分中讨论的市场价值决定方法间的差异：

- 假设经营已开发的土地的年纯收入为100个单位(第一次报酬是在第一年后收到，合同期限为50年)(注意：这是土地和建筑的纯收入。在第一部分假设的例子中，100个单位的收入只是从土地收入中获得)。假设真实利息率为4%，通货膨胀率为2%，并且从已开发的土地中获得真实收入每年增加1%。纯收入的货币价值每年增加3%，折扣率为6%。这样收入趋势的现值(A)为2 592个单位。

$$= \sum_{t=0}^{50} \frac{100(1.03)^t}{(1.06)^t}$$

- 假设建筑费用(B)为1 500个单位。这样使用土地的折扣现值(A－B)是1 092个单位。一个运作完善的市场将会将这笔费用考虑到土地合同中。但是怎样确定出租者的合同要价？如果合同的租金是一次性付清，价格就定为(A－B)，这点和租赁合同的市场价值相同。如果租金是每年付清，市政府会按以下方式定合同价格。合同价格(A－B：在这个例子中为1 092个单位)乘以货币利息率(在这个例子为6%)，得出每年的地租为65.52个单位。如果保持不变，按照6%的折扣率，地租现值为1 029个单位。

$$= \sum_{t=0}^{50} \frac{65.52}{(1.06)^t}$$

这个价格(1 029个单位)比地租的市场价值(1 092个单位)低了5%。

- 假设租金是按年支付，第一年的价格按上述方法制定(65.52个单位)，但是价格会随着每年的通货膨胀率变化(每年2%)。每年地租的折扣现值为1 417个单位。

$$= \sum_{t=0}^{50} \frac{65.52(1.02)^t}{(1.06)^t}$$

这显然要比市场价值(1 092 个单位)多很多。

政府制定年租的现值比合同的市场价值高出很多的原因是，最初地租是根据土地的市场价值计算的，但是预计的通货膨胀率已经包括在市场价值里。结果，在计算土地租金时又再一次考虑了通货膨胀率。如果初始地租考虑通货膨胀率，初始地租应该设得低一些。例如，如果初始地租设为 50 个单位(4.6%的合同市场价值)而不是 65.52 个单位(6%的合同市场价格)，当通货膨胀率为 2%，折扣率为 6%时，地租的净现值为 1 081 个单位，大约与市场价值一致。

这个结论的假设基础为——当计算合同期限开始时地租收入的净现值——能正确预测未来的通货膨胀率。实际上，未来的通货膨胀率能否准确地预测在后来是很容易验证的。只要通过比较假设的现金流转和实际上的现金流转就能实现。如果预计的通货膨胀率高于实际水平，那么地租就应该向下调整。如果预计的通货膨胀率低于实际水平，那么地租就应该向上调整。

2. 对于居住用途的土地

首先估计土地的资本价值。根据特定的地租(A)估计建筑房屋的市场价值，并减掉估计的建筑费用(B)。地租的决定方式：

- 使用合同签订时一次性支付(A－B)的方式；
- 采用按年交纳地租的形式，将资产价值(A－B)乘以当时的货币利息率(可能会加上一部分的管理费用，我们将忽略这个部分)。

这种定价原则与商业用地的定价原则是一致的。区别在于怎样估计开发土地的资本价值。商业用途土地是根据预计的现金流转而定价然后再将其资本化；住房用途土地则根据租赁土地上的类似房屋的市场出售价格而定。

如果租金是一次性付清，这与租赁合同的市场价值相同。如果租赁合同是按年支付并在合同期限内保持不变，年租的净现值会接近一次性付清的价格，也就相当于合同的市场价值。如果租金按年支付，并随着通货膨胀率变动，那么净现值会高于市场价值(对于商业用途土地的算法和上述讨论的相同，结果也是一样的)。

年租的净现值(当地租随着通货膨胀率而变化的情况)高于合同市场价值的原因于商业合同一样。也就是说,最初地租是根据财产的市场价格决定的,预计的通货膨胀率已经包括在市场价格中。然而,当房屋和公寓出售时,住房市场这种做法是含蓄的,但是商业用途市场是明确的。这为我们确定住房市场是否正确估计通货膨胀率制造了困难。同时也不好确定调整地租是否合理地考虑了土地市场价值的变化。

三、决定已开发土地合同价值的主要因素

如果承租人或者出租者中一方想在合同终止前进行再协商,我们就有必要在合同到期前确定已开发土地的合同价格。这种情况是可能发生的,例如,如果承租人愿意向另一方出售租赁合同和建筑,并且合同已经快到期了。如果合同期限还有很久,那么土地的价格会更高。因此,卖者将会在出售房子前续签合同。问题是"怎样确定已开发土地上的合同价值"?以上谈论到未开发土地的定价方法在这里就不适用。

在这种情况下拍卖土地合同也不是最好的方法:有兴趣的买主通常已经是承租人。如果这样,买者会比其他人更有理由买这个合同,因为对于现有承租人获得另一块土地上的租赁合同并不像其他没有土地的买主一样,仅把土地看成是一个替代品。现有的承租人愿意付更高的价格。

理论上合理的定价方法是:

a. 如果土地是未开发的,怎样的使用和开发密度是被允许的?这就必须了解根据土地规划这块土地有什么样的再开发限制。

b. 在未开发土地上建筑合同的价值怎样确定?这可以通过上述方法进行确定。

c. 已开发土地上的潜在合同所有者在将已开发土地变为未开发土地前应该做什么?费用将是多少?b 和 c 的差异加以货币化就是已开发土地上合同的价值。这种方法后来在尼达姆(Needham,1996)中有详细叙述。

实际操作中有困难的是步骤 c。费用可以看成是房屋所有者进行土地建设的补偿。如果合同快过期,并且合同条款没有规定赔偿所有者的开发

费用，那么步骤 c 的价值为零。如果合同快过期，但是必须赔偿所有者的开发费用，这就相当于将建筑的价值进行折旧（不容易估计）。如果赔偿没有在合同到期前付清，就必须支付比建筑折旧价值高的费用，因为承租人还有权利占有那些建筑几年的时间。

荷兰采取什么方法？一些人认为开发土地上合同的价值与未开发土地的价值一样（Rust，1996）。这种说法是荒谬的。假设有三块同样大小、相邻的土地。两块土地（A）和（B）是闲置的，另一块土地（C）有一座建了 30 年的房屋。出售三种权利：土地（A）的所有权，但是条件是土地（A）上建的房屋大小、设计等都必须与土地（C）上的建筑一样；土地（B）的租赁权，条件是土地（B）上建的房屋大小、设计等都必须与土地（C）上的建筑一样；和土地（C）的租赁权，条件是土地（C）上所有的建筑必须保留。大部分的买主愿意购买土地（A）的所有权而不是土地（B）的租赁权，但是比起土地（C）的租赁权买主更愿意购买土地（B）的租赁权。买主愿意支付的金额也是根据这种偏好确定的。也就是说，未开发土地的租赁权价值低于未开发土地所有权的价值（正如上面所讨论的），已开发土地上的租赁权价值低于未开发土地上的租赁权的价值。

我们再以海牙为例子。首先，土地的所有权价值按照未开发土地的方法进行估计，同时也遵守开发土地的使用限制。这样价值就减少了 45%。这个方法在课税法庭使用过，规定开发土地的租赁权价值只有未开发土地租赁权价值的 60%，两种土地的使用价值一样。法庭对价值减少提出了解释（但不是针对于具体减少的数目）：

- 土地上有一些建筑，因为比较老旧所以不能像新建筑一样有效地利用；
- 将开发土地转变成未开发土地需要耗费一定的费用。

阿姆斯特丹回顾评估已开发土地的合同价值，但是法庭并没有对这个问题提出具体的方法（Amsterdam，2000a）。

从这些问题，我们可以得出两个结论。首先，评估已开发土地合同的价值没有一个令人完全满意的方法。其次，任何人打算实行公有土地租赁制度都必定会遇到这种问题，并且也都会因为评价方法的困难性而受到质疑。

第 三 章

瑞典土地租赁制度
——获得土地价值的方法

汉斯·马特森(Hans Mattsson)

根据瑞典法律,出于特定目的的土地使用权可以无限期地出租给私人个体,私人个体只需每年缴纳规定的地租。这种土地使用制度称之为土地租赁制度(tomtratt)。该制度针对的对象是属于国家或城市的土地,或者公有土地。经过政府批准,土地租赁权也可以由其他机构授予。

土地租赁方法于 1907 年开始使用,并于 1953 年成为大众讨论的主要话题。最初只有瑞典首都斯德哥尔摩使用这种方法。直到三四十年代,土地租赁的方法才在其他城市使用。从 1953 年开始,瑞典土地租赁制度成为获得土地价值而且制定房屋政策的原因。与其他国家的土地租赁制度不同的是,瑞典土地租赁制度并不是城市规划的工具。2001 年瑞典有 105 000 处租赁土地,比 1950 年多了 85 000 处。然而,在过去的五年间,这个数目减少了 3 000。换言之,土地扩张逐步停止。

土地承租人有权按照合同的规定使用土地。承租人不能向市政府要求废除租赁合同,然而市政府在住宅合同租期满 60 年后或其他性质合同满 20 年后,可以废除合同。如果废除租赁合同出租者必须购买房屋和其他设施。在废除租赁合同方面,如果政府因为公共目的收回土地,法律倾向于捍卫公民收回土地的利益。通过增加土地租金,市政府仍可以获得土地价值的增值。

土地租赁制度保留了所有权制度特有的属性。通过制定特殊的租赁法规,立法者不但承认承租人为土地投资的获益人,而且认为土地租赁权在必要时可以成为承租人的抵押品。承租人可以用分配、抵押或转租的方式将部分或全部的土地租赁权转让给第三方。

本章分为四个部分。第一部分简要介绍了瑞典土地规划制度的背景。第二部分从历史角度介绍了土地租赁的发展，描述了其产生和特点①。第三部分介绍了决定地租的正规步骤。最后一部分分析以前土地的发展阶段和现在瑞典土地租赁制度的停滞原因。

一、土地规划政策

瑞典的房屋建设高潮产生于1950～1975年间，今天401万所房子中有200万是当时建造的(Kalbro and Mattsson，1995)。这个阶段是移民高速增加和生活条件快速提高的时期。这个阶段土地价值不断快速上涨。政治上认为土地增值的收入完全归土地所有者与开发商是不合理的。实际上，这种价值应该归土地承租人或市政府所有。获得土地增值价值的一个方法就是授予土地租赁权。

然而，土地租赁制度从未用于控制城市发展。相反地，城市控制通过三个方面来进行：① 市政府规划垄断权；② 公有土地储备；③ 政府津贴授予的条件。由市政府来决定一个具体的开发计划对于城市发展是否必要，并且他们的否决权是不可动摇的。这样就使得市政府在同开发商进行土地发展计划讨论时处于一个有利的地位。必要的基础设施和绿地建设就会在计划中保留，并且开发商必须无偿地将土地进行街道和公园建设。同时政府可以对开发商征收公共设施费用，例如街道建设、水供应和排水处理等。如果合同要求开发商建设这些公共设施，这些设施建设完毕后将会无偿转让给政府。

市政府同时也进行大范围的土地收购。作为主要的土地所有者，市政府可以将土地出售给开发商以增强他们的协商地位。如果他们将土地租赁

---

① 重要的是，其他形式的瑞典租赁权利(arrenden)并不会在这里叙述，因为它们并不用于城市范围。它们同土地租赁也存在本质上的不同，尽管不能被私人土地所有者抵押或者转租，但是可以订立合同。另一个区别是土地租赁可以是无限期的，因为在城市地区的其他租赁只能是25年。

给私人个体,他们的地位也是不变的。1970～1990 年有 70%～80%的房屋建设在市政府出售或出租的土地上,证明了市政府对土地控制的程度(Boverket,1991;Vedung,1993)。

规划垄断权,正如政府土地所有权一样,促进公共住房项目的发展,并且保证向公众提供低成本高质量的住房。其他住房政策的手段也以同样的方式管理其他建设活动。另外,国家制定的贷款对住房建设有所优惠。然而,政府补贴不会导致土地费用的上涨,因为政府设定了最高土地价格,并由国家对这个价格采取补贴。这个系统基于很少公民在没有政府补贴下能够自己拥有房子这样的前提。土地规划的垄断权利和广泛的公有土地所有权允许市政府控制土地价格。

然而,控制土地价格容易导致开发商通过高租金或者高价出售房屋而获得意外之财。这个潜在的问题可以通过阻止开发商或财产所有者设定高于非赢利房屋组织的价格的方法解决。价格控制也用来控制多家庭公寓房屋的出售价格和单家庭房屋的所有权价格。

到 20 世纪 70 年代,规划和房屋政策本质上还是完整的。然而,国家通过逐步停止补贴系统运转而逐渐从房屋政策中退出。而且,现在建设量很小:每年大概 10 000～15 000 处的房屋产量,但是在 1970 年每年的房屋建设量是 110 000 处。因此,一个重要的问题是,如何在没有补贴的情况下增加房屋建设,如何在补贴房屋市场上进行规划设计。

在瑞典,当地政府不需要通过土地租赁管理土地的使用状态。强制的详细开发计划可以实行这项功能。在土地规划管理上并没有要求所有土地所有者都受到平等的待遇,即便是他们的土地非常靠近或者极为类似。相反地,土地必须用在最适合的方面,这也是市政府的任务,即确保这个目标的优先实现。

土地租赁的唯一目的是获得土地价值增值的利益并通过设定低于市场价值的地租,一定程度上补贴房屋成本。土地租赁并没有控制城市发展和土地使用的功能。因为这个独特的性质,接下来介绍在瑞典土地租赁制度之下的法律机构为了获得土地价值增值的历史发展情况。

二、土地租赁的法律机构

1. 1953 年以前

尽管私人土地在中世纪就以私人所有权(fria tomter)的形式存在于瑞典城镇中,但城镇的主要土地还仍是集体的财产。这样,属于城镇的土地只能以非所有权(ofria tomter)的形式授予。这种土地的权利是世袭的,并且也是无限期的。同时,承租人必须支付一定的费用。当土地要出售时,城镇有权利首先拒绝出售。集体所有土地的使用原则最终由城镇,而不是由个人决定的(Ameen,1964;Prawitz,1954;Westerlind,1965)。

当越来越多的城镇土地获得私人所有权时,这个法律就逐渐改变。受到 19 世纪自由主义思想的影响,非私人所有的土地转变成私人所有的土地。非所有权土地的授权在 1907 年被废除,因为支持它的法律系统已经过时。

1907 年土地租赁(tomtratt)进入瑞典法律。这个新的租赁权利部分基于以前提供的非所有权土地的方法。另一个模型是德国的 *erbbaurecht*,部分思想来自于美国亨利·乔治(Henry George)的思想(Westerlind,1965;Sidenbladh,1981)。更重要的是,只有公共团体才有权利提供土地租赁权。

土地租赁制度的引进主要有两个动机(Westerlind,1965)。第一个是社会动机。大城镇和城市有严重的房屋短缺现象。房屋建设相对于需求来说是不足的,部分原因是因为高昂的土地成本,使有能力的社会财团很少介入这项投资。通过土地租赁能够廉价地提供土地,市政府鼓励开发商不需要支付获得所有权的费用就开发建设土地。市政府也试图将土地使用管理并入合同条款中,从而在土地规划措施不足时将合同作为一种规划工具。第二个动机是财政动机。如果长期租赁合同可以代替所有权,市政府可以通过在未来收回土地并在土地价值上涨时再出售而获得可观的利润。另外,通过不断地提高土地租金,土地增值中相当大的一部分会归政府所有。这样,就能阻止开发商获得土地因为在街道建设、水资源供给和污水处理等公共基础设施方面的投资而产生的价值上涨。当合同到期时，他们有收回土地的权利，市政府同样可以代表社会保证获得增加的土地价值。最后，广泛授予土地租赁权可以减少土地投机行为，并有效地影响土地价格和土地租金。

立法者假设，尽管并不正确，土地租赁权的使用是暂时的。这个系统用于郊区的公有土地进行单一家庭房屋的建设。当城市不断发展，市政府在合同到期时会收回土地，并且以高价出售给其他私人个体（SOU，1952）。然而，实际上这种预期从来没有实现过。

当第一次被引进瑞典法时，土地租赁合同的条款是相当灵活的。市政府和承租人可以自由协商合同的条款。然而，租赁合同的条款必须在 26 年到 100 年间保持不变（Westerlind，1965）[①]。

尽管协商范围很大，土地租赁合同通常授予 60 年（具体根据合同的规定，工业用地有较大范围的变化）。土地租赁合同通常有要求土地在一定时间内建设的附加条款。尽管最近合同可以规定在一些特殊时间内可以进行调整，但是绝大部分在合同期限内都是保持不变的。在一些特殊情况下，租金可以按照每年商业销售的百分比而定。

当土地出租后，土地上的建筑和其他永久性设施自动成为土地附加的固定设备。于是承租人可以将土地租赁权看成一个抵押品。更重要的是，从信用制度的角度来看同样的附加规则也用于不动产。

当土地租赁合同过期时，租赁土地的权利归还市政府。法律并没有规定政府出租者必须购买租赁土地的开发设施。然而，合同到期时购买租赁土地的开发设施的义务会使土地的经济价值不一样，反过来会影响它作为抵押贷款的价值。市政府充分意识到这个问题。因此，在 50 年代初期，市政府制定了一项规定：如果合同到期时，政府出租人没有续签合同就必须购买租赁土地的开发设施。其中唯一例外的是用于工业用途的土地租赁合同。

从开始实行土地租赁制度之时政府就意识到，土地租赁制度的使用程

---

① 有关 1953 年前的土地租赁发展问题可以参考韦斯特的文章（Westerlind，1965）。

度主要决定于它作为抵押品的可能性。但是法律赋予讨论者的自行决定权对于租赁合同的抵押价值变化有负面的影响。私人出租机构怀疑租赁土地的信誉程度，并不愿意接受租赁土地作为抵押物。只有一些特定的机构，例如斯德哥尔摩城市土地租赁信用机构改革（Stockholms Stads Tomtrattskassa），才愿意接受租赁土地作为抵押品。尽管私人信用机构对于土地租赁权的态度有所变化，但是关于土地租赁日益突出的信誉问题导致了 1953 年展开的有关法律方面的讨论。

2. 1953 年以后

法律在 1953 年进行修改，增加了将土地租赁权作为抵押品、并获得承租人的投资价值的条款。银行法也随之变化，促使将土地租赁权作为抵押品（Westerlind，1965）。这些法律实行的目的是为了使土地租赁真正成为所有权的替代品。新的法规使土地租赁权比以前更类似于土地所有权。原则上，市政府只拥有土地的价值而并没有其他内容。土地租赁成为财政的长期收入的获得方式之一，市政府通过阶段性地增加地租而获得土地价值的增值。这样，新的规章制度使政府更愿意保留土地的所有权。

提出 1953 年新法的政府委员会察觉到市政府并不是很积极地在合同到期时收回租赁土地，并进行土地再开发或者出售租赁合同。相反地，他们更愿意尽可能地续签土地租赁合同。委员会同时进行土地规划和房屋政策制定的权利的分配，他们宣称规划和其他管理私人土地开发和土地租赁的法律制度是充分的。因此，土地租赁作为控制土地使用的一种手段就不那么重要了（SOU，1952）。这段论述得到后来一个政府委员会的支持，他们认为对于使用公有土地租赁作为土地开发工具的方式不应该再进行公共讨论或法律检验（SOU，1980）。1953 年法律的内容没有变化，尽管 1970 年法律条款已经由特殊的法律规则转变为一整套新的土地法典。

① 只有公共团体或者组织可以授予土地租赁合同，除非政府特许。这使得土地租赁成为单独的公共手段。

② 土地租赁合同是无限期的，但是承租人必须每年缴纳租金。法律不允许实行一次性支付的合同付款形式。

③ 法律保证土地上的建筑和其他任何固定设备的所有权归承租人所有。如果对于这种所有权转移要支付任何费用，必须有专门签订有关这个问题的合约。因为所有土地上的建筑和固定设施连同所有的土地权利都会从出租人手上转让给承租人，出租人只拥有土地的所有权。

④ 租赁合同必须合法签订并在地政局记录。变更和转让土地合同是无效的，除非他们也合法地在地政局有所记录。因为土地记录在瑞典属于公共范畴，购买者、债权人、估价者、律师和其他有兴趣的团体都可以获得土地记录和租赁文件。

⑤ 土地租赁合同必须包括土地的使用目的和租金的总数。契约应该包括详细的有关土地和建筑使用的条款。还必须包括适用于土地租赁的条款。然而，控制土地的使用通常是因为土地规划也依赖其他的法律规定条款（SOU，1980）。土地开发计划中所有关于建筑的规定条款，尽管没有在合同里特别提出，都会自动适用于土地的开发。结果导致了强有力的开发系统使租赁合同失去控制土地规划的作用。在合同中规定土地的使用目的主要用于保护承租人不会因地租不断上涨而受到损失。地租的上涨可能是因为改变了详细的土地开发计划，与原来的合同相比增加了土地的使用密度。如果承租人没有再开发土地，或者提高土地的使用密度，他们就不需要支付额外的地租。

⑥ 租赁合同的开始时间和合同期限可能是无条件的。也没有任何规定限制承租人转让土地租赁权，或者将土地租赁权作为抵押品，或从租赁土地中获益。不可能在租赁条款中规定公寓的租金必须低于特定水平。因此，土地租赁合同也不可能作为控制租赁的工具。合同中关于权利的限制目的在于保证土地租赁权的信用价值。

⑦ 土地租金和以后的价值增值影响了土地租赁权的价值。最初的租金是可以协商决定的。然而，其后的调整必须反映土地的产出和不足，这样才能更好地保证土地所有权未来的经济价值（土地租金问题将会在后一部分进行更详细的叙述）。

⑧ 土地租赁合同不会在一个特定的时刻自动过期。不但如此，只有政府出租者才有权在特定期限后终止土地合同。第一个期限是 60 年；接下去

是 40 年。这样,承租人就可以保证长期拥有土地。最短的期限,也不少于 20 年,主要针对于用于工业发展的土地租赁合同。政府有权废除土地合同的原因是市政府可能需要土地进行其他建设,因此他们需要通过一些平稳的措施来收回土地。但是,显然,市政府很少通过这种方式收回土地。

承租人可以在土地法庭对政府提出废除土地的要求提出异议,如果他们认为市政府需要土地的说法是不充分的。在这种情况下,使用法庭的目的在于加强承租人和债权人对于土地租赁权的信心。如果土地租赁合同终止,土地所有人必须购买土地上的所有建筑和其他固定设施。然而,如果租赁合同规定土地不使用于建设住房,双方可以协商只购买一部分或不用购买土地上的建筑和固定设施。这种做法主要用于工业企业,因为立法部门考虑到如果不是这样,市政府倾向于通过一般方式租赁土地,这样的土地容易管理但是不容易进行抵押贷款。

如果合同双方不能在购买价格上达成共识,就必须由土地法庭进行决定。合同双方都可以提出申请。当进行购买时,只需要支付建筑和固定设施的费用。对于任何的改变和破坏费用是没有赔偿的,也不会影响土地的价值。在第一种情况下的法律费用由土地所有者承担。如果案子提交到更高一级的法院,就由败诉一方负责支付法律费用。

如果政府出租人想在合同到期前获得租赁土地有两种做法。要么像其他一些私人个体一样,可以向承租人购买租赁权;或者就像对私人所有土地一样对租赁土地进行征收,并说明土地需要用于城市发展或公共使用。

⑨ 出于税收目的,租赁土地受到的待遇基本上和私人所有的土地一样。征税基础、土地和建筑税率的决定并不考虑土地是否出租。承租人交纳土地税的基础是土地和建筑的总价值。然而,还是根据扣除租金后的征税收入来确定,正如财产所有者扣掉他用于购买土地的贷款所支付的利息。通过继承或赠与而获得土地的税收仅根据建筑的价值来决定(SOU,1980)。

三、地租计算方法

正如前面所提到的,采用土地租赁制度的主要目的是保证公众能够获得土地的价值。但是公有土地租赁制度不能直接让市政府立刻获得这种财政收入，但是可以通过阶段性增加地租获得土地价值的增值。因此，地租计算方法是这项做法能否成功的关键。

然而，法律并没有清楚地规定租赁土地的地租应该如何计算，在市政府实施过程中也没有一致的做法（SOU，1980）。比较通用的做法是将土地的价值（地租的基础）乘以利息率（地租的利息）得到每年缴纳的地租。因为不论是土地价值或者利息率都不好决定，于是产生许多不同的方法决定这两个基本因素。逐渐地，积累了许多因为不同方法计算地租而产生的法律诉讼，特别是关于土地租金利息率的计算。虽然如此，有关计算土地价值的困难还是不断出现，并导致经常性的法律诉讼案。所以这里介绍计算地租的方法是必要的。

地租的主要部分一旦决定，在 10 年内都不会变化。这个价格的变化由合同签订双方协商决定，并没有任何有关决定土地价值和利息率的指导方针。然而，在一些情况下，还是有一些确定第一次地租的通用原则。

出售以住房为目的的土地租赁合同时，租金的决定基础是市政府的发展费用，包括土地的费用。这个基础通常是根据市政府标准的发展费用而决定的。其他情况下，以市政府估计的土地价值为出发点。安装供水设备和污水管道处理设备的费用通常不包括在这个基础费用里；这些费用是一次性向承租人征收的补偿费用。

当出售非以住房为目的的租赁合同时，租金的基础通常是市政府的土地备用资金。市中心商业用途土地的租金基础是土地的市场价值。然而，在许多城市，这个基础通常缺乏全部的开发费用或土地的市场价值，因为政策通常考虑到社会住房的提供或者商业的发展和场所（SOU，1980）。

决定土地租金的利息率的方法也因城市而不同。标准包括，例如，10 年政府贷款的平均利息，国家住房贷款的利息率或国家特殊租赁贷款的利息。另外，一些城市在利息率上还增加 0.1％作为弥补政府的管理费用（SOU，1990）。

尽管第一次地租基础和利息率的决定方法一样，但租金的调整方式因城市的不同而有所不同。实际上，判例法已经缩小了计算利息率间的差异。

假设 2001 年土地价值会随着通货膨胀率而上涨，最普遍的 10 年期限利息率是 3.75%，20 年期限的利息率是 4.5%。

如果合同签订双方不能决定新的租金数目，他们可以在合同到期前一年提交土地法庭裁决。法庭的做法主要是保护承租人和债权人面对不断上涨的地租的权利，同时也让市政府获得全部的土地租金。法庭必须根据合同重新评估时的土地价值决定土地租金。为了达到这个目的，法庭必须考虑土地租赁的目的和土地使用和开发所需遵守的条款。

将土地价值作为地租的基础是为了保护承租人和抵押权人的利益，避免因为租金的变化使租赁合同价值减少。但是这个问题也产生了不少问题。高等法院和其他法院最近不断接到有关市政府和承租人之间调整的案例。其中，最重大的决定就是高等法院于 1986 年对一个案例的审判(NJA，1986，272)。

这个案例是关于土地租金利息率的计算方法和商业用途的土地价值的计算方法。地点在斯德哥尔摩市中心。法庭判决真实利息率 3%。因为土地价值的上涨预期是超过真实利息率的，计算土地租金的土地利息率应为土地价值的 5.3%。土地价值是以租金调整时土地完全开发时的预计收入进行计算的。法庭认为 7%是土地和建筑的合理收益。这个比例，加上估计的总产出、运行和管理费用以及财产的折旧率得到土地的价值。

然而，法庭也觉察到租金基础和利息率的计算方法可能也不够准确，特别是当他们考虑很多不确定因素时更为明显。在最终的分析中，法庭裁决这种方法是对市政府和承租人最公平的方法。

大量的案例表明通常使用的方法复杂并且也不一定被公众认可，尽管该方法已逐渐形成一套的案例法。另外，因为有大量的非确定因素，法庭上各方通常对土地的价值有不同的看法。他们使用大量的证据以证明自己的观点。法律诉讼对于案例各方和社会都是昂贵和费时的(SOU，1980)，并且为预测法庭决定土地租金的方法制造了不确定性。这个复杂的过程促使合同各方进行私下协商，但是也可能导致失败。

两个政府委员会企图解决这个问题，但是他们的建议并没有促成新法律的形成。这反映了制定简单且大众所能接受的方法有多么困难。后一个政府委员会是在1988年成立的，主要致力于简化规程以减少法律诉讼的案子。他们的一个主要建议是对单一家庭住房设定名义地租为估计土地价值的3.5%。因为地产价值每6年重估一次，在这期间估计的土地价值会根据财产的物价指数向上或向下调整。

对于其他土地租赁合同，土地价值每5年评定一次。在此期间，土地价值将会根据消费者物价指数进行调整。在这类合同中，土地租金的利息率为3%。然而，合同双方可以根据其他可接受的调整原则进行自由协商(SOU，1990)。

这些建议并没有产生新法律，尽管政府进行一些修改，设定较高的土地租金(大概4%)。这些建议最后会由议会(Riksdag)进行讨论。具有争议性的一点为是否普遍实行一个事先决定的利息率较为合理。

另一个解决土地租金的方法是合同双方根据法庭的判例案件，通过自愿协商，根据法庭的条例解决合同争端。这个方法要求法庭暂时中止其他审判方法。这种程序通常用于有价值的商业土地租赁；有关单一家庭住房租金上涨的争论通常不通过这个方法裁决。政治规程将会决定市政府是否应该采取租金的部分上涨或全部上涨。

正如前面所提到的，详细的开发计划规范瑞典城镇的建设，主要用于管理土地使用密度和建筑的使用开发。建筑的使用权决定土地的价值。如果土地是私人所有的，任何土地价值的增加归于土地使用者。如果土地以租赁形式开发，那么市政府根据建筑使用权征收土地租金。如果土地使用目的有所变化，新的详细发展计划必须要通过市政府同意。

在土地租赁中，原始合同必须配合建设允许的变化而修改。在当今法律下，承租人如果保持原来的使用目的就不必支付土地的潜在上涨价值。如果市政府要求土地使用变化，市政府必须向承租人购买土地租赁权。如果承租人接受土地用途的变化，土地租金将会上涨。原来的土地合同就必须进行修改。目前，新建设很少成为协商的问题。对现存开发计划和建筑计划进行修改是很普遍的。这种修改有时会导致出租人、承租者和规划者之间展开复杂的协商。

土地租赁的另一个优势在于如果市政府要改善公共设施(例如，街道、街区和公园),则可以通过要求承租人根据上涨的土地价值支付新的租金以弥补市政府的投资费用。通常要私人土地所有者弥补这些费用是比较困难的,即便规划要求收取适当的特殊收费并签订开发合同。

四、土地租赁制度的发展:过去和现在

最初的土地租赁法规于 1907 年在斯德哥尔摩颁布,并且立刻开始实施。瑞典其他城镇并没有效仿学习。第二和第三大城市,哥德堡和马尔默直到三四十年代才比较广泛地实行土地租赁。在 40 年代,一些中型城镇也开始使用土地租赁制度,主要是用于住房目的的土地开发。尽管到 50 年代早期土地租赁已经广泛实行,斯德哥尔摩仍然占瑞典所有的土地租赁的 2/3。而且,关于合同的签订形式也有很多种看法,但斯德哥尔摩的做法总是影响瑞典的其他城镇并逐渐形成一套统一的方法(Westerlind,1965)。

1. 早期发展阶段

最初,斯德哥尔摩使用土地租赁主要用于刺激私人房屋所有者进行土地开发。斯德哥尔摩也利用其在其他地区广泛的土地所有权完成房屋所有权发展计划,于是产生了许多花园式城市。逐渐地,快速的城市扩张需要大量的租赁房屋建设。结果,从 30 年代起,以房屋和商业开发为目的的土地租赁迅速发展,城市范围也不断扩大。然而,以工业为目的的土地租赁比以住房为目的土地租赁发展起步晚很多,因为长期以来企业者们有权选择使用土地所有权或者是租赁土地。因为租赁权比较难于抵押,企业主们倾向于使用土地所有权(Westerlind,1965)。因此,土地租赁主要用于市中心以外的公有土地租赁。

二战以后,租赁土地用于住房建设成了房屋政策中一个重要的部分。拥有租赁所有权的承租人通常只能接受市政府房屋交换组织分配的租客。租金也是受到限制的(Westerlind,1965)。正如前面所谈到的,1953 年土地租赁政策的修改废除了租金限制,因此土地租赁权的信用不会受到怀疑。

直到 40 年代,斯德哥尔摩开始在城市范围内出售土地租赁权。在

1950～1975 年间，政府在市中心采取了积极的土地购买政策，目的在于进行城市再开发、建设地铁和交通要道。具备公共设施的土地也以租赁的形式出售给开发商。土地购买政策的发展主要通过征用的形式支持和实现(Sidenbladh，1985)。

从大城市开始，土地租赁制度逐渐发展进入小城镇，特别是政府发起战后的房屋建设计划之后更加明显。到 1950 年，瑞典一共有 18 000 处土地采用租赁形式，其中 85％是单一家庭住房土地，13％是街区。1950 年到 1977 年间有 74 000 处土地采用租赁形式。在这些土地中，87％是单一家庭住房土地，7％是多住房土地，余下部分用于商业和工业发展。在 1977 年到 1995 年之间，另外 16 000 处土地租赁。不幸的是，没有记录说明它们是如何进行分配的。

1995 年一共有 108 000 处土地租赁。五年后，这个数字减少到 105 000 处(SOU，1980；CFD，1995；LMV，1999)。70 年代开始土地租赁减少的趋势也可以从以下数字看出。在 70 年代瑞典 15％的单一住房土地开发使用租赁形式，25％的所有新住房建筑在租赁土地上。到 80 年代，这两个数字分别减少了 2％和 10％(SCB，1992)。这些数字说明在 1950～1977 年间，经历了一段快速增长后，土地租赁的数目有所减少。

2001 年，瑞典 300 个城市中有 25 个城市有 1 000 处以上的租赁土地。从较高密度上说，另外还有 25 个城市使用土地租赁制度；从一般密度上说有 50 个城市使用了土地租赁制度。然而，这些城市的土地租赁数目很少超过他们土地总数的 10％～15％(SOU，1980；LMV，1999)。瑞典土地租赁的数目也可以通过与城市社区的土地比较而说明。私人所有土地数目估计有 180 万，因此租赁土地占所有城市土地的 6％(Kalbro and Mattsson，1995)。

斯德哥尔摩有 58 000 处土地，在 2000 年初 28 000 处土地是租赁的，大概占了半数。斯德哥尔摩土地租赁的数目占了国家的 1/4。哥德堡(Göteborgin)有 65 000 处土地，其中 10 000 处是租赁土地。韦斯特罗斯(Vasteras)是一个中等大小的城市，有 35％(25 000 土地中的 9 000 块土地)的土地是以租赁的形式使用的。斯德哥尔摩、哥德堡和韦斯特罗斯在瑞典是拥有最多数目的租赁土地的城市(SOU,1990;LMV,1999)。

尽管采用租赁形式的土地数目是可观的,但是他们在市政府的财政收入中只占了一小部分,总收入为 15 亿瑞士克朗(大概是 1.7 亿美元),大概是斯德哥尔摩 1999 年总收入的 5%。尽管单一住房土地中 80%是以租赁形式使用的,但是他们只占土地租赁总收入中的 10%。大部分土地收入来自于城市内部土地和市区外的商业用地(USK,1999)。

1953 年以前,土地租赁通常是作为市政府手上控制土地价值上涨的工具。20 世纪初提供社会公共住房的目的也是斯德哥尔摩土地租金政策存在的原因。斯德哥尔摩单一住房土地的租金折扣多达 33%。市政府认为在地租调整阶段将土地租金与市场价值持平是没有理由的。然而,市政府还是决定在 10 年内按比例减少土地的折扣率(Stockholm City,1999)。

2. 土地租赁的逐步停止

由于社会民主党人是土地租赁的最大支持者,所以土地租赁成为左派的需求。90 年代初期,当韦斯特罗斯市政府主要由非社会党人组成并主持工作、开始出售单一房土地开发的租赁权时,这个做法引起大范围的政治争论。大多数人认为承租人也有权利获得土地所有权。市政府也必须转让土地上的资本。

出售土地租赁权的合法性受到怀疑,因为市政府只要求承租人缴纳土地估算价值的 30%的资金。与市场价值相比这个折扣率还是很大的,因为土地估算价值在瑞典最多占市场价值的 75%。然而,法庭认为市政府并没有不合理地分配土地,因为如果用所有权的方法计算租赁权的价值,只有一小部分的财富增加归政府所有。在几年间,韦斯特罗斯的 10%(10 000 处土地中的 1 000 处)的租赁土地以相当大的折扣出售(Mattsson,1998;Stockholm City,1999)。

调查发现如果将单一住房土地的租赁权转换成所有权进行开发,土地的市场价值会上涨 25%(Stockholm City,1999)。因此,解释土地抛售的成功与否的重要因素是出售价格。现在普遍单一家庭住房用地的出售就是一个很好的例子。1999 年 11 月的斯德哥尔摩首都出版社(Stockholm Metropolitan Press)有对国家这方面事务详细的叙述。90 年代初期,纳卡试图将土地租赁权以所有权的估计价格出售。其中只有一处租赁土地以这个价格出售。现在市政府在逐渐降低土地租赁价格。

南泰利耶(Sodertalje)是以土地评估价格的 65%出售土地租赁权。四年后,1 200 处土地中只有 100 处售出。上湖布罗(Upplands-Bro)承租人可以以土地评估价格的 40%获得土地的所有权。从 1996 年开始,大约 27%(1 500 处土地中的 400 处)土地租赁权出售。有趣的是,在南泰利耶和上湖布罗出售土地租赁权的事务由社会民主党人决定而不是由非社会党人决定。在丹德瑞地(Danderyd)这个富裕的城市,所有的土地租赁权是按照土地评估价值的 55%出售。

斯德哥尔摩作为采用土地租赁的先驱城市,从 1993 年开始低价出售单一房屋土地的租赁权。其价格是土地评估价值的 75%,有不到 1%的土地(25 000 处土地中的 130 处)租赁权在 1993 年售出。当时的政治多数党是非社会党人。1997 年到 1998 年的第二次低价出售过程中,另外 80 处土地以平均略高于 50%土地评估价值的价格出售。这时是社会民主党人掌权(Mattsson,1998;Stockholm City,1999)。在 1999 年夏天,非社会党人在这个城市中又占多数。因为意识形态的原因,市政府决定再次出售单一住房土地的租赁权,平均价格低于土地评估价值的 50%(Stockholm City,1999)。大概有 15 000 财产所有者签署购买土地所有权的合同。到 2000 年为止,只有 1 000 处土地完成了土地买卖。

值得注意的是,购买所有权的需求自从 1997~1998 年开始明显上涨,即便价格只有小幅度的下调。低利息率、土地租金即将上涨的预测和租赁补贴的减少都刺激了人们购买所有权的兴趣。另外心理因素的影响也不能排除:土地承租人相信非社会党政府提出的出售条件比社会民主党政府提供的条件要优惠得多。

斯德哥尔摩也出售商业土地的租赁权。市政府希望获得未来租赁收入损失的全部补偿。因此,此类出售数目也是很小的。然而,市政府要求现在持有租赁土地的公共机构必须以市场价值购买土地所有权。这样就产生很多强制买卖行为。

市政府不愿意持有土地租赁权是因为他们不希望将大量资本投入土地中。因为20世纪90年代早期的经济危机,有限的公共财政和缓慢增值的土地部分解释了市政府出售土地所有权的原因。新自由主义的发展也是一些城市出售土地租赁权的主要原因,特别是在斯德哥尔摩尤为突出。尽管土地租赁在这种趋势下有所停滞,但是市政府有时候还是会提供新的租赁土地来帮助一些不愿意将资本投入土地或者没有能力获得全部必要资本的企业家。

市政府很少向承租人收回租赁土地,即便他们有这个机会,作为土地出租者的机构很少能持续到一个世纪之久的。因此,租赁土地上的建筑都还是比较现代并且还不需要进行再开发。尽管可能因为公共目的而需要土地,但是这种需求很难与合同过期的时间相一致。

在一些特殊情况下,市政府可能利用土地租赁权限制土地的特殊使用目的。例如,用于日常生活服务中心的土地,即便机构歇业,土地也不能用于其他方面的用途。只有另一个日常生活服务中心可以使用这块租赁土地。除此以外,市政府要保护历史遗产。如果他们采用租赁的方式,租赁合同包括维护和管理历史建筑文物的条款。然而,其他一些法律也允许政府实现类似的土地使用和保护的目的。

五、总结

土地租赁最初是因为考虑到提供社会住房而提出的,尽管获得土地价值也是其中的原因之一。这个动机在20世纪50年代初期有所变化,获得土地价值成为主要目的。这个变化因为新法律的产生而更加巩固;新法律尽可能保护租赁权的信用度。用于现代建筑的土地可以作为抵押品进行抵押贷款。只有土地价值的增值部分才归市政府所有。

市政府采取土地租赁产生了两个问题。首先,市政府必须在土地上投资资本,并只能获得租金收入。其次,租金变化的不确定性。目前瑞典法律系统下,决定租金的方法是复杂而且具有争议性的。这样,未来土地的租赁收入也很难估计。正如私人投资者,政府也常陷入到费时且费财的法律诉讼中。然而,这个问题很少发生在单一家庭的租赁土地方面,因为租金的上涨幅度是很小的,承租人耗费法律费用解决这个问题并不合算。另一方面,市中心土地的租金调整通常牵涉到一大笔资金,因此承租人和市政府愿意通过昂贵的法律程序解决这类问题。

两个政府委员会都建议以市场土地价值乘以固定利息率的方式计算土地租金。这些建议暂时还没有形成新的法律条款,但是在不久的将来就会以法案的形式向瑞典国会提出。

因此,在瑞典土地租赁成为保证土地价值增值归公有出租人所有的工具而很少用来影响和控制城市土地发展。相反地,政府采用其他工具促进城市规划,并且在特定的情况下对市民提供住房补贴贷款。

瑞典的许多城市政府从 20 世纪 90 年代开始停止土地租赁方法的使用,主要是出于财政方面和意识方面的原因。通过向承租人出售租赁权,市政府可以获得投入到土地中的资金。而停止土地租赁方法的使用也是出于新自由主义的发展。

参考文献

Améen, L. 1964. *Stadbebyggelse och domänstruktur*. Lund, Sweden.

Boverket. 1991. *Studie av markvillkoret och dess tillämpning*. Karlskrona: Boverket.

CFD. 1995. *Fastigheter i Sverige—Registrerade och avregistrerade enheter*. Gävle: Centralnämnden för fastighetsdata.

Kalbro, T. and H. Mattsson. 1995. *Urban land and property market in Sweden*. London: UCL Press.

KTH and LMV. 1998. *Swedish land and cadastral legislation* (Translation of Swedish Acts). Stockholm: KTH fastighetsvetenskap.

LMV. 1999. *Antal levande registerenbeter i fastighetsdatasystemet* 1999-07-01. Gavle: Lantmateriverket.

Mattsson, H. 1998. The Swedish system of Landownership and use. In T*en paradigms of market economies and land systems*, Cho, L. J. and Kim, Y. H., eds. South Korea: Korea Research Institute for Human Settlements.

NJA. 1986. Nytt juridiskt arkiv. Case from the Supreme Court in Sweden.

Prawitz, G. 1954. *Tomter och stadsägor—om fastighetsindelning i Sveriges städer, 2nd ed*. Stockholm.

SCB. 1992. *Bostads och byggnadsstatistisk årsbok*. Stockholm: Statistiska Centralbyrån.

Sidenbladh, G. 1981. *Planering för Stockholm* 1923-1958. Stockholm.

——. 1985. *Norrmalm förnyat* 1951-1981. Stockholm.

Simth, N. 1979. Towards a theory of gentrification: A back to the city movement by capital, not people. *Journal of American Planning Association* 45: 538-548.

SOU. 1952. *Lagberedningens förslag till ny lagstiftning om tomtratt m. m*, Statens Offentliga Utredningar, 1952:28. Sweden.

——. 1980. *Tomträtt*. Statens Offentliga Utredningar, 1980:49. Sweden.

——. 1990. *Tomträttsavgäld*. Statens Offentliga Utredningar, 1990:23. Sweden.

Stockholm City. 1999. *Översyn av friköpspriser for småhustomtråtter mm*. Tjänsteutlåtande fran Stockholm stads gatu-och fastighetskontoret, 1 March 1999. Stockholm.

USK. 1999. *Statistisk årsbok för Stockholm* 1999, Stockholm utrednings-och statistikkontor. Stockholm.

Vedung, E. 1993. *Statens markpolitik*, *kommunerna och historiens ironi*. Stockholm.

Westerlind, P. 1965. *Studier över tomrättsinstitutet*. Stockholm.

第四章

芬兰公有土地租赁制度*

佩卡·V. 弗塔嫩(Pekka V. Virtanen)

这章主要讨论芬兰的公有土地租赁制度。在芬兰,城市土地租赁用于住房、商务和工业的意义尤为重要。公有土地租赁制度主要是由市政府制定和实施。国家和宗教在公有土地租赁方面只起到了很小的作用。本章分成三个部分。第一部分提供芬兰土地租赁制度和城市土地政策方面的背景知识。第二部分主要描述了芬兰公有土地租赁系统的特点。最后一部分评价芬兰在公有土地租赁方面的经验教训。

一、背景知识

芬兰是一个议会民主的国家,许多党派可以并存。尽管在议会中右派占多数,但是最大的一个政治党派是社会民主党。在议会 200 个席位中,这个党派就占了 51 个。国家政府的不同机构通常包括了好几个党派。

---

* 五个城市的房地产部门代表为我提供了许多宝贵的信息。他们是埃斯波的朱斯·埃罗莱内(Jussi Eerolainen of Espoo);米凯利的考库·朱哈马克利(Kauko Juhamaki of Mikkeli);科特卡的汤姆·马萨琳(Tom Masalin of Kotka);奥卢的凯加·普哈卡(Kaija Puhakka of Oulu)和赫尔辛基的马蒂·赖克拉(Matti Rytkola of Helsinki)。一些国家当局和国有公司也为我提供了有关租赁活动的有用信息。特别要感谢卡皮特利的梅里加·朱林(Merija Julin of the Kapiteeli);森林和公园管理处的安蒂罗·卢迪欧(Antero Luhtio of the Forests and Parks Serivce);芬兰林业研究院的艾农·皮瑞(Eino piri of the Finnish Forest Resarch Institute) 和国家资产管理局的埃瑞克·瓦拉斯兰塔(Erkki Vaalasranta of the State Real Property Agency)。

在1809年之前，芬兰是瑞典的一部分。1917年芬兰宣布独立。1809年到1917年间芬兰是俄罗斯大公国的自治区，有自己的语言、法律系统和政府。从1995年开始，芬兰成为欧盟的成员之一。

芬兰人口稀少(约510万人口)，土地面积为305 000平方公里。人口密度为16人/平方公里。城市范围只占所有土地面积的1%。芬兰分为五个省份和一个半自治区(Ahvenanmaa)，共有448个独立市政府，其中109个称为镇。所有的市政府拥有相同的权利。大部分的城市范围比较小，其中有3/4的城市居民人口少于10 000人。这些小城市通常没有自己的规划和地产部门。

芬兰和其他北欧国家(瑞典、挪威和丹麦)一样，市政府在国家管理系统中处于中心地位。这个地位表现在市政府有征收收入和财产税的权利。市政府同时在土地使用规划和城市土地政策处于很重要的地位。

芬兰土地开发包括三个不同的法定规划：每个省份的地区自然规划，同时包括了几个城市；每个城市的主要规划；详细的成正比人口密度增长计划等。市政府对于土地规划有垄断权利。他们同时也影响地区自然规划的制定，因为省级政府的成员是由市政府推荐，并制定和通过地区规划。并且，市政府有权自己制定和通过城镇总体规划和详细规划。

1. 土地所有权

20世纪90年代初期，芬兰60%的土地都是私人所有。如果将木头加工公司部分归国家所有，则私人所有权的比例上升到68%。国家拥有29%的土地，而市政府拥有2%。国家拥有的土地主要是位于芬兰北边的荒地(Virtanen,1995)。剩下1%的土地归教会所有。

市政府拥有的土地主要在于城镇地区而不是农村，尽管城市之间差异也很大。例如，赫尔辛基在其管辖范围内有68%的土地所有权。因为市政府拥有的土地主要为城镇土地，所以公有土地租赁也主要在城市范围内实行。

私人土地所有权在芬兰是受到特别保护的。根据1919年宪法(2000年续签)，任何因为公共目的而征收的私人土地必须有法律依据，并要支付全额赔偿金(也即土地的市场价值)。如果没有支付赔偿金,或者赔偿金低于市场价值,市政府必须有理由说明其行为符合宪法规定的特殊的法律章程。

在芬兰人民的思想中,土地所有权有着特殊的情感价值。许多公有土地租赁权不如土地所有权那么有吸引力,即便是承租人的利益已经受到极大的保护。然而,对于土地的这种态度也在不断变化。一些市民认为"社会限制土地所有权",土地作为一种特殊和独特的资源,应该先满足社会的需要;私人土地所有者的利益占其次。如此,这种土地所有权的态度鼓励市民采用公有土地租赁制度。

这种态度的法律基础源于 1920 年首次制定的邻近法案(Laki eraista naapuruussuhteista)。这个法令禁止土地所有者以伤害邻里利益为代价使用土地。自那时起,使用土地的自由不断受到越来越多的法律的限制,这些法律通常与防止环境恶化有关。尽管国会中立法者持有不同的反对意见,但是这种趋势是不可避免的,因为这些土地使用规定保护了大众的利益。

因为当地传统的原因,公有土地租赁在许多城镇都很受欢迎。根据风俗习惯,在一些历史悠久的城镇,他们的公有土地租赁起源于过去皇室土地的捐赠,当地政府官员只能将土地出租给私人个体。对于没有土地所有权或者专门管理公有土地租赁的市政府,土地出售比土地租赁更受欢迎。

2. 城市土地政策

芬兰大部分地区的城市土地政策都是基于一些通用的目标和指导。这些目标和指导方针与土地使用规划和环境保护有关。国家出台了很多关于这方面的法律:邻近法案(Naapuruussuhdelaki)、土地使用和建设法案(Maankäyttö-jarakennuslaki)、自然保护法(Luonnonsuojelulaki)、建设保护法(Rakennussuojelulaki)、土地法(Maa-aineslaki)、历史遗迹保护法(Muinaismuistolaki)、野生动物保护法(Erämaalaki)、水资源保护法(Vesilaki)、瀑布保护法(Koskiensuojelulaki)等等。

另外,芬兰还有和土地政策有关的税收法。在大多数情况下,这些法律的主要目的是赋予国家和市政府积累财政收入的权利。例如,1992 年房地产税收法(Tuloverolaki)授权市政府对大部分建筑和开发土地征收年税。1999 年法案经过修改后，允许市政府对空地征收特殊的惩罚税。

另一个和土地政策有明显联系的税收法规是 1992 年出台的收入税法案，包括对销售利润征税的规定。1999 年修改后规定，如果土地在 1999 年 11 月 15 日到 2000 年 6 月 30 日间出售给政府，就不需要交纳销售利润税。其目的在于鼓励土地所有者将土地出售给市政府用于城市发展。

另外，国家政府还制定了特殊项目来保护环境，包括国家公园和自然公园的发展项目、森林保护项目、鸟兽禁猎计划、山脉保护计划、小树林保护计划、海滨保护计划、原始森林保护计划和国家有价值风景地区保护计划等。这些特殊的保护计划与公有土地租赁没有很大联系。尽管对于使用土地租赁进行环境保护的做法没有限制，但是国家政府主要是依赖这些特殊的项目和法律达到保护环境的目的。至少从国家的角度，公有土地租赁从来都不是实现环境保护的重要措施。

市政府可以根据当地传统制定自己的土地政策目标。这些目标可能不会明确地记录在官方文件中。只有一小部分的市政府有制定和通过自己的土地政策法规的权力。市政府的共同目标是推进土地使用的规划；控制土地价格；获得土地增值利润；防止土地投机活动；促进工业发展(Imatran Kaupunki，1987；Lappeenrannan Kaupunki，1988；Porin Kaupunki，1999)。公有土地租赁怎样有助于市政府达到这些政策目标将会在后面章节中进行讨论。

二、芬兰公有土地租赁

1906 年后成立的芬兰城镇(一共 35 个)可以从前统治政府中获得捐赠的土地。现在，这些镇区大约占芬兰城镇总数的 1/3。捐赠的土地包括高楼林立的土地和许多空地。空地可以作为牧场、菜园或作为未来发展的储备。这些被赠与的土地禁止出售。私人个体只能租赁这些土地的土地使用权(dominium utile)并按年付地租。

出售城市土地的限制直到 1943 年才有所松动。政府通过一项法律允许出售城镇规划范围外的土地。1962 年第二套法律通过，允许市政府出售所有地区的土地(Jokiperä，1988)。

正如前面所提到的，历史悠久的城镇的居民将公有土地租赁视为一种正常的方式，这源自于他们长期的传统。然而，在新兴城市和农村地区，对于公有土地租赁的态度是不一样的。在新兴城市，市政府没有获得捐赠的土地，人们通常愿意持有土地所有权而不是租赁土地。

在农村地区，有一套专门的法律允许承租人在政府的帮助下购买租赁权。1962 年一些城市的承租人也要求这种权利。国会立刻通过有关组织城镇土地租赁(Laki vuokra-alueiden järjestelystä kaupungeissa ja kauppaloissa)的法令，允许所有城市租赁合同延长 50 年。其理由是大部分城市租赁土地都有租赁的传统。如果政府出租人拒绝延长合同期限，承租人有权购买租赁权。如果承租人和出租人在续签合同租金方面不能达成一致，法庭将会根据当地租金状况决定租金数量(Virtanen and Halme，1983)。

1. 公有土地租赁中的国家角色

正如前面所谈到的，国家拥有芬兰大约 29%的土地。几乎所有的土地都位于芬兰北部的荒地[①]。国家所有权土地的转让受国有土地转让权法令和收入附带法令的严格控制(Laki oikeudesta luovuttaa valtionmaaomaisuutta ja tuloatuottavia oikeuksia)。这些法令主要是关于公有土地的出售和租赁的。其主要原则是国家只能以市场价格出售或租赁公有土地，唯一的例外是对于出售给城市的土地，国家可以提供优惠条款。另外，野生植物保护法(Erämaalaki)禁止出售或租赁特殊的野生动物活动地区，面积大概 130 万公顷。

国家出租了约 14 000 处土地，其中有约 4 000 处用于建筑目的。在这些建筑用地中只有一小部分用于住房建设，剩下的大部分用于娱乐目的。出租这些土地带来的年收入在 1998 年约为 1 500 万芬兰马克(FMK)，大概

---

① 管理国有农村土地的公司是森林和公园服务部门(Metsähallitus)。该机构拥有大概 900 万公顷的土地加上 300 万公顷的水资源。森林和公园服务部门并不在城市范围内运作。这是由森林和公园服务部门主任安特罗(Antero Luhtio)在 1999 年 12 月 7 日寄给作者的信中提到的。

相当于220万美元①~②。

国家土地局(Valtion Kiinteistölatios)主要负责组织和管理国家所有的城市土地。其主要任务是在政府范围内将不同的设施租赁给不同的机构，例如公共大学和城市服务部门等。国家土地局向公共大学租赁土地时，合同签订双方将通过讨论来决定土地的租金。通常将用于大学学生宿舍建设的土地的租金设为零③。

1999年国家政府成立了卡皮特阿利(Kapiteeli)土地投资公司。尽管这个公司是由国家成立的，但是从法律上说是一个私人团体。其任务是出于非公共目的而获得、发展、出售或租赁国有土地。该公司从不同的国家机构获得已开发或未开发的土地作为资本捐献④。

大部分国家机构并不喜欢使用租赁方法。例如，卡皮特阿利试图通过以优惠条件出售租赁土地以减少租赁土地的数量。这里唯一的例外是森林和公园服务部门，主要是在农村买卖娱乐土地，并且让客户选择收购或租赁土地。国家机构倾向于出售土地而不是租赁土地的原因在于，租赁土地要求对租金收入进行持续不间断的管理和经营。

2. 土地租赁的法律法规

在二战前，芬兰还没有关于公有土地租赁的法律法规(Hallituksen Esitys, 1965)。因为所有的城市土地归城镇所有，土地租赁并没有受到任何阻碍。1926年后新法律——市政部门变化的法令(Laki kunnallisen jaoituksen muuttamisesta, no. 180/1925)允许私人所有的土地进入城市范围。接着，从20世纪30年代开始城市范围内的私人土地数量迅速增长。在此期间，许多农村土地进入城镇范围。随着土地所有制的复杂化和私人

---

① 这个信息来自于安特罗·卢惕(Antero Luhtio)和国家森林研究机构(Metsantutkimuslaitos)的主任艾依(Eino Piri)于1999年12月2日给作者的来信。

② 汇率是1美元=6.85芬兰马克。

③ 这个信息通过1999年12月和2000年5月对国家房地产部门总管厄基·法拉斯朗塔(Erkki Faalasranta)的私人访问获得。

④ 这个信息通过卡皮特阿利研究和发展经理梅里加·朱林(Merija Julin)于1999年12月3日和10日给作者的信中获得。

土地租赁的产生，新法律的制定是必不可少的。

二战以后，政府开始制定新的法律制度。直到 1966 年，政府才制定出一套新的租赁法令（Maanvukralaki，no. 258/1966）。根据法律的解释，芬兰的土地使用主要是基于土地的私人所有权。然而，立法者也将租赁权作为增加土地市场灵活性和多选择性的一种方法。

现在，租赁法令管理所有土地租赁事务。法令规定了不同形式土地合同的租期。通常，住房土地的租赁合同的期限是 30 年到 100 年；带有建筑的农场合同的最长的期限是 15 年；未开发的农业用地的最长的期限只有 10 年；工业用地以及假日野营地合同期限由双方协商决定。

租赁条令对开发的时间安排没有限制。然而，市政府通常在合同条款中增加了特殊的规定，要求承租人在特定期限内完成建筑建设。如果承租人不能履行这条规定，市政府有权废除合同、收回土地并出租给其他人。在一些城市，政府出租人还会向承租人征收罚金。这条合同条款的目的有两个：鼓励按时完成土地建设和防止土地投机行为的产生。

3. 土地租金

租金由承租人和出租者协商决定。没有明确的法律规定限制最高租金的数额，但是却有关于如何仲裁租金和其他租赁条款的专项法律，用于保护承租人和出租者的利益。尽管法律关于在合同实行前支付全部或部分预付款的问题没有限制，但是承租人很少向市政府支付预付款（Kartio，1983）。

租赁法令允许阶段性地调整土地租金。所做调整必须根据土地合同规定的特定标准实行。实际上，在芬兰，租金调整的通常依据是生活费指数（LCI）。过去，对于根据指数调整租金的实用性有过争议。1968 年国会颁布法令禁止政府官员将指数条款用于所有的土地合同。很快政府就意识到这种法律规定对住房建设工作有害无益。接着，禁止在租赁合同中使用指数条款的的禁令被废除（Wirilander，1981；Kartio，1983）。

现在实行的指数条款法规允许期限超过 10 年的土地合同使用指数条款。从 20 世纪 90 年代中期开始，租金的调整依据可以是其他指数而不一定是 LCI。例如，如果存在一个可靠的土地价格指数，合同双方就可以依据这个指数进行土地租金调整。现在，这种方法用于赫尔辛基一些土地合同中（Suomen Kuntaliitto，1997）[①]。通过对指数法规的修改可以使得市政府更好地获得土地价值的增值。

在大多数情况下，承租人都比较自觉地缴纳地租。由于承租人拖欠租金而造成的财政损失是很小的。例如，1999 年，在赫尔辛基拖欠的租金只占 0.07%（Helsingin Kiinteistovirasto，2000）[②]。低租金并不能解释这个问题。土地租金是适中的而不是可以忽略的。土地管理部门和建筑监察部门都很谨慎地实行合同条款。

公共机构必须向政府支付使用公有土地的内部租金。内部租金是 20 世纪 90 年代中期兴起的一个新现象。1999 年，在人口超过 50 000 人的城市中有 60%的城市征收内部地租，其他大城市也计划在近期实行这种制度。实行内部土地租金的目的在于增强公有土地的使用效率。内部土地租金的制定有利于公共机构了解他们需要支付的土地费用；减少闲置土地的数量；鼓励政府通过土地的最优化配置而节省费用；引导资金流向，使之用于适当用途（Levainen，1999）。

4. 合同的终止和续签

租赁法令包含的条款导致很难终止租赁合同。出租者只有在承租人没有缴纳租金、忽略土地维护、不按合同条款规定使用土地以及没有在规定期限内开发土地等情况下才有权废除土地合同。如果政府出于公共利益而不得不终止租赁合同，可以选择与承租人进行协商以转让土地权利或者强制购买。有关强制购买的规定参见土地使用和建设法令（Maankäyttö-ja Rakennuslaki）。在芬兰强制购买是很少见的。接受采访的政府官员中，没有人记得在最近几年有强行购买租赁权的例子。合同中止通常是通过协商完成的，即便通过协商购买的数量也很少。如果租赁土地可供使用的面积减

---

① 通过与赫尔辛基房地产部门总管马特·赖克拉（Matti Rykola）在 1999 年 11 月和 2000 年 6 月的口头和书面交流获得。

② 通过 2000 年对米凯利（Mikkeli）的城市调查员考库·朱哈马克（Kauko Juhamäki）的采访也获得类似的信息。

少，承租人有权废除土地合同（例如，自然环境有所变化）。

当合同过期，承租人可以续签合同。如果合同没有续签，出租人必须补偿承租人土地开发的费用。在芬兰地方和区域管理协会（FALRA）制定的合同中，当土地用于住房建设时，承租人有权续签合同。相反地，工业合同尽管有选择的可能，但并不是自动续签（Suomen Kuntaliitto，1997）。

5. 土地补偿和转让

法律和特殊的合同条款管理土地开发的赔偿问题。规定出租人必须赔偿承租人的开发费用。通常，因为考虑到折旧问题，赔偿费定为建筑技术价值的 60%～70%。对于工业用地而言，只有双方在合同中明确规定，才需要支付赔偿金。FALRA 的合同中没有对租赁开发支付赔偿金的规定。如果事先没有明确的合同条款，当合同到期时，承租人必须彻底推翻和挪走土地上现有的建筑和设备（Suomen Kuntaliitto，1997）。

工业租赁合同与房屋租赁合同之所以不同的原因在于工业建筑通常是因为特殊目的而建造的。对于这些特殊建筑的价值进行评估是武断的，当然也不太可能做到，因为它们没有明确的市场价值。除此之外，在芬兰，许多工业的房屋地基在土地合同之外是没有什么用途的。在特殊情况下，出租人愿意支付承租人进行工业开发的费用。决定赔偿金的方法将会在不同的租赁合同中明确规定。

承租人有权转让土地，他们也可以抵押土地租赁权进行贷款。根据土地法基本法典（maakaari），承租人必须在法庭上记录土地合同以保证他们的租赁权利。

6. 公共土地租赁的普及

尽管公有土地租赁在许多城市都很普及，土地所有权还是进行公有土地分配的一种方法。一方面，在小的农村城镇出售土地所有权还是一种常用方法，土地分配依赖于私人土地市场。另一方面，快速增长的大中型城市通常积极地采用公有土地租赁。土地价值在这些城市比较高。这些城市拥有能干的工作人员专门从事土地的购买、支配和评估工作，其中的主要工作人员通常是受过良好训练的土地测量员。没有使用土地租赁的城市通常缺少进行土地管理的必要的专门知识教育。

在大多数城市，意识形态在公有土地租赁中并没有起到作用。租赁制度只是一种为了达到特定公共目的的政策工具，例如提供可支付住房、创造就业机会和获得土地价值增值。使用公有土地租赁并不依赖于城市的政治结构。公有土地租赁也广泛应用于非常保守的城市，例如赫尔辛基和科特卡等一些极左的城市地区。公有土地租赁能够普及部分是因为当地的传统，部分是因为这个制度成功的经验。一些城市让开发商选择购买还是租赁土地。根据作者对政府官员们所进行采访报告显示，只有很少的开发商选择购买土地。这表示承租人对他们能够获得租赁权是没有怀疑的。同时他们也意识到租赁土地比购买土地对于最初资本投入的要求更低。

作者发现没有具体的数字记载芬兰土地租赁的总数。卡惕（Kartio，1983）发现 1975 年芬兰有 85 个城镇，在当时租赁土地的数量超过 40 000 处。同时，400 个农村租赁土地只有 3 000 处。霍洛佩南（Holopainen，1999）估计在 1998 年土地租赁的总数达 48 900 处。

埃偌赖南（Eerolainen，1992）研究了 94 个城镇在 1986 年到 1991 年的土地政策，他发现市政府租赁的土地数量比出售的数量多。单一家庭房屋土地的租赁数目为 13 161 处，而市政府向私人个体出售土地的数目为 12 639 处。租赁的土地产生的房屋面积达到 1 340 万平方米，出售的土地产生的房屋面积达到 1 240 万平方米。

1998 年，市政府从公有土地租赁中获得 11.35 亿 FMK（相当于 1.9 亿美元）的收入。土地出售获得的收入是 6.36 亿 FMK，其中由土地租赁转变为所有权出售的获得的土地收入为 6 700 万。因为每个城市土地租赁的方法和经验都不一样，以上的信息并不适用于所有的城市。因此，这里以研究赫尔辛基土地租赁的情况为例进行具体说明。

7. 赫尔辛基的土地租赁制度

赫尔辛基是芬兰的首都，也是芬兰最大的城市之一。1999 年该城市有 550 000 人口。1550 年从瑞典国王手中获得 24 平方公里的土地，继而城市又收购了一些土地。现在，赫尔辛基拥有其范围内68%(127平方公里)的土地，并且在其他城市拥有78平方公里的土地。这个城市长期以来就推行强有力的土地政策。土地租赁是开发商获得土地的一个主要方法。然而，最近城市政府也开始出售土地。

赫尔辛金·肯特托维拉斯托(Helsingin Kiinteistövirasto,2000)估计，1999年赫尔辛基租赁合同的总数达到7 000。同年土地租赁产生的收入是7.34亿FMK，其中将土地出租给国家和城市机构所获得的收入为2.44亿FMK。这2.44亿FMK租赁收入达到赫尔辛基所有税收收入的5%。同时出售商业用地的收入为3.7亿FMK[①]。

赫尔辛基的土地租赁合同条款根据土地使用目的的不同而变化。用于修建住房的土地，合同期限为50年到60年。从1995年开始，市政府开始实行100年的租赁合同。市政府不但每年根据LCI修改土地租金，而且也根据土地价值的真实变化调整租金。例如，对于所有期限为100年的土地租赁合同，政府每隔30年就会修改土地租金以反映土地市场价值的变化。用于商业目的的土地其合同期限一般为50年；用于工业目的的土地的合同期限为20年到30年。这两种租赁合同的租金是每年进行调整的。

最优住房地点的租赁合同通过公共拍卖的方式出租，租金一般为土地市场价值的4%。这种类型的土地在所有的住房租赁土地中所占的比例不到1%。通过协商制定的住房土地租赁合同，租金为“适度土地价值”的4%。“适度土地价值”大概低于市场价值5%～10%。如果租赁土地是用于建筑补贴住房，市政府通常将租金定为估计土地价值的4%，低于土地市场价值20%。征收市场土地租金的合同占所有土地合同的40%。这些合同大多数为商业和工业目的，此类合同的租金通常为市场价值的5%(Helsingin kaupunki,1994)。

在赫尔辛基一些承租人支付名誉租金或零租金。这些承租人是非赢利性组织，他们向社会提供公共服务或者从事慈善事业。市政府最近将这种

---

① 与赫尔辛基有关的土地租赁信息大部分来自于前赫尔辛基房地产部门总管马特·赖克拉(Matti Rytkola)。时间是在1999年和2000年期间。其他来源将会逐一说明。

土地租金补贴作为政府支出来支付。在预算报告中,这些租金作为社会福利部门的支出费用,并作为房地产部门的潜在收入。这种政策变化对政府预算收支没有影响,对于分配公共使用的土地也没有影响。唯一的不同是政治领导人和非赢利性组织现在可以了解到这种补贴租金的真实费用。

赫尔辛基房地产部门每年向公众汇报工作情况。报告用三种语言书写:芬兰语、瑞典语和英语。报告的作用在于让房地产部门的工作情况透明化。

因为在赫尔辛基愿意租赁土地的承租人的数目超过可供租赁土地的数目,当地政府需要采用一定的系统向私人个体分配土地。例如,当政府决定将土地租赁给单一家庭时采用计分制。计分制是根据承租人家庭的人数和财富状况来实行的。用于建设公寓的土地租金通常通过政府和开发商协商而定。区位有优势或者很特别的土地的租赁或出售是采用拍卖的方式。以拍卖方式进行租赁或出售的土地通常面积不是很大,因为市政府要避免因为城市发展而造成种族隔离的现象。和其他城市不同,赫尔辛基并没有让承租人选择购买土地所有权的权利。这个城市也没有任何政治压力要求土地从公有租赁形式转变为所有权转让形式。

三、芬兰公有土地租赁的评价

芬兰采用公有土地租赁制度的目的不在于使租赁收入最大化。其目的主要是促进城市发展和公共住房建设。公有土地租赁对于环境保护没有起到很大的作用。在为公共目的预留土地方面也没有发挥作用。表 4—1 总结芬兰的城市实行公有土地租赁可能存在的优点和缺点。接下来将从承租人和市政府的角度考虑这些正面和负面的影响。

公有土地租赁对承租人最大的好处在于,如果私人个体选择租赁土地而不是购买土地,最初土地开发的资本投资会少很多(Archer,1974)。芬兰信用机构授予的住房贷款足以支付土地交易价值的70%。潜在购买人必须支付 30%的预付定金。芬兰的许多家庭没有这么多资金支付定金。租赁土地可以使房屋购买者减少必须交纳的定金数额。更重要的是,如果政府

表 4—1　公有土地租赁的正、负面影响

市政府	承租人
正面影响	
市政府可以通过逐步调整资金获得土地自然增值的收益	开发商不需要为进行房地产开发而积累大量资金用以购买土地
公有土地租赁可以控制土地价格上涨，从而保证居民对房屋的支付能力	租赁可以减少需要上缴的土地税
公有土地租赁可以减少土地的投机行为	
租赁可以为市政府带来稳定的租赁收入	
租赁可以使政府在合同到期后能够收回土地作为再开发之用	
负面影响	
合同即将期满时，承租人可能忽略对土地开发的维护	承租人在合同过期时会丧失他们的财产
管理公有土地租赁要求政府出租者高度廉政，并有较高的土地管理技能	合同可能包括让人不快的条款
小城市通常没有政治自治权，也没有专门的人员管理土地租赁	土地租赁可能不能给承租人类似所有权的心理满足
在租金预付形式不允许的情况下，收入积累很慢	即将期满的合同的租赁权的信用价值可能小于所有权的价值
	租金会产生阶段性的变化，从而增加了合同的不确定性
	承租人有可能无法获得土地增值的收益

资料来源：作者整理。

出租者以折扣土地市场价值确定年租金，租赁可以让承租人减少土地总费用以及住房开发的费用。

芬兰土地投机商似乎对租赁土地没有兴趣。租赁合同通常要求承租人在一定时期内完成土地开发。正如前面所提到的，如果土地空闲着，市政府可以废除土地合同或者征收罚金。

表 4—1 显示公有土地租赁制度带给市政府的好处大于弊端，而对于承租人正好相反。这也不一定正确，因为芬兰承租人的利益受到很好的保护。国家和当地政府采取重要的措施将租赁合同的不安全性降到最低（在以后

的部分会讨论)。在许多城市,承租人和租赁者对公有土地租赁都很满意。正如前面所提到的,在一些城市承租人可以选择将土地租赁权转变成所有权;然而,承租人通常都不选择这种方式。

1. 土地租赁的安全性

为了确保公有土地租赁的安全性,市政府采取了三种措施。首先,承租人在合同到期前可以续签合同。尽管租赁法令并没有提到承租人有续签合同的权利,但是FALRA在单一家庭和公寓的土地租赁合同中就包括这项权利。然而,以工业开发为目的的土地租赁合同中没有包括这项权利。这项权利具体的修订要根据不同情况由合同双方协商而定。其次,市政府也将永久的租赁权授予一些私人个体。第三,正如前面所提到的,租赁法令禁止政府任何武断性的单方面终止合同的行为。这些措施能够减少承租人对在合同到期时会失去财产的担心。这些措施也将合同到期时忽略建筑维护的问题最小化。

租赁法令禁止损坏或者滥用租赁土地以保护出租人的权利。如果承租人污染土地或者没有按照合同或者法律的规定使用土地,出租者有权废除土地合同。如果租赁土地受到损害,租赁法令允许出租者要求赔偿。

合同到期时对土地开发的赔偿也可以增强租赁的安全性(Douglas,1976)。而且,在FALRA的住房土地租赁模型中,对于租赁土地开发的补偿相当于估计建筑价值的60%。对于工业土地,FALRA建议不需要支付赔偿金(Suomen Kuntaliitto,1997)。

2. 心理满足程度

芬兰一些人民并不认为土地所有权是重要的。根据一名城市测量员和一些城市房地产官员的意见,土地所有者和承租人对于公有土地租赁都是满意的。正如前面所提到的,当市政府给予承租人选择购买土地的权利时,承租人并没有行使这个权利。

减少对于公有土地租赁的不满心理的一个方法就是授予承租人向其他人出售租赁权益和建筑权利或者以遗产的形式分配(Douglas,1976)。如果这些权利不存在，承租人会受到土地的束缚。当人们因为工作需要经常从一个城市搬迁到另一个城市时，土地租赁就不会被社会所接受。关于免费转让土地租赁权的问题在租赁法令中有所规定。承租人可以出售、捐赠或者作为遗产的形式将他们的土地租赁权及土地上的建筑转让给其他人。

法律并没有明确说明承租人有权购买他们所租赁的土地。FALRA 的模型保留了提供土地购买的可能性。如果合同有土地购买的条款那么就会允许承租人在完成土地开发后购买所租赁的土地。同时出租人会修改合同的价格。合同条款也限制了承租人购买租赁土地的时间。不同城市之间在购买条款的使用上存在着很大的区别：在赫尔辛基并不存在这种条款。理论上，如果主流的社会和政治态度倾向于出售土地所有权，购买租赁土地的条款会降低公有土地租赁的显著性。到目前为止，这种情况还没有发生。

3. 潜在租金上涨能力

如果合同双方能够制定一种机制以确保土地租金计算的公平性，调整土地租金就不存在问题。当然，公平租金的定义随着不同经济、社会和政治情况而不同。当产生关于计算公平租金的争论时，第三方——一般为政府或者审判法庭——将进行争端调解。而避免不必要争端的一个方法是在合同条款中明确规定基础租金和以后租金的调整方法。

芬兰确保公平租金的目标是通过两种途径达到的。首先，租赁法令包括解决合同双方矛盾的仲裁方法。其次，芬兰公共当局所采取的行为受公共审查和评判部门的监督。这样就可以防止政府出租人对承租人收取不合理的租金。

芬兰关于不公平租金的争论是很少的。在赫尔辛基只发生过一次承租人不满意政府制定租金的事件。1989 年市场繁荣时制定的租金对于 1990～1991 年间土地价格下降 40％～50％的事实而言是很不合理的。市政府也承认租金过高且不公平。

租赁条款确保市政府向承租人收取租金的权利，并将其明确写入合同。未付租金是导致合同废除一个主要原因。因为政府代表整个社区收取租金，所以这个权利可以保护公众的土地权益。对于市政府而言，公有土地租赁产生的租金收入是支持公共设施建设和提供社会服务的重要财政来源。法律也允许土地租金根据 LCI 或者其他相关指数进行调整。

四、芬兰的经验教训

每个国家的情况不同。因此，从研究芬兰现象而产生的经验教训并不一定适用于其他国家。然而，当政策制定者在实行公有土地租赁制度时，还有一些所有国家都必须考虑的因素：①完善的租赁法规；②有管理能力、廉政的管理部门；③可实施租赁条款所保证的明确的政策目标；④完整的规划系统。

首先，芬兰的租赁法令确保承租人和出租人两方面的权益。承租人的租赁权利受到很好的保护，因此他们不用担心自己的利益会受到损害。FALRA 的合同模型对于当地政府也提供了土地合同的统一实施基础，并提供了灵活性，允许根据不同的情况进行微调。

其次，人们可能认为公有土地租赁制度不稳定的原因在于出租者是由承租人选举出来的。在政治压力下，政府出租人可能廉价地将公有租赁权转变为私人所有权以讨好承租人。但是这样的现象在芬兰不存在。国家政府和市政府都是由许多不同党派的成员组成的，没有一个党派长时间内占有大多数席位。这种多党派构成的系统反过来为管理公有土地租赁构建了督察和平衡的系统。

有效的管理机构还必须能够适时地收取租金并重估土地价值。这样就要求当地政府提供许多资源。因此，公有租赁系统对于财政不足和人力有限的城市可能不太适用。

第三，租赁土地的一个中心目的是促进城市发展。城市合同包括建筑条款。如果承租人没有在规定时间内完成土地开发，政府出租者可以取消合同并要求赔偿。当地政府严格地执行合同条款。只有当承租人有合理的法律原因时政府才会同意将合同延期。

芬兰公有土地租赁的另一个目的是确保住房供给。租赁土地减轻了筹集首期预付定金的财政压力。在一些情况下，市政府自主决定公有租赁土地的价格或者租金，以减少房屋开发的费用。

最后，芬兰土地合同的使用条款与控制土地使用的法律条款并不冲突。在合同上明确规定法律规定的土地使用计划总是优于合同条款的规定。建筑控制局的职责是保证所有的建筑计划都是按照法律规定的土地使用规划。实际上，现在芬兰的土地使用计划使公有土地租赁的实施更为容易。出租人和承租人不需要对管理租赁土地使用的问题进行协商。而且，他们可以直接引用现有的土地使用计划的法律法规，并由市政府执行。如果没有现有的有关土地使用规划的法律，合同协商就会更为复杂。

参考文献

Archer, R. W. 1974. The leasehold system of urban development: Land tenure, decision making and the land market in urban development and land use. Regional Studies 8:225-238.

Douglas, Roy, 1976. *Land, people and politics: A history of the land question in the United Kingdom*, 1878-1952. London: Alllison and Busby.

Eerolainen, Jussi. 1992. *Kaupunkien maapolitiikka vuosina*, 1986-1991(Land policy in towns 1986-1991). Helsiniki: Suomen Kaupunkiliitto.

Hallituksen Esitys. 1965. Maanvuokralainsäädännön uudistaminen, vp. no. 126 (Government bill for the New Leasehold Act).

Helsingin Kaupunki (City of Helsinki). 1994. *Alennukset maan, kiinteistöjen ja huonetilojen vuokrauksissa*, A18/1994 (Discounts in the leasing of land, real estate and apartments). Helsinki: Kaupunginkanslian julkaisusarja.

Helsingin kiinteistövirato(Helsinki City Real Estate Departmen). 2000. *Toimintavuosi* 1999 (*Annual report* 1999). Helsinki.

Holopainen, Matti. 1999. *Kiinteistö-ja mittaustoimen tilastot vuodelta* 1998(Statistics on surveying and real estate administration in Finnish towns in 1998). Helsinki: Suomen Kuntaliitto.

Imatran kaupunki(City of Imatra). 1987. *Maapoliittinen ohjelma* 1987(Land policy program 1987). Imatra, Finland.

Jokiperä, Hannu. 1988. *Kaupunkien lahjoitusmaat ja niiden käyttö 1900-luvulla* (Donated lands in towns and their use in the 1900s). Institute of Real Estate publication, no. B55. Espoo, Finland: Helsinki University of Technology.

Kartio, leena. 1983. *Auntoalueen vuokra* (Lease of housing land). Vammala: Suomen Lakimiesliiton Kustannus Oy.

Laki kunnallisen jaoituksen muuttamisesta (Act on the redistribution of local authority areas), 1925.

Lappeenrannan kaupunki (*City of Lappeenranta*). 1988. *Maapoliittinen ohjelma* 1988 (Land policy program 1988). Lappeenranta, Finland.

Leväninen, Kari. 1999. *Sisäisen maanvuokran perusteet* (Foundations of the internal leasehold: A case from the City of Espoo). Institute of Real Estate publication, no. B88. Espoo. Finland: Helsinki University of Technology.

Porin Kaupunki (City of Pori). 1999. *Maapoliittinen ohjelma* 2004 (Land policy program 2004). Pori, Finland.

Suomen Kuntaliitto(The Association of Finnish Local and Regional Authorities). 1997. *Kiinteistökauppa, Maanvuokra; sopimusmallit* 1997 (Model Agreements for Selling and Leasing Land 1997). Helsinki.

Virtanen, P. V. and P. Halme. 1983. *Land reforms in Finland*. Helsinki: Ministry of the Environment.

Virtanen, P. V. 1995. *Maankäytön perusteista* (Principles of Land Use). Helsinki: Otatieto.

Wirilander, Juhani. 1981. *Maanvuokraoikeus* (Leasehold Legislation). Vammala: Suomen Lakimiesliiton Kustannus Oy.

第五章

土地租赁制:在以色列私有化时期广泛的公有土地的所有制

雷切勒·奥尔特曼(Rachelle Alterman)

许多人都将以色列视为神圣的土地。研究土地政策的学者称之为"租赁土地"。现在以色列是民主的、经济发达的国家中唯一一个由国家或者准国家机构拥有大部分的土地的个例,政府租赁制度在土地系统占统治地位。约有 93%的国家土地归国家或准国家机构所有①(这里所提到的和本章所讨论的以色列土地不包括以色列占领的西岸地区和加沙地区)。从数量上看,如果除去共产主义国家和一些特殊城市例如新加坡,国家占有土地的比率对于任何国家而言都是最大的。大部分原来的共产主义国家正处于私有化的过程中,他们的主要任务是公有土地的私有化(Bonneville,1996;Limonov and Renard,1995;Renard and Acosta,1993;Reiner and strong,1995)。在经济发达的国家,公有土地通常用于公共目的。租赁公有土地作为私人使用是一种例外而不是一种常规现象(例如见 Gordon,1997;Kalbo and Mattsson,1995; Needham,Koenders and Kruijt,1993)。

本章讨论以色列现阶段的土地政策系统。由于篇幅有限,这里主要讨

---

① 因为缺少有效的以色列土地管理的信息,我征询了负责管理数据的官员纳曼·奥罗恩(Nahman Oron)博士的意见以核实这些广泛引用的数据。他在 1996 年 4 月的来信中说,现在 93.6%的以色列土地是通过行政部门管理的。然而,一小部分土地仍然存在争议,并且正在进行法律批准的检查过程。一旦这些土地的问题得到解决,这个数字大约是 93%。

论城市土地政策,而不讨论现有的高度复杂且富有争议的以色列农村土地政策。本章的目的在于通过学习以色列独特的土地系统,了解以色列如何将公有土地租赁作为主要的土地使用方式。本章还将讨论在以色列占主导地位的公有土地租赁制度如何导致特殊制度的产生,使之与私人市场相适应。这种过程是渐变的,而不是通过战略方式形成,虽然以色列采取了叫做"逐渐私有化"的过程。这个过程比本书所谈到的其他任何一个例子都要持久。

第一个部分从两个方面为读者提供有关以色列人口、地理、经济的背景知识,并概括介绍了主要的城市和宗教政策。第二部分介绍了以色列土地政策的情况,帮助读者理解以色列租赁系统发展的独特条件。以色列在许多方面都是极端的例子——一些理论家称之为理想的例子——但是对一些不那么极端的租赁系统还是有教育意义的。第三部分是本章的中心。通过对所有权的多面性的介绍从而了解公有土地租赁的进化过程。这个进化过程也是一个长期调和的探索过程,一方面是公有土地所有权,另一方面发展的市场又希望减少政府的干预。本章最后通过一个价值百万美元的问题进行总结,"以色列的公有土地租赁系统达到了何种公共政策目标?"这个问题,基于不同的意识形态和价值观念有不同的回答,因此应该通过另一个章节进行详细分析,这里只是简单地进行讨论。

一、以色列及其规划政策的背景知识

为了全面理解以色列独特的土地政策出现、变化和长期存在的原因,本部分主要介绍以色列地理和人口的几个主要指标,并介绍主要的城市和地区政策。

1. 人口、地理和经济特色

以色列人口在2001年是640万,大约有80%是犹太人,20%是阿拉伯人(在以色列范围内)[①]。当1948年以色列独立时,以色列犹太人大概有670 000人,阿拉伯人(在1948年战争后,仍然留在以色列范围内)有160 000人(Israel Central Bureau of Statistics,2001)。在接下来的50年中,以色列人口急剧变化,早期通过大规模的移民、后来通过高于其他发达国家的自然增长率实现人口增长。以色列城市人口中有92%是城市人口(美国是74%;加拿大是77%;英国是89%;瑞典是84%;荷兰是89%)(United Nations,1996)。以色列的土地范围大概是21 000平方公里,人口密度大约是300人/平方公里。尽管其人口密度在发达国家中不是最高的(荷兰和日本大约是这个数字的两倍),但是将来以色列会赶上这些国家(从比较的角度,见Alterman,2001a)。并且因为以色列超过50%的土地位于荒凉的南部沙漠,所以有效的人口密度应该更高。因此,良好的土地管理是国家的主要问题之一。

现在,以色列是西方唯一的意识上允许大规模移民的国家(针对于犹太人及其家庭成员)。自从1990年开始,以色列吸收了将近100万前苏联国家的公民,从人口的比率角度来看,以色列成了西方世界移民率最高的国家(Alterman,2002)。从1948年开始,以色列的经济开始稳步增长。刚开始人均GDP只是发展中国家水平(例如,并不现在的约旦高多少)。到2001年尽管经历了萧条时期,人均GDP达到$17 000,达到了发达国家的最低水平。这种显著的经济增长的外在表现就是土地和建筑用地的急速上涨。

在经济发展之前,以色列是唯一一个大部分历史都在与邻邦发生战争的国家。尽管以色列于1978年与埃及签订了和平条约,1994年与约旦签订和平条约,1993年与巴勒斯坦签订奥斯陆和平条约,并于2000年5月从黎巴嫩撤军,但是2000年10月巴勒斯坦与以色列的关系又变得紧张,和平共处的状态再次后退。安全问题是公共政策的首要关系,可能也是大规模公有土地所有权长期存在的潜在基础。

这些因素的综合作用——以色列地理区域的狭小、人口的迅速增长、大

---

① 戈兰高地(Golan Heights)是东北部的一小块地区,已经通过以色列国内立法进行从叙利亚到以色列的半合并,但是它在国际上的法律地位仍然是颇具争议的。无论如何,事实上戈兰(Golan)的整片地区在2000年(有可能更早)作为预期的和平条约已经属于叙利亚。

规模移民的政策、快速的经济增长和地理安全的需要——促使以色列政策制定者加强城市、区域和土地政策的制定和管理以达到国家目的(Alterman,2001a)。和大部分国家一样,以色列正处于分权和私有化的过程中;但是起点不同(Shefer,1996;Alterman,2001a;2001b)。

2. 国家的城市、地区和住房政策

在研究以色列土地政策和租赁系统的细节问题前,需要先了解以色列城市、地区和住房政策的一些关键问题。

以色列的城镇都是比较紧密的,与欧洲的城镇类似而与北美的城市不同。大部分的以色列人都住在中、高密度的公寓里,这些公寓大部分都是公私共有的。直到20世纪80年代,在以色列城市中还不存在浪费土地的建筑,例如“土地附加”(以色列建筑界的行话,通常指提供给单一家庭或者双家庭的低层建筑)房屋。高密度住房同样存在于农村和城市远郊地区。然而,自从80年代起,一些社会上层消费者要求在城镇建设新的“土地附加”房屋。90年代城市郊区的商业区纷纷建成。然而,大部分以色列人仍住在公寓楼里,所以建筑密度和高度近几年仍在不断增加。而且,尽管在以色列看来是低密度的,但是土地上新建的房屋特别规划在35公顷或者更大。

这些情况看起来似乎是矛盾的:在一个经济增长的小国家,人口自然增长率高并对潜在的移民敞开大门,根据估计政府应该制定保留土地的政策。然而,政府对土地这样的不可再生资源不够重视,直到1990年发生大规模移民危机(Mazor,1993)。产生这个矛盾的根源在于国家建设过程中的思维体系和贯穿以色列历史的目标。这说明了国家土地所有权的思想意识的重要性,并需要进一步对其展开研究。

在以色列发展初期,或者从某种程度上说,直到今天,公有土地所有制是获得国家领土和解决地理问题的重要工具(Brutzkus,1988)。在1948年独立战争之后,以色列试图在国际范围内建立其合法地位,其中一些(直到现在)仍与国际法中官方的停战条款有关①。这些地理政治的问题导致人们对以色列人口分布的关注。以色列人口分布已经延伸到加利利(Galilee)北部和内盖夫沙漠(Negev Desert)南部,其目标是在国家的大部分范围内都可以看到有犹太人居住(Yiftachel,1992)。国家控制的土地所有权是达到人口广泛分布和犹太人分布目标的主要途径和工具②。

比起高密度的城市相比,通过对范围更为广泛的小乡村进行规划,更容易达到人口分布范围扩大和犹太人分布的目的。可以通过强调农村发展是一种乌托邦式生活状态的意识形态来促进人口分布目标的实现,这种思想意识吸引犹太人回归圣土进行耕作(Cohen,1970)。这两种意识形态促成几百个合作或公共农村的成立,并在以色列境内广泛分布。其中一些是在国家成立前建立的(土地所有权归 JNF,详见接下来的讨论),其他是在 1948 年以后到 70 年代建立的(JNF 和国家的土地)。工作的重心就在于规划者要尽可能地分配土地、水资源和资金。

然而,以前的农村政策与实际情况是吻合的。长期以来大部分以色列居民仍希望住在城市里。为了解决这个分歧问题,20 世纪 50 年代到 60 年代,中央政府在国家所有的土地上建立了 30 个规模较小的新城镇(Alterman and Hill,1986)③。保持国家大部分地区的国家土地所有权是确保中央政府控制新城镇的发展、位置、范围和形式的主要工具。相反地,国家独立前建立的城镇就没有很多公有土地。但是因为这些城市在当时已经开始建设,这些问题就没有干预的价值,特别是因为政府所拥有的大部分公有土地位于城市郊区范围内,有利于政府建立移民住房。

以色列早期保护公有空地并不是政策制定者考虑的主要问题,也不是

---

① 注意:这里所说的国家法律地位里以色列的领土范围并不包括在 1967 年战争中所占领的土地。

② 人口分布政策通过很多方面实施,而不仅仅通过国家控制公有土地和刺激住房建设来推行,其他政策包括:鼓励资本投资的法律提供各种不同的贷款;对任何愿意在边缘地区设置工厂的人取消税收和给予税收优惠;对年轻夫妇、新移民或者有需要的家庭提供优惠贷款条约;雇员给予收入税减免等。

③ 同许多其他国家一样(Alterman and Cars,1991),住房的特点是政府统一设计的住房,没有考虑到消费者的多样化,也没有考虑到不同地域的特点。加利利绿山上的一个新城镇可能就会被规划成同密度类似的附近城镇特拉维夫(Tel Aviv)一样。

公有土地租赁制度形成的原因。20 世纪 60 年代和 70 年代政府宣布大部分国家公园建在公有和私人土地上,并不是政策制定者事先考虑的结果,而是一些土地规划领导人的政绩(Brutzkus,1988)。

尽管以色列的人口和地理政治发生了本质的变化,但是人口分布学说始终没有发生变化,直到 90 年代产生大规模的移民危机(Shachar,1993)。在国家内务部和环境部工作、负责制定法律规划的主要规划者利用这个机会挑战这只"受惊吓的牛",并提出了另一个更适合于以色列现在的总体目标的学说。

法律规划者、环境机构和非政府组织(NGOs)提出的新学说认为,土地和自然资源在以色列这种高密度发展的国家总量不足并且容易匮乏。这个新学说主张为子孙后代保留足够的空地,并增强土地的使用和再使用率。从 20 世纪 90 年代开始,公共规划者开始致力于促进城市土地的多方面使用,从而提高城市土地的使用密度和城市的再开发强度。

然而,同时法律规划者仍然号召通过富有争议的"土地附加"房屋项目,而且他们不得不面对来自各方面的巨大压力。住房部门和土地管理部门从来没有放弃他们传统的开发计划。尽管遭遇到多方面的批评,贯穿以色列的高速公路的建设仍在进行中(Alexander,1998)。2002 年一些有权力的机构会同总理办公室和财政部首先推出了一个内阁决议,决定新建若干城镇并废除一些新产生的位于城市远郊的农村(在以色列范围内)。这些新的计划因为与地理政治和安全目标相一致而得到肯定和推进。地理政治和安全目标经常隐藏在以色列人口分布政策的背后。但是现在这些目标有了新的伙伴——越来越多的以色列家庭希望住在人口密度低的社区。这些计划还需要通过法律制定者的同意,并经过环境保护机构和 NGOs 的支持才能够得以实施。这些讨论过程还是比较激烈的。

接着研究以色列的住房政策。直到 20 世纪 70 年代中期,大部分的住房还是公共住房:从 50 年代开始每年的住房供给中有 80%是公共住房,到了 70 年代是 60%。在此期间一些住房是通过房屋供给部门利用公共资金修建的,但是逐渐地,公共房屋转变为由住房供给部门规划房屋供给,然而资金和修建由私人开发商负责。在以色列,另一种形式的住房是公共项目住房:欧洲称之为社会住房供给(参见荷兰的形式,Needham and Verhage,1998)。社会住房供给的比率在70年代直线下降,到了80年代后期每年住房供给中只有17%是公共项目住房(Israel Central Bureau of Statistics,1988)。公有租赁住房的比率是很小的,后来由于鼓励长期居住的居民"购买"(例如,长期租赁)他们的公寓而更少了。

20世纪90年代初期当大批移民出乎意料地从前苏联涌入,国家重新开始提供住房。然而,当危机过去后,公共住房的比例又回归到危机前的水平,并主要集中在边缘地区。因为私人房屋所有者(或者长期租赁者)通常是有消费者偏好的,再加上公共政策积极鼓励这种趋势,造成超过70%的以色列家庭长期租赁他们的公寓(通常是公私共有的形式)。

二、以色列公有土地所有权的法律基础和由来

为了了解以色列公有土地租赁系统的进化过程,我们需要先了解它的法律特点和由来。

1. 国家土地所有权的由来

以色列国家土地所有权能够反映这个国家特殊的历史和存在的特点。以色列的公有土地不能等同于对其他国家的理解将其看成是一个土地储备。因为储备的本质在于土地所有权是可周转的。相反,在以色列的系统下,公有土地的数量几十年来都是固定不变的。这些现象以特殊的方式发生,从而产生了以色列公有土地所有权。

出于本章的主要研究目的,关于以色列如何产生公有土地的历史原因在这里不再详细说明。这个问题将留给历史学家和政治地理研究者(当然还有政治家),他们毫无疑问将在接下去的几年内继续研究这个问题。但是,政府和准政府的土地所有权的出现至少是通过三种方式的。与这三种方式相对应的是三种国家土地所有权,它们组成了国家的土地,正如基本法中条款1所定义的:以色列土地(1960年)。以色列土地定义为以下三种所有权方式:以色列国家所有、犹太人国家基金(JNF)所有或者国家发展当局

所有，这三种形式统称为国家的土地。

JNF 并不是一个国家机构，它是一个全球性的犹太人非赢利组织，成立于 19 世纪末期，作为犹太人复国运动的一部分，并在伦敦登记。其主要目的在于从当地土地所有者手中购买土地，希望能为在巴勒斯坦境内建立犹太人国家做准备。直到 20 世纪 60 年代早期，JNF 管理他们自己的土地及其土地租赁合同并征收土地租金。1960 年，JNF 与以色列国家政府签订一个和约并作为法律条款的一部分，其中 JNF 同意在不转让所有权的情况下，让国家机构管理土地。这个合约及其法律附加条款规定 JNF 同其他法定的决策者有一样的权利，并且土地经营中的利润在扣除必要的管理费用外其他部分归 JNF 所有。

1960 年以色列土地管理法规定由法定的机构管理以色列的土地。三种形式的国家土地归以色列土地委员会（政策制定者）和以色列土地管理部门（管理者）管理。JNF 任命委员会的一半成员，另一半由政府任命。

三种形式的土地所有权代表国家土地的历史背景。这里将按照他们的历史顺序进行讨论：JNF 土地、国家土地和发展当局的土地。

公有土地最初的来源是由 JNF 购买的土地，至今在国家所有土地中占 13%。JNF 将自己看成犹太人生活家园的土地看护者，并负责圣地的发展，保证在犹太人手中保有足够多的土地。20 世纪初期犹太人国家基金开始从当地阿拉伯人手中购买土地。随着 1948 年以色列的成立，中东地理政治的变化，JNF 的土地购买活动几乎停止[①]。阿拉伯土地所有者不再愿意将土地出售给犹太政府或者准政府的机构。

因为 JNF 在国家成立前，已经致力于购买可耕地和适合建筑房屋的空地，其中大部分土地现在都处在比较有吸引力的地区，土地的价值远高于他们公有土地的持有份额。JNF 因此每年可以收到可观的租金和其他土地收入。JNF 使用这些基金有两种目的：首先，实施一些非政府投资的项目，

---

① 通过希曼塔（Himanutah）的补助，这笔基金仍然能偶尔进行小规模的土地购买，主要都是从私人所有者手中购买土地。

例如地方水库建设[①]、岩石清除和防止土壤侵蚀，还有一些保护工作；其次，通过大规模造林来管理空地，发展公园，为公众修建娱乐场所。现在在很多角度看 JNF 都可以视为"绿色"组织。

公有土地的第二个来源为向巴勒斯坦的英国托管政府注册的土地，托管政府管理这个地区直到 1948 年。这些土地在国家成立时转移到以色列国家手中。这部分土地占以色列所有土地的 75%。由于英国托管政府不能选择他们所有的土地(其中很大一部分继承于土耳其帝国政府)，国家所有的土地从地理分布和发展程度来说都很参差不全。因此，国家拥有大量城市和城市附近城镇和村庄的土地，同时也拥有以色列南部整个荒芜的沙漠地区，目前占了国家所有土地的 50%。

到现在为止，大部分城镇的土地都已经开发殆尽，均被用于住房、工业和公共设施的建设。20 世纪 50 年代初，国家所有的土地加上 JNF 和土地开发当局所有的土地，被用于为成千上万的移民提供住房。这也是实施人口分布政策的主要措施之一，即在不同地方建设合作和公共住房[②]。以色列 30 多年来建设的新城镇大多都建设在国家所有的土地上。现在，大部分国家所有的保留土地主要划分为农业土地或者是合作或者公共住房的补充。私人未开发的土地比国有土地少，因此未来发展的大部分土地很可能都是国家所有。

第三类国家土地占所有土地的 12%，也是政治上最敏感的土地。一个称之为发展当局的法定团体于 1950 年成立，该团体从遗失财产看管部门获得土地所有权。遗失财产看管部门是负责登记特殊阿拉伯人土地的部门。这些阿拉伯居民在 1948～1949 年的战争中，离开或者被驱赶出他们的居住

---

① 与其说 JNF 是以色列政府机构还不如说是犹太人的机构，因为它存在的目的是为了促进以色列境内犹太人城镇和村庄的发展，特别是在加利利等地区，因为人口竞争——犹太人或阿拉伯人——将是这些地区的主要问题。一些学者将此视为国防问题，认为如果阿拉伯人占多数那么以色列就会有脱离的危险。其他人将此视为过分恐惧，并批评 JNF 作为一个半政府机构却持有带有明显歧视性质的政策。然而，对森林、公园和水资源的投资对大众而言是有好处的，并且也能为公众所享用。作者预计在不远的将来，高等法院将会通过多种方式将 JNF 归为半政府机构，因此不能继续他们只考虑犹太人而忽略阿拉伯人的投资政策。

② 由国家设立并通过半国家机构共同管理：JNF 和犹太人机构。

区。这些土地中的大多数被出售或者租赁,但在遗失财产管理部门都有登记记录。

2. 非土地储备:公有土地所有权的稳定性

自从 1948 年国家成立起,以色列公有土地所有权的数量长期以来都保持不变;产生这个现象主要是源于三个因素。首先,正如后面将要解释的,对于国家土地向私人手中转化的过程有很强烈的法律和思想限制。很少有土地能够顺利完成这样的转化。其次,大部分的国家土地都有特殊的历史背景,但是已经不再存在了,因此新公有土地就没有供给来源①。曾经发生过国家或者准国家机构收购新土地(与市政府收购区分,见下面分析)的行为,例如在用于公共设施建设的区域内存在私人的土地,包括机场、主要公路或者新建城镇。但是这些都是在需要时进行小范围的操作,并不是土地储备政策的一部分②。第三,尽管出于供应社区和城市公共设施的需要,市政府土地收购经常发生,但是从数量上说很少,所以并不影响公有土地所有权的总和。

3. 市政土地的软弱地位

与这本书所讨论的大部分国家不同,以色列的大部分土地直接由国家政府而非市政当局和地方部门所有和管理(与荷兰相比,见 Needham and Verhage,1998)。以色列市政府的法律和财政地位是相当薄弱的(Alterman,2001b)。基本法规定:以色列的土地并不包括在"以色列土地"定义下

---

① 国家土地最后一次大规模增加发生在 20 世纪 60 年代,部分是因为最后一次大规模征用阿拉伯农场主的土地进行新(犹太人)城镇的建设(Yiftachel,1992)。这种行为受到越来越多人的指责,在后来就急剧减少了。政府当局现在更小心,例如现在出于建设贯穿以色列的高速公路的需要,向犹太人土地所有者(或者长期承租人)和阿拉伯人平等进行土地征收。

② 从年代顺序上,国有土地最后来源——国家机构的土地征用——是比较顺利的,因为再也没有大规模地进行土地征用。而且因为阿拉伯人的政治抗议在 20 世纪 70 年代国家机构征用土地的行为消失(Yiftachel,1992)。现在的争论是出于新建贯穿以色列的高速公路需要进行的征用安排。公众抗议的态度很强硬,作者估计土地管理部门在这些案例上不会获得成功,除非国家以提供其他土地作为交换。

的市政府拥有的土地(Weisman,1993)[①]。以色列市政府没有在任何程度上实行土地储备的做法(Alterman,1990a;Alexander,Alterman and Law Yone,1983)。市政府并没有太多的土地所有权,但是也不是一点都没有,在典型的“发展城镇”,也即历史悠久的城市有10%的土地所有权(Alterman,1997)。

正如美国的许多城市一样,以色列城市土地大部分来源于捐献和为了建设公路和公共建筑而征用的土地,当城市的新发展计划获批后,这种征用是不可避免的(Alterman,1988a;1988b;1990b)。依据土地使用规划的指导,国家所有或者私人土地都有可能用于公共服务。《规划和建筑法》表面上希望规划者对所有权的归属视而不见。通常,用于当地公共基础设施和服务的土地都是国家所有的。在过去,土地管理部门资源将土地所有权转让给市政府。出于管理和法律方面的问题,这种做法从20世纪80年代开始废除了。土地管理部门的做法越来越和私人土地所有者相似。他们希望市政府像对其他私人财产一样行使法律权利并通过强制性捐献来获得土地,或者通过协商征用土地(Alterman,1988b;1990b)[②]。在这些情况下,通过将土地转让给市政府会减少国家所有土地的储备。只有用于公路和公共服务建设的私人土地才是公有土地(国家或者市政府所有的土地,根据土地使用的目的定义)的净增加。尽管这种转化在地方上看是很重要的,但从国家的角度上看却是可以忽略的。

4. 国有土地的无限制使用目的

以色列公有土地的独特性在于土地使用目的的无限制性。大约有

---

① 韦斯曼(Weisman,1993)认识到过去有关国家所有和城市所有土地的区别是模糊的。现在这种模糊不清的状态彻底解决了。在当地政府因为公共服务而需要向土地管理部门征用土地时,问题就产生了。看上去似乎不经常发生而且与以色列共和国无关,但实际上包含了许多步骤。以色列当局按照程序出于公共服务的目的向国家土地管理部门征用土地——这并不是简单地将土地转让给当地政府。从法律和行政角度,这对以色列土地和法律系统有着重大的意义(见Alterman,1990)。

② 通常的法律观点——和做法——是当地政府有权力征用国家所有的土地,就同征用私人土地一样。最近,一些法律学者对这种做法表示怀疑,但是高等法院还没有机会对这个问题进行处理。

70%的以色列居民住宅建在国家所有的土地之上，并且大部分的工业建筑建在国有土地上。当然，大部分的公共服务和设施（机场、电站、大学、医院、墓地）也建在国有土地上。正是土地租赁制度的凝聚力与国家经济和社会环境的变化相适应，使得目的不同的设施可以建立在公有土地上。

以色列土地政策系统的独特性的另一个显著表现为：在大部分国家（甚至是前苏联时期）①，通常，大部分公有所有土地位于城市范围而非农村地区。以色列的情况是相反的：大部分的耕作土地归国家所有。大约83%的农产品是在国家所有土地上生产的。实际上，7%的农产品是在私人土地上生产的，而且大部分在城市范围内。由于受到强大的压力，大部分耕作土地的私人所有权逐渐被转化。

5. 国有土地私有化的法律限制

过去，以色列的国有土地受到人们在意识形态角度的强烈支持。现在，这种意识形态基础已经逐渐消失，以色列土地管理部门近乎垄断的地位也面临来自各方面的挑战（Alterman，1997）。但是同时，支持国家拥有大部分土地的力量也不是瞬间就都消失了。在其他国家，因为其广泛的经济和社会影响，这个问题成为国家政党的一个主要问题——参加政治竞选并引起选民兴趣。然而，在以色列特殊的政治环境下，安全问题、占领地区的争执、大多数非正统宗教民众和少数正统宗教民众之间的矛盾等问题占据了公共政治讨论的议程。因此，没有一个主要的政治团体将土地政策问题看成是他们政治纲领的主要部分，而且公众也没有很大兴趣讨论这个问题（除了后来讨论农村土地转变成城市土地时农民的权利问题）。

保持现在的国有土地的规定记录在基本法（宪法）——1960年基本法中：以色列的土地。从严格的法律角度来看，处理基本法而不是一般法律的

---

① 中欧的其他国家（例如，波兰、南斯拉夫和匈牙利），在前苏联时期，一些土地仍保持私人所有。这些土地大部分位于农村地区。

机会很少,因为具体的基本法没有特殊修改和废除的步骤[①]。但是,值得注意的是,以色列议会将国家的主要土地政策纳入到法律里并命名为"基本"。这说明,在那时候立法者将国家土地所有权及其对它的保护看成以色列国家的原则之一。然而,这种做法在现在已经没有什么法律意义,并且类似的思想意识也逐渐消失。然而,尽管土地政策有很大的变化,但是到现在为止,基本法还是没有被进行任何修改。这些变化是通过土地委员会制定的几百个补充管理决定实现的,尚未直接危害到基本法制定的原则。

基本法只有三个条款:前两个已经讨论过,第三个是有关财产权部分的。第一个条款定义了"以色列土地"三种类型(见上面的讨论),并说明"以色列土地的所有权不能通过出售或者其他方式转让"。

第二条款指出上面所说的原则不适用于法律明确排除的特定形式的地产或者交易。这里的法律指的是以色列议会制定的法律,并不一定是基本法(然而,补充法不包括在内)。如果有其他法律明确规定转移土地所有权是合法的。否则,土地权利的转移存在一套短期的权利转让机制,例如,通过长期或者短期的租赁实现转移所有权。

1960年以色列土地法的主要规则与基本法一致,同样在法律中设定了禁止土地转让的例外情况。法律明确规定了在有限的情况下允许转让土地所有权。大部分情况是高度明确并是小范围的,例如,国有土地与非国有土地相交换目的是为了保持一块土地的完整性,或者交换国有和JNF的土地是为了解决特定的问题等[②]。唯一允许直接出售土地的条款为允许转让10 000公顷城市土地的所有权。这条法律没有任何的使用限制也没有任何附加条件。转让土地数量是累积的,而不是每年的,这个数字自从制定以

① 使用基本法的概念是在20世纪50年代提出来的,政治家和法律学者开始清楚地意识到(以色列)议会不可能为未来预期所能发生的大部分问题提供完整的法律基础。这个概念的提出是一种折衷的办法——逐步为不时产生的问题提供法律构造元素。每个元素必须包含在特定的法律中,命名为"基本法"。只有当后来(以色列)议会提供更为复杂的方法以保有这些基本法,否则基本法始终具有特殊的法律地位。

② 后面这一办法,有时候是土地管理部门用于解决特殊地区的土地问题的。在这些特殊地区,阿拉伯—以色列居民希望居住或者租赁JNF的商业—工业土地。

来就没有修改过。根据土地管理部门的官方数字，这个数目还远远未达到①。

以色列土地法平等地用于所有的以色列土地。但是在同以色列国家政府协商共同管理所有国家土地的同时，JNF 制定了转让他们自己土地的附加条款。通过 1960 年以色列政府和 JNF 签订的和约，JNF 禁止他们的土地任何的所有权转让(除了必要的土地交换)。和约规定 JNF 的土地不能以出售、继承、赠与或其他形式进行转让。这意味着以色列法允许出售的 10 000 公顷城市土地实际上只适用于国家和土地发展当局的土地。

JNF 将自己看成是犹太人土地的看护者，JNF 和以色列政府签订的条约是富有极大争议的。以色列土地管理部门只能将 JNF 的土地租赁给犹太人，不管是居住在国内还是国外的。

这一整套的以色列土地法律明确规定，以色列的大部分土地一旦进行开发或使用，必须通过一系列不具备所有权和所有权转让的法律工具进行管理。这也是以色列在大范围内存在公有土地租赁的原因。几十年来，这是城市内国家土地合同签订的主要方式。尽管在农村也试图实行长期租赁制度，但是都没有实现过。大部分农村土地实际上是通过 3 年自动续签合同进行管理的②。然而，大部分的以色列人民不论居住在境内还是境外(例如，大部分有关部门以色列土地系统的文献)都认为农村土地——尽管是错误的——都是通过长期合同进行管理的，期限通常为 49 年。

---

① 然而，土地管理部门从来并没有清楚说明哪种形式的土地所有权转让被视为在条款所包含的范围之内(Weisaman，1993)。这种模糊状态的产生是因为，在早期人们并不清楚是否出于公共服务共享的目的，将土地所有权转让给当地政府——可能是一个最大范畴的土地转让——应该被纳入这条款。现在使用的法律观点是这类情况应该归入，但是作者没有找到这方面的数据和其他形式的转让数据。以色列土地委员会并没有一整套有关这些条款的使用和直接销售的政策，特别是使用条款解决特定问题的政策。直接出售土地的数量可能很少。

② 产生这种形式并非有意为之，因为一些技术原因同建立土地清册和土地管理有关，并和解决所有机构和居民拖延的问题有关。直到最近，这些法律问题才得到解决，因为公有土地上的耕种土地(合作和社区村庄)被纳入非常稳定的社会—经济组织，并给予高度稳定的土地期限而不是原先“可笑的”合同状态。然而，随着农业作为经济基础力量的减弱和困扰生活的社区模型，并由于一些在农村土地允许城市发展而产生的社会意识危机的压力，在最近几年有加剧的迹象，特别是 90 年代早期大规模的移民危机以来。现在农村公有土地的法律地位已经成为经济和政治的热点问题。近几年，政府鼓励合作和社区村庄的居民逐渐采用三年续签的永久土地合同而不是长期的土地租赁合同。

6. 土地租赁和使用法规

怎样对公有土地进行土地使用规划管理？这个问题可以从1965年签订的规划和建筑法中进行研究，这套法律用来代替1936年英国驻巴勒斯坦的代管政府制定的城镇规划法令①。直到1965年，规划管理并不适用于政府例如住房供给部门或者公共建设部门发起的土地开发。《规划和建筑法》消除了私人开发商与公共开发商之间的区别。所有政府开发商——国家或地区的——必须和私人开发商一样遵守规划条例和步骤，并没有特许权（除了与国防有关的建设通过特殊方式进行管理）。以色列租赁合同的特点与规划控制之间的关系是本章将要讨论的问题。

7. 私人土地的法律地位及其对公有土地租赁的影响

具有讽刺意味的是，尽管国家土地在数量上占优势，私人土地只占全部土地的7%，但是以色列是一个以私人财产在法律和政治上占绝对优势为社会风气的国家。作者认为私人土地所有权的概念影响深远，并且逐渐改变了公有土地所有者的想法。以色列一方面制定有关有趣的、独特的、构成复杂的公有土地所有权法律，另一方面将私人土地所有权作为法律和经济制度的基础。

上面所说的——对大部分读者而言可能是违反直觉的——是关于以色列土地市场、土地法律和土地政策的实际情况。为了解释这个表面的反常现象，接下来将讨论私人土地所有权的地位与其数量不一致的原因。主要有六个原因。

① 实际上为数不多的私人土地总是起到很大的作用，远超于其数量，因为私人土地总是位于经济或人口发展压力高的地区。主要是历史悠久的城镇中心，现在已经发展成为经济中心；还有沿海高速发展的城镇，以前是犹太人的私人农场，每个家庭都是他们自己土地的所有者（在以色列是很少

---

① 1965年《以色列国家法律》(英文的官方翻译直到20世纪80年代才确定，因此并没有包括许多后来的修订条款)。如果要了解详细的法律和规划内容，参见奥尔特曼的论述（Alterman，2000）。

的)。这些土地向城市土地转变比公共所有的农场土地迅速得多，并且这些土地正处于高速发展过程中。私人土地也主要集中在阿拉伯人的村庄和城镇，那里的土地大部分是私人所有。这些村庄和城镇自身自然发展速度快，由此也带来了强大的发展压力。

② 大部分私人土地和长期租赁的土地都同样要缴纳土地税收，这一点会在后面详细解释。

③ 1992 年宪法高度保护私人财产权。基本法记载：人类的尊严和自由本质上决定了财产所有人有权尽可能地阻止任何侵犯个人财产权的行为。近几年法庭更加有支持保护这些权利的趋势。这个趋势主要表现在对公有租赁权的解释上①。

④ 公开发起发展计划的比率在近几年有减少的趋势，并且现在许多在公有土地上进行的建设都是通过私人运作和投资的。正如我们将要谈到的，越来越多的土地采取租赁形式。现在公共融资只提供给一些基本的公共服务，例如公路和学校以及一小部分住房供给。然而，在城市范围以外公共融资的发展项目要宽泛得多。

⑤ 公众支持私人财产所有权。70%的以色列家庭拥有或长期租赁他们的公寓。这在世界范围内都是一个很高的比率。公共政策不断鼓励公众获得房屋的(大部分是公私共有房屋)所有权，并且大部分家庭也希望有机会拥有(或者长期租赁)他们的公寓(Alterman，2002)。土地产权——大部分是以长期租赁的形式——是大部分家庭和许多商业机构的高价值资产。

⑥ 理解以色列公有土地租赁最重要的一点是，城市土地市场很难在价格上与类似的私人土地和公有土地相区别。正如我们将看到的，土地管理部门逐渐减少租赁合同中的限制条款，使之和私人土地所有权近似相等。

三、从财产权角度讨论以色列公有租赁系统

现在开始分析以色列的租赁系统，主要从表 5—1 中列出的 10 个方面

① 例如，如今在美国兴起的土地所有权运动在以色列运动面前显得苍白无力。

进行考虑。每个方面包括了一个特殊的财产权利——是组成财产所有权中的一个要点。根据每种形式的财产权，提出问题：租赁从多大程度上限制了这个权利？接下来将从以色列土地政策系统独特的特点进行考虑，这是一个类似私有化的过程，即经过几十年的时间逐渐缩短租赁权和所有权之间的差距。

理解以色列的租赁制度就像拼图游戏一样，包含了许多奇特、反常的情况。这幅拼图主要从10个财产权利的角度进行组合。若要理解租赁制度的具体操作方式，必须等到所有的拼图（表5—1的10个方面）都完成才能做到。

表5—1 以色列长期租赁系统和财产权

1. 适用于土地与/或者固定建筑：租赁是否使土地与固定建筑相分离？
2. 期限：租赁合同的期限是多长？
3. 续签：是否有延期或者续签权利？
4. 价值：怎样决定租赁合同的价值（最初的和续签的）？
5. 使用权利：有没有对使用的限制？与使用规划限制的土地有什么关系？
6. 开发权利：未来开发的权利和条件。
7. 转让权利：有没有关于转让的任何限制（出售、继承）？
8. 市场权利：土地转让时，谁是财产价值的受益人？土地是否可以作为抵押品？
9. 控制开发进度的权利。
10. 纳税义务：谁需要缴纳各种不同的财产税（例如，改良、额外增加、财产）。

资料来源：作者整理。

1. 适用于土地和/或者固定建筑

基本法第三条规定：以色列土地定义为土地包括建筑以及土地附带的所有永久性固定设施。以色列财产法并没有规定在土地交易和所有权转让过程中将土地与固定设施相分离。这意味着国家、JNF和土地发展当局一旦拥有了土地所有权就拥有了土地上的建筑，不论是谁建筑的、利用何种资金、也不论是何种类型的建筑。

大部分以色列市民，包括许多规划者都没有意识到这个条款的法律和经济含义。理论上，这个条款意味着如果终止了租赁合同，承租人将会损失所有的财产权利而不仅仅是土地,也包括固定建筑(土地、工厂)的财产权,但是他们会得到一定的补偿。但是这种情况是不可能发生的。以色列租赁系统的发展方向在很大程度上反映了决策者尽力阻止财产权及其固定建筑归还公有土地所有者的现象发生。但是在城市范围内对承租人提供高度(尽管不是绝对的)安全性的同时,决策者也放弃了将租赁系统作为潜在的工具用于指导或者控制土地使用、再开发、社会平衡或者其他公共规划。

在农村地区,类似私有化过程还没发展到这种程度。现在,农村承租人的权利远不如城市土地承租人安全。2002 年 8 月高等法院规定,在任何时候公共耕作土地如果要转变用途(通常是因为经济上不再可行),租赁合同将会归还土地管理部门,农场主只会获得农场开发投资的补偿,并只会保持所居住房屋的租赁权①。

2. 租赁合同的期限

1969 年《不动产法》第三条规定租赁权的租期大于 5 年,长期租赁权(精确地说,按以色列语,世代租赁权)定义为租期超过 25 年。然而,以色列很少有合同期限只有 25 年的,因为出租者——以色列土地管理部门——将合同的基本有效期定为 49 年。JNF 自从 20 世纪 20 年代开始租赁他们购买的土地时就依据此条款实行。之所以确定 49 年的期限最初是由于 JNF 引用的圣经大赦年为 50 年一次。49 年以后,土地就回归原来的所有人。

后来这些宗教信仰的象征形式逐渐消失了。一些租赁合同——20 世纪 70 年代后期之前签订、但还没有更改的——可能仍然采用 49 年的期限,但是关于合同续签的政策规定不断变化增加(后面将讨论到),使得近期签订的合同的期限更长,通常是 49 年的好几倍。这个趋势主要出现于城市居住合同——大部分的合同(非居住合同可能还是以 49 年为期)。

现在合同通常直到两个 49 年后(98 年)才会结束。而且,1999 年以色列土地委员会授权土地管理部门可以自动两次续签 98 年期限的合同(196

① H. C. J. 244/2000 Amutat Siah Hadash (The Association for a New Discourse; RA) v The Minister of National Infrastructure, the Israel Lands Adminstration et al.). 参见 www.court.gov.il。

年)。两个世纪在世界任何地方来说都是很长的,特别是在不稳定的中东地区。由此法律学者们可能产生一个问题,这么长时间的租赁合同是否符合租赁的概念,因为它可能与所有权相等了①。

在大部分的租赁系统下,市场会根据合同到期前的使用年限对不同的租赁合同给予不同的价格。以色列租赁系统最有趣的地方在于,市场从来不对合同到期前的使用年限产生敏感。合同可能只有几年的有效期,但是买主很少问这个问题,也不会因为这个问题协商价格。甚至以色列的律师也忘记这个问题。如果承租人被通知不是与以色列土地管理部门签订合同,而是其他私人个体,他们可能会通知警察。深受以色列土地管理部门制定的合同期限的影响,一些以色列人无视他们租赁的期限而错误地推断他们与国外房地产的交易②,有时候会导致危险的结果。

3. 租赁合同过期与续签权利

合同如果过期了会产生什么情况呢?承租人是否有续签权?如果有,是在什么样的资金条款下?如果合同确实终止了,建筑的价值将怎么决定等等问题,并且如果承租人支付了开发费用或者已建设房屋,该如何处理?在过去这些问题可能是以色列城市公有土地租赁的核心问题,但是一套令人满意的政策及时出台避免了这场危机。

JNF 在国家成立前签订的第一份合同是从 20 世纪 20 年代开始并在 70 年代到期。老合同并没有提供合同到期时做法的参考资料。他们并没有要求续签的权利,或者认为续签是根据出租者当时的政策而定(Weisman,1993)。巴勒斯坦在英国托管时期,即 20 世纪 20 年代到 30 年代期

---

① 早在 20 世纪 80 年代中期在以色列两大领导学者之间发生过这种类似的争论,主要与建议戈登堡(Goldenberg)委员会(负责检查国家土地政策的许多公共委员会之一)延长土地租赁期限到 999 年有关。一位私人领域的领导律师阿蒙·戈登堡(Amnon Goldenberg)认为这种做法在法律上仍然保持合同的租赁性质,并且没有否定《基本法》:以色列土地。一位德高望重的所有权法律学者乔舒亚·韦斯曼(Joshua Weisman)教授并不同意这个观点。因此委员会最终没有通过 999 年的建议,并且也没有在法庭上被讨论过。委员会提出 98 年的建议一直没有被采用直到十几年后才获得通过。

② 有许多有关以色列开发者、甚至是他们的律师如何看错少有的以色列私人土地所有者提出的投标书的故事。

间,49 年的合同期限应该是比较长的。令人惊讶的是事实上土地管理部门并没有事先为过期的合同制定连贯的政策。最初的居住租赁合同于 70 年代过期(在海法的郊区),负责管理人员只向承租人发出了简单的通知[①]。根据合同规定,合同一旦过期,承租人有义务空置土地及其建筑物。承租人有权从土地管理部门了解到土地固定设备的价值(房屋、树木),这些价值将成为土地价值的一部分。通知通常允许承租人延长合同期限,但是只有在承租支付新期限内财产的重估价值才可以。因为以色列的房地产价格相对于平均收入而言还是很高的,要求续租的居民情绪沮丧,并且要求变革的呼声越来越高。

尽管合同终止的问题从来都不是国家的主要问题(可能是因为以色列总有其他更重要的问题),政治领导人还是意识到不解决这个问题的危险性。他们可能推断到当许多合同都过期时会出现的情况。到那个时候,许多以色列家庭都会面临同样的问题。政治领导人怎么能要求他们的选民离开他们的家?以色列法庭尽管一直以来都不愿驱赶居民,又怎么能对大范围的居民实施这种行为?相反地,普通家庭怎么能支付得起成千上万的美元以续签合同?人们难以想象当以色列公有租赁的居住合同过期时,政府将如何实行合同条款。作者大胆地猜测,以色列几乎没有什么人能在公有居住合同到期时支付所有要求的金额以续签他们的租赁合同。

为了处理这个问题,土地委员会相继于 1976 年和 1986 年制定了有关土地过期和续签权利的法规并沿用至今。主要规定承租人只需要每年支付初试合同规定年租金的 1/5,就有权在不必事先支付费用的情况下续签合同(见后文分析)(Weisman,1993)。因此,即便规定合同续签仍然受出租者在合同过期时政策的管理,实际上已经免除了合同续签的费用。而且,在 1999 年制定合同期限连续 98 年的同时,委员会规定当合同过期时(在 22 世纪!),续签合同在续签期限内的租金费用不能超过当时土地价值的 5%。这些决定实际上废除了续签合同的付款要求。现在,当承租人因为升级了

---

① 这个故事是前 JNF 的主任后为以色列土地委员会的城市委员会主席本·谢莫什(Ben Shemesh)先生于 20 世纪 80 年代告诉作者的。

已有的租赁合同(见后)而要求土地管理部门给予他们经常性的奖励时,管理部门通常会给他们明确规定自动续签的权利的新合同。

4. 计算合同的价值——土地租金的征收

为了了解土地合同价值的计算方法,我们必须了解国家土地进行开发的形式。

(1) 租赁土地用于开发的形式

土地管理部门经常为了满足国家的发展需要而提供土地。这种土地通常是空地或者是从耕作用地转化过来的土地。商业开发者从土地管理者手中获得土地后通常向消费者"出售"(例如,长期租赁的方式)土地的建筑权利。他们希望在发展过程中尽早"出售"这些权利以收回在土地上的投资(如果市场允许)。转让权利给消费者意味着消费者必须直接同土地管理部门签订长期合同。

直到20世纪70年代,价格设定系统的管理是基于人为操作的价格表格。这是政府评估人根据不同土地的用途制定的,包括不同层次和形式的补助和许多有特权的机构和团体。因为这些价格不是阶段性进行调整的,所以通常明显地低于市场价格。这个系统已经几乎完全停止了(除了公共服务的一小部分)。现在,补助主要用于鼓励边缘地区的发展,并且面向公众、透明度高。然而,土地委员会在2002年底才通过有关废除这些补贴的计划(Haaretz,2002)。目前土地价格的分类如下。

- 100%——合同的完整市场价格。适用于沿海和国家中心地区(大部分开始建筑的地方)。
- 50%的市场价格。针对于并不是很远的边缘地区(加利利北部地区的中南部和北内盖夫地区南部)。
- 33%的市场价格。适用于更远的边缘地区(加利利北部和中部地区,以色列范围内的约旦村庄和内盖夫沙漠)。

• 对有强烈敌意的边境地区不征收租赁费用（根据安全情况的变化）[①]。

开发商仍需要为基础设施交费，并且在一些情况下也要为学校交纳费用。在一些特殊地区——边境或者边缘地区——国家会根据有效的国家发展政策对这些费用给予部分补贴。

90 年代早期的大规模移民危机中，以色列吸纳成千上万来自前苏联和苏联解体后的赤贫移民，政府需要提供更多的土地和基础设施补助金——同时也适用于国家中心地区——这成功地刺激了住房供给（了解更多政策的实施办法，参见 Alterman，2002）。

从 70 年代晚期开始，价格设定系统主要由公共投标者决定。管理估价员通常为投标者设定最低价格标准，所有的竞标者的出价应高于这个价格。在萧条时期，例如从 1997 年开始，政府制定的最低价格并没有竞标者。如果要使土地有市场需求，管理者必须调整最低价格并重新尝试投标[②]。

另一个系统为抽奖系统，并没有大规模地应用于以色列，但是却应用于一些非常特殊的项目。这些项目主要是想获得低于市场价格的土地。当使用抽奖系统时，政府土地估价者设定价格。如果价格确实低于市场价格，那就可以假设有很大的需求，这样就可以用抽奖的方式进行分配。这种系统主要用于“发展城镇”（通常在国家的边缘地区），目的在于保留或者吸引收入高于平均水平的家庭。另一个受大众欢迎的项目“建筑自己的家”，是向单一或者双家庭提供有限的土地进行房屋建设（在以色列较少存在）。每个家庭自己参加抽奖、并担当开发商。这种系统主要用于城镇边缘地区，并为现在或将来的居住者提供更多灵活性和获得房地产资产的机会。

另一种以抽奖为基础的项目开始于 90 年代中期，适用于一些实验性质的土地。这个创新的项目称之为“建设自己的公寓”，主要对象为低收入家庭。他们试图通过降低土地的费用向低收入家庭提供获得公寓所有权的机

① 在过去的 20 年间，黎巴嫩的范围问题是主要的矛盾中心，但是自从 2000 年 10 月发生同巴勒斯坦当局的冲突以来，其他地区可能属于这个范畴。

② 最低价格政策长期以来是发展协会和行政管理部门争执的焦点。行政部门认为这是避免开发商违法设定价格的机会。

会。公私共用的土地根据获胜家庭在所有建筑面积所占比例直接以该家庭的名字进行登记。开发商不能通过公寓价格中蕴含的土地价格而获得任何利润。

尽管"建设自己的公寓"项目有对社会有益的方面,但是受到国家总审计长的严重批评,认为这个项目是不公平的,并有可能导致滥用。批评指出补助金的绝对价格在国家不同地区相差很大。在中心地区,补助金制度为幸运的家庭提供了一笔意外的横财,而在边远地区,这笔钱的价值对于希望未来能够迁移的租赁家庭并没有多大的帮助。尽管存在批评,抽奖项目还是由政治领导人阶段性地提出,因为他们希望迎合潜在的选民,而且认为这个项目可以在小范围内实行。但是投标系统始终是主要的分配方法。

因为政府一直担心土地的价格会急速上涨而失去控制,所以国家的管理政策就尽可能地释放可用的土地。公有土地租赁系统的批评家认为管理者的实际垄断权造成人为的土地缺乏和价格上涨,而这些问题在土地市场和土地私人所有环境下则不会发生。然而,在以色列特殊的土地背景下,高价格产生的影响程度是不能确定的,也是一个不解之谜。政府的投标系统就像任何一种管理机器一样已经尽可能地在模仿市场交换。

(2) 合同价值的计算方法

现在讨论合同价值本身:土地租金如何计算?租金如何支付?在本书谈及的一些国家里,租金的主要部分都是阶段性征收的,通常是以年为周期、按地租的方式缴纳。以前,以色列也采用同样的方法。但是随着历史的发展,城市租金系统(与农村租金系统相区别)逐渐要求承租人事先一次性支付合同的全部价值。

直到20世纪50年代,必须在合同签订时按合同总金额的40%付清折旧率。后来,50年代到60年代,预付的部分高达80%。因此每年的租金就很少而且微不足道。每年处理成千上万合同租金的管理费用就很高。土地管理的无效性以及给承租人带来的麻烦成为公共舆论攻击的焦点。

70年代后期,以色列土地委员会制定新的城市居住合同,要求承租人预付合同有效期内所有的租金。这种形式的合同也称之为折扣合同,因为租金是未来的租金,在现在付清就需要折扣成现在的价值。正如前面提到的，这种形式的合同免除了合同续签的费用。另外，一次性支付的形式还有其他的好处，将在下文提到。

80 年代开始的一次性支付的政策运用范围不断扩大，逐渐包括了几乎所有类型的新城市合同。对于现存的合同其管理目的就是鼓励承租人将这些合同转变成新形式的合同。当承租人因为其他事物到管理办公室，例如将合同转让给其他人，或者获得其他开发权的批准时，管理人员总会劝说承租人将合同转变为新形式的合同。政府管理部门不断以降低租金的方式吸引承租人。降低租金是有时间期限的，但是经验告诉我们这种行为经常重复发生。

作者认为一次性付款系统是以色列城市租赁合同最重要的特征。但是，与以色列其他主要土地政策决定一样，将租赁合同从阶段性支付租金方式转变为一次性支付方式并没有引起公众的不满。这个决定极大地加快了公有土地准私有化的过程。为了评价这个变化带来的影响，读者应该对一次性付款方式的计算方法有所了解。

为了计算一次性折扣付款，管理部门采用了两个人为的数字：一个是每年租金比率(5%)，另一个是每年的折扣率(5%)。尽管以色列的房地产市场变化无常，其经济和金融市场也是动荡不安，但是这些数字使用了好几年，没有起伏也没有变动。5%的年租金比率是比较高，在一些年份甚至是相当高，比私人租赁市场的租金率还高①。然而，5%的折扣率通常比市场折扣率低很多。这两个数字是计算大部分土地合同租赁费用的基础，而且不考虑不同土地租金价值在不同地区和不同时间的差异。地租率的变化在合同期限内并不是一个政策工具。然而，正如我们所关注的，政府经常提出低于正常地租的租金，就是为了吸引承租人将合同转变为一次性支付的合同。政府认为这样可以节省未来的管理费用。

如果在租金公式中代入 5%的折扣率、5%的年租金并且令合同期限为

① 私人租赁市场是非常活跃的，主要是由公共公寓的所有者和长期承租人组成(一些是私人家庭的房子)，他们在私人市场上出租公寓。从方式上来说这些承租人是在转租房子，但是在以色列没有人使用或者意识到这个术语。在公有租赁的城市并不限制公寓出租，并且土地管理部门也不参与管理。

49年，结果为91%。这意味着承租人需要一次性支付91%的土地市场价值。这个土地市场价值是政府估价员根据土地所有权出售给私人个体的情况进行估价的。在70年代这样的估价可能低于市场价格，但是在近几年，政府的估价方法是很实际的，有时候(当市场作用比较微弱时)估价的价格高于市场价格①。作者的直觉是，决策者首先选择了91%这个最适当的数字，“将近100%但还没有到”，接着在91%的附近进行选择，选取了5%作为最容易达到既定的目标。

因此，大部分的以色列城市家庭都要求在合同签订前(除非政府给予一些补助，但是这种情况只限用于少数一些例子)一次性支付土地估计价值的91%。这对于大部分家庭而言都是沉重的负担，因为以色列土地的平均价值比大部分发达国家都高，但是平均工资低于大部分发达国家。中等公寓的价格一般在$25 000～$60 000(在特拉维夫市中心以外)，建筑价格大概是$100 000～$200 000。抵押贷款很昂贵并且通常只能支付部分费用。因此，对于大部分家庭而言，同政府管理者签订合同是他们一生中最大的投资，那么租赁合同就成了家庭主要的资产。

因此，大部分以色列人将租赁合同看成与土地所有权相同也就不足为奇。拥有城市租赁土地的人们通常说他们“拥有”他们的房子或者公寓。这个概念可能导致这种特性(错误的)，土地是公有的，但是他们拥有他们的公寓。他们并没有兴趣知道这块公有土地是国家还是JNF所有的——他们假设土地所有者是土地管理部门。大部分开发商甚至一些房地产新闻人员也没有弄清楚土地租赁的法律情况。如果他们知道承租人一次性支付租赁合同现值的91%，他们可能会说承租人“拥有91%的土地所有权，而土地管理部门拥有9%的土地所有权”。当然，这种解释容易造成混乱，也没有政治经济上的意义。

政府管理部门通过要求承租人一次性支付部分而不是所有权的完整市

---

① 读者可能会觉得奇怪，在一个93%的土地归国家所有的地方是否存在房地产市场价格。答案是肯定的，在发达地区确实存在房地产市场价格，因为私人土地占到城市面积的很大一部分，而且在公有土地租赁中也有私人市场。通过出售转让是不限制市场价格的。正如大家所将看到的，这些将和私人所有权土地的价格一致。

场价值是为了获得怎样的财产权利呢？承租人支付了这些款项后，他们的财产权是不是也是有前提条件、并且是限制性的？这些问题的答案将会在后文进行讨论，每个问题都涉及相关的财产权利，这里将会逐一进行讨论。同时，这些权利也会影响长期的土地租赁合同。但是首先，我们要先解释公有租赁系统和土地使用规划控制之间的关系。

5. 土地使用权利和规划控制

通常可以从土地政策的文献中找到保持公有土地租赁的合理理由，主要是控制土地使用的能力。理论上，公有土地所有者可以在合同中加入一些条款，增加或代替通常的土地使用规划条款。

以色列对于占绝大多数的公有土地所有权而言，土地所有权系统与土地规划系统之间的管理是主要问题。政府内阁和土地委员会早期决定以色列公有租赁系统（在城市范围内）不应该是控制土地使用规划的工具。实际上，在租赁系统和规划控制之间存在一个明确的政策以明确二者之间的关系。在 1965 年的决定中，土地委员会制定了一个政策指导方针，即土地必须在法定土地使用规划制定好后方可用于开发。

50 年代到 60 年代正是以色列的发展时期，土地管理部门将大面积的土地转让给住房提供部门、公共工程部门和其他各种基础设施机构。这些机构建设了许多新城镇和现代基础设施。那时候，土地管理部门并不是很积极地参与开发，他们的作用主要是将土地分配给其他政府机构和私人开发商。

1965 年《规划和建设法》制定之前，所有的政府机构都不需要提交土地使用计划以进行法律审批并获得建筑许可。1965 年《规划和建设法》制定了新的制度。所有的政府机构，包括土地管理部门在法律面前和私人开发商是平等的，他们的土地使用和开发计划必须获得法定的规划和建筑控制机构的许可。

然而，政府管理部门仍然比私人开发商具有优势，因为他们一般是一些主要法律机构的成员，例如六区规划委员会和国家规划部。直到 1995 年以前，这个成员关系才比较松散，因为土地管理部门由其他部门直接管理（农业部，继而是住房部接着是公共基础设施）。1995年《规划和建筑法》的修订（修订43）赋予管理部门以独立的成员资格，因此正式在法律中明确了这个优势。

然而，自从80年代甚至是快速发展的1990年，管理部门逐渐改变政策并假设自己有规划和开发的权力。现在，他们负责为半数的公有土地住房（大部分是按照市场价格）、城市再开发投标者、建设自己的房屋项目以及工业区制定发展规划（Alterman，2001b）。

具有讽刺意味的是，1995年法律赋予土地管理部门在区域委员独立的成员资格的具体生效时间为在高等法院降低他们的法律地位使他们和任何私人团体一样的决定生效之后，尽管他们在规划委员会有成员资格①。高等法院规定土地管理部门的代表将视为存在潜在的利益矛盾，如果他们提出的规划适合于公有土地，他们也不能参与重要的规划决策过程。当时国家面临大规模从前苏联（后来的后苏联国家）迁来的移民，这个决定有重要的意义。高等法院讨论的这个问题在危机时期成为特殊法律的一个部分。其目的主要是为了赋予中央政府特殊的权力（完整的法律分析见 Alterman，2000）。

法庭的这个决定激发了管理部门原有的不满情绪，并通过媒体和许多公众和志愿团体表现出来。不满的关键是认为管理部门不再为公众利益服务、而是为了自身利益驱使。从国库获得收入（扣除费用后）的财政部监督土地管理部门的收益情况。

土地管理部门在制定规划和发展计划上的“人格分裂”表现在实施无计划的土地投标（LTWP）方法。这个方法在90年代中期小规模地使用，充满了戏剧性。长期以来他们制定的计划都受到来自法律规划机构审核的阻碍，因此土地管理部门决定寻找其他方式获得规划许可。基本想法是将管理部门提出的大面积可用于开发的土地以特殊投标的方式提供给私人开发商。在通常的程序下，投标的价格将根据法律通过的土地使用规划，也就是

① HC 3480/1991 *Uri Bregman v the Housing construction Commission*, *Tel Aviv*, *Piskei Din* 47 (3), 716.

说,土地使用的地点和可以开发的密度都需要明确规定。在 LTWP 方法下,根据合同,获胜者必须参照以下两个标准选出:所有土地的规划和城市概念必须由竞争者提出;如果获得规划许可,根据按照事先规定的土地比例的 25%缴纳获得租赁权利的费用。一旦土地使用规划通过审核,开发商可以获得属于他们那部分的土地,并以市场价格出售用于建设的土地。

管理部门采用这种有特殊技术成分的政策的原因是私人开发商可能更"饥渴"(华尔街的行话)地希望所作的规划通过审查,从而能够更有效地通过法律程序制定开发计划。然而,以色列国家总审计长在 1999 年的报告中批评这个系统的做法,认为他们不顾公共规划目标而只为了照顾私人开发商的利益。审计长指出这个系统会对法律规划部门产生不合理的压力,他们会觉得有义务通过私人开发商提出的计划并且压力很大,因为他们是公共投标的获胜者,并受到主要政府机构的支持。环境部门和绿色组织参与了这场讨论,指出证据说明这种系统导致了农场的转变。尽管 LTWP 真正实行的数目很少,但是这种做法始终没有消失。2002 年,管理部门决定重新实行 LTWP,这次是针对更小范围的和少量的房屋和公寓。既然已经讨论了土地使用规划系统,现在再重新研究财产权和租赁权。

6. 开发权利

租赁合同通常规定合同只适用于规划制度下的开发权利。但是根据《规划和建筑法》,承租人总是至少有部分权利,例如向法定规划机构递交修改现存法定规划的权利,或者要求建筑许可,用于实施市政府通过修改计划所赋予的新开发权利。直到 1996 年,规划当局不再考虑承租人制定的规划,除非土地管理部门在计划书下以土地所有者的身份签字。1996 年有关《规划和建筑法》的 43 号修改案,将承租人的地位与所有权人的地位等同起来,并授予任何"与土地利益有关"的人以同等的递交修改和转变现有规划的权利。

因此,从 1996 年开始土地管理部门早期的预警系统功能消失。以前这套系统之所以能发挥作用是因为承租人需要在得到土地管理部门的允许之后才可以向规划局提出修改计划。因此,土地管理部门必须独立开发信息系统，并逐渐习惯依据作为当地或者区域规划委员会代表的身份，在递交得计划获得通过之前采用其他相关的计划。这样，土地管理委员会就可以研究这些政策是不是有负面作用，如果有的话就像其他土地利益获得者一样向规划当局递交相反的计划。

尽管承租人有权要求修改法定规划(例如，根据合同条款改变发展权利)，但承租人没有经过土地管理部门的许可不能实施这些权利。除非有特殊的理由，然而这种情况很少，因为管理部门很少拒绝实施新开发权利。他们将这些申请看成是增加收入的一种方式(后面将会讨论到)。许多人认为向土地管理部门申请重新规划或者修改计划是不必要的官僚主义的争吵。最近土地委员会也在考虑放宽这项管理的规定。如果获得通过，这将会是准私有化过程的又一大进步。

从《规划和建筑法》财政的角度上看，承租人也有独立的地位。根据法律，土地所有者有权因为附近土地的重新划分使用而造成的使用密度减小或外在影响而导致土地价值下降向当地规划委员会要求赔偿[①]。承租人有独立的权利要求这些赔偿，而不是利用一般的赔偿权利(指与世界其他国家相比非常一般的权利)。如果获得赔偿，承租人将是法律接受者！

在快速发展的以色列，使用密度通常是上涨而不是减小。有很多案例要求将土地用于更有益的方面或者提高土地的密度。与赔偿权利类似的是，以色列法律授予(而不是要求)法定当局以征收改良费的权力，通常由长期承租人支付这笔费用(见纳税义务部分)。

7. 转让权利

以色列租赁系统能够维持的原因在于，尽管土地租赁大规模存在，但其成功与市场经济和社会结构是并存的。它成功的主要因素是在将城市租赁合同按照市场价值(在任何时间)转让给其他(几乎是任何)人时不受限制。承租人通常可以在任何时间出售、继承、出租或者按照他们的意愿馈赠给任

---

① 以色列对于面积缩小的补偿系统独特而有趣，并不属于土地租赁范围(Alterman and Naim，1992)。

何人①。对于大部分城市土地的交易,合同完全是流动的。因此,尽管大部分房地产在以色列以租赁形式存在,房地产市场依旧非常活跃并且占 GDP 的 12%。

当然,也有一小部分的租赁合同转让是官僚主义的行为。因为合同规定管理部门必须赞成合同转让,出租者必须获得土地管理部门的同意。在大多数情况下,土地管理部门都是自动表示赞成的,土地管理部门对小部分合同的干预显然不会影响市场。

租赁合同从一个承租者手中转移到另一个承租人手中要得到土地管理部门允许,这个规定在以色列人和阿拉伯人之间寻求平等权利方面确实造成问题。这里需要首先区分国家所有的土地和 JNF 所有的土地。

关于国家所有的土地——大部分是土地管理部门持有——对于犹太人或者阿拉伯人在法律上并没有区别,因此土地管理部门在同意合同转让的问题上应该没有种族区别。然而,即便是国家所有的土地,与其他管理权利一样,获得转让批准都存在种族歧视问题(Kedar,1996;Yiftachel,1992)。这样的歧视不仅在城市范围逐步弱化,而且在"社区协会"附近地区都被认为不合法。2000 年高等法院的革命性决定中,法院规定城市远郊的一个社区卡提则(Katzir),不能排除阿拉伯—以色列家庭(Qaadan)获得政府土地合同并修建房屋的合法权利(Kedar,2000)②。在法庭决定之前,越来越多住在城镇的阿拉伯市民在公开市场上从犹太承租人手中购买住房和公寓,因此许多阿拉伯人居住或者工作在国家所有的土地上。现在的研究表明,土地管理部门将越来越多的国家土地安排给阿拉伯人,以满足他们发展阿拉伯城镇和村庄的需求。

相反地,对于 JNF 土地而言,能否申请转让许可是对以色列犹太人和阿拉伯人的区别对待的表现(Weisman,1980)。1960 年曾经发生过 JNF 与

---

① 很少有土地价格中包括特殊补贴的例子,在承租人不需要因为平衡补贴而补偿管理部门并出售租赁合同之前有一定的最短期限要求。然而,通过土地附加物而补贴居民的项目案例是很少的。

② H. C. 6689/95 *Qadan v the Israel Lands Administration*, *Katzir et al*.(有关法庭的判决的实施和公布,参见赫布鲁(Hebrew);有关非官方英语的总结,参见 http://csf.corolado.edu/forums/lipes/2002/msg00516.html。)

国家签订和约时要求JNF的土地不能转让给非犹太人家庭或者商人的事例。因此出于历史原因，这类土地的转让数目比国家所有的土地少很多。JNF的土地集中在有限和特殊的地区。然而，歧视的例子还是时有发生，例如阿拉伯家庭希望购买犹太人城镇中的JNF土地。在这种情况下，土地管理部门通常会尽力寻找一些独创的方法解决特殊的、局部化的问题。他们有时候交换国家和JNF之间的土地，因此可以消除和约的限制。随着以色列的阿拉伯人口的社会活动力增强和以色列城市种族混合程度的增加，这类问题愈发变得尖锐起来，并要求有一套通用的政策措施来解决问题。

高等法院有重大意义的决定使人们对国家所有土地和JNF土地之间的区别的合宪性产生了疑问。尽管高等法院关心的是国家所有土地而非JNF土地，但是这是即将产生法庭纠纷的信号。希望不久的将来，有人会向法庭提出请求，要求对JNF的土地也提出他们的看法。高等法院很可能要求土地管理部门和其他以色列官方机构一样，受管理法规和宪法的规定的限制，消除种族歧视，但是这种做法就忽略了依据和约他们应该履行的义务。可以猜测到土地管理部门的法律专家们已经在运用这些新的(假设的)法律教条，并指导他们的工作人员避免种族歧视(例如，更系统化地进行土地交换)。据估计这样的法律条款会导致JNF内部的人要求JNF推出和约并恢复他们对土地的管理权。

8. 市场权利

机关管理部门通常会授予合同转让权，但是他们也会利用这个机会征收部分土地价值增加的费用。以色列的基本规定是获得土地自然增值产生的利润的市场权利部分归承租人，部分归土地管理部门。合同允许土地管理部门在两种情况下获得土地价值的增值。第一种是以出售或馈赠的形式转让土地(以色列对房地产没有征收遗产税，最近引进遗产税的尝试失败)。这种税收的费用称之为同意费。第二种是有关额外开发权利的实施，并称之允许费。

土地管理部门允许承租人出售或者馈赠他们的土地租赁合同时要征收同意费。土地管理部门有权获得土地自然增值的40%，这个增值是与最初的购买价值相比较的(并调整了通货膨胀率)。同意费是根据未付的合同费用计算的。也就是说,如果承租人预付了所有的合同费用,就不必缴纳同意费。如果预付了80%的费用,那么承租人只需要支付20%的额外价值费。

通常出租人保留获得全部土地增值的权利。然而,这个理论在以色列大规模的租赁系统中是不存在的。管理部门没有理由要求承租人同时支付合同预付金和同意费。原因是支付预付金(正如我们所了解的,它与所有权市场下的价值很接近)的承租人不应该被要求支付比土地私人所有者高的土地增值费用。如果存在同意费,租赁土地实际上比私人所有土地更昂贵,并且因为大规模的公有土地租赁系统,这会人为地造成原本已经很高的房地产价格变得更高[①]。从另一个角度看这个问题,人们也可以说因为土地管理部门——和财政部——主要鼓励一次性预付合同费用而非传统的缴纳年租金,出租者放弃了获得土地增值的权利。

这并不是全部。以色列有着非常严格——可能是世界上最严格的——土地增值的纳税制度(Alterman,1982)。出于其他三种征收增值税的原因,土地管理部门不会也不能放弃他们的权利,即便是承租人预付了所有的费用。其中包括土地管理部门实施的一种征税方式(允许费)和另外两种国家范围的征税方式,运用于私有和租赁的土地——改良税和增值税。

允许费是土地管理部门征收的,主要是当承租人要求管理部门授予额外的开发权利。这种权利在合同签订时并没有提到。在2002年10月前允许费是50%,后来从表面上看降低到31%(但是正如下文将解释的,在许多情况下实际上并没有减少)。管理部门将这种费用应用于所有形式的城市租赁合同,即便是预付合同也没有例外。当同意费和允许费同时发生时,土地管理部门将会舍弃费用比较少的那种而采用费用较多的方法,因此承租人不需要支付两种费用的总和,但是他们将会支付多于其中一种的费用。

与同意费不同的是,即使是对于预先支付所有费用的合同而言,允许费也不可能在近期消失。然而,一些土地委员会的协商谈判暗示有废除这种

---

① 显然,在以色列租赁系统判断哪个是市场价格、哪个是因为附加承租人收费而人为造成的土地价值上升是很困难的。特别是在消费者没有选择的地区尤为困难,因为那里没有有效的私人土地进行比较。但是,因为这个国家很小,人们可以假设存在地区间的价格比较系统。

费用作为一种激励机制的可能，其目的在于控制开发的时间（在后面将会讨论到）。住房供给部门也要求对于城市再开发项目废除允许费，但是土地管理部门和财政部到现在都还是不同意这项要求。

还有另外两种以土地增值为基础的税种适用于所有的土地（除非例外）。第一种称之为改良费，由《规划和建筑法》规定征收 50％由于修改计划、变更计划、使用目的不一致而产生的增值，由当地规划当局征收（但是对于低收入地区和其他一些情况例外）。许多合同所有人必须向土地管理部门支付允许费，并向当地规划局缴纳改良费。直到 2002 年 10 月，土地管理部门从总增值中抵消两种费用中较低的一个。后来这个政策被废除了，但是改良费也降到 31％。因此，不论新旧政策，承租人缴纳的费用明显高于 50％。

另外，财产权所有者还需要缴纳国家增值税，占房地产的 50％。增值税适用于租赁土地和私人所有的土地。法律规定如果合同续签了好几代，应该由承租人缴纳而不是出租者。然而，家庭很少缴纳这种税，因为出售或者继承住房每四年都免除纳税，大部分的家庭住房转让都满足这个免税条款[①]。

土地政策学者制定公有土地租赁制度的最普遍的原因是他们可以——或者应该——使公共机构能够比私人土地获得更多的土地自然增值的利润。根据这个原因，以色列的租赁系统确实很好地做到了这点：尽管以色列的私人土地所有者按照国际比较条款缴纳较重的税（Alterman，1982），但是公共承租人比他们缴纳更多一层的费用。

预付合同的承租人支付与私人土地所有者几乎一样的合同费用的事实动摇了人们关于公有土地租赁系统合理性的理解，甚至带有反作用。在一些以色列承租人的眼中（那些了解额外收费的人），以色列租赁系统的荒谬在于那些人——不是土地所有者，拥有承租人的财产权利的——比土地私人所有者背负更重的改良或者土地增值的费用。对于决策人，这个问

① 2001 年末增值税是 25％，但是在 2001 年增加的价值仍然占到 50％，因此还需要经过几年大多数消费者才能享受到改革的福利。

题——就像大部分租赁系统的主要问题一样,从来没有成为一个公共问题。

9. 控制开发进度的权利

财产权利还包括了土地所有者决定何时进行土地开发。相反地——控制开发时间——是由负责控制开发的公共机构所决定的,并且通常是无效的。理论上,租赁合同应该为这个长期无法解决的问题提供解决方法。租赁当局可以很容易地在合同中加入条款或者在合同出租前说明如果土地建设或者其他开发没有在规定的时间内完成,要征收罚金或者将合同视为无效。

这种权利并没有通过合同进行很好的管理。长期以来,管理部门使用这种合同控制开发时间的作用很微弱。管理部门试图在租赁合同中引进这些条款以限制那些赢得公有土地投标的开发商在制定开发时间表时的自由。土地委员会引进的主要措施称之为开发合同,开发商必须按照合同的规定执行。这种条款根据开发形式的不同而变化,但是同样有时间限制的条款,即规定开发商必须在规定时期内(通常是三到五年)完成基础设施建设或者建筑(或者两者)。如果开发商不按照这个时间表实施,开发合同就作废,租赁合同就不能签订,土地必须由土地管理部门收回。

时间控制的制裁很难对所有类型的开发商实施:商业、公共或者住房开发商。商业开发者抱怨土地归还的要求是不合理的。财政部与开发商一致认为这种要求会人为地推迟开发的速度并抬高土地价格。最近,土地委员会采取新政策,决定如果开发商遇到财政问题而不能准时进行开发,可以允许他们将合同转让给其他开发商,而不是像前面所说的,将土地归还给土地管理部门。

在建设个人房屋的项目中也发生了类似的问题。随着项目的扩大,管理部门负责的案例也越来越多,私人家庭不能(通常也不方便)将开发时间修订在合同中。因为这些居民也是政府选民,管理部门也不好将土地归还的条款纳入发展合同。最近这些问题也导致政府放松了对开发时间管理的制裁。因此,公有租赁最后一个可能的好处——希望能控制私人开发的进程——也逐渐不能发挥作用。

10. 税收义务

以色列的所有房地产税都是平等地适用于公有租赁合同，并且是承租人的义务而非土地管理部门的义务。在以色列的背景下，土地管理部门的收入直接上缴国库(扣除费用)，土地管理部门从来没有作为地主而交税的责任。因为公有土地租赁系统的规模很大，如果让土地管理部门纳税，其结果只能是一个口袋进，一个口袋出。

以色列的特殊情况(或者是异常的)通过规划和建筑法令中的特殊条款的规定而愈加突出——在这个法令中规定要征收改良费。这个条款碰巧包括了一种少见的规定，表面上看承租人没有交纳全部税收的义务。条款规定土地所有人有义务赔偿承租人由于所有权和租赁权带来的税收差异。然而，土地管理部门的合同忽略了这个问题，直接免除了承租人的义务。因为通常类似土地的所有权和租赁权的市场价格是相差不多的，这个问题从财政上来看并不不明显(作者从来没有在学术或公开论坛上看到这个问题)，然而这个问题值得对法律提出质疑①。

正如前面提到的，以色列极高的土地增值税收平等地运用于私人和租赁的土地增值上②。但是承租人通常还是要交纳额外的费用③。这点与土地租赁原则相反，如果所有承租人都了解这种不正常现象，他们会将这种由于租赁产生的费用视为额外的——并且是不合理的——税收，而不会将其看成是由于土地增值而应该归土地所有者的一部分费用。他们会认为所有这些费用税收都归同一组织——国库(除了由于土地规划而产生的改良费归当地部门所有)。

---

① 公有土地租赁可以视为一种统一的合同适用于所有消费者，消费者没有选择的权利只能同意。政府管理部门就像个垄断者(在这个国家的许多地区，是个完全的垄断者)。承租人是否可以发起集体行动以反对这个规定？当然，问题是在以色列公有土地租赁系统下，同一土地在私人所有权下和租赁权下，在价值上并没有区别。从法律上说，这是不值得的。但是，如果法庭在合同上遭受这一条款的打击，可能用一些相对小金额数目的补偿条款来交换土地管理部门，这样积累起来就是一笔大金额。

② 除非在税收法律上有例外。这些例外是“不管所有权的”并且能够相对平等地用于私人所有土地和租赁土地。

③ 正如上面所提到的，公有出租所要求缴纳的两种费用是法律的附加税。

如果大多数承租人意识到实际上他们需要支付比私人所有者更高的费用,承租人可能会质问为什么私人土地所有者——尽管是少数群体——被税收系统认定比承租人更有优先权。毕竟,承租人与土地所有者相较而言要背负更多的管理和财政负担。但是大部分的承租人,甚至是大部分房地产专家并没有注意到这个不寻常的现象。这些问题就算存在也很少在以色列的议会上作为公共政策问题提出。实际上,税收和费用的区别并不会对消费者的地点选择产生影响。大多数居民和小商人通常不是根据未来的税收选择土地和建筑空地,而是根据现在的地理优势和价格进行选择。

四、结论

以色列公有土地租赁系统正在经历一个转变过程,赋予承租人的财产权实际上越来越类似于土地私人所有权。这种作者称之为表面私有化的趋势几乎缩小了两种类型的所有权之间的所有差距,只留给土地管理部门很小的控制权(但是获得甚至比法定税收系统更多的土地自然增值)。租赁市场与所有权市场非常相似,与价格的表现一样。

为什么会产生这种现象?当租赁系统变得庞大并且被大量使用时,管理系统如果要发挥作用就必须调整它的齿轮。在类比前苏联国家对土地系统进行调整时,由于缺少主要市场系统进行城市和地区建设,对住房和环境造成很大的破坏。租赁系统可能——作为租赁而不是私有权的伪装——只有在私有财产和市场体制的海洋中建立了特殊的使用期限和公共政策的小岛,才可以成为发挥公共政策和规划作用的工具。在这种情况下,租赁系统通过与私有制的平等竞争由公共观点和市场决定其价值,并可以在公共和私人领域提供服务。

以色列的例子说明当租赁系统成为覆盖大部分人口和商业的主要系统时,土地管理干预就成为棘手的问题而无法进行管理,而且有很多的政治麻烦。也就是说,除非土地所有权能与私人所有权相类似,并且市场能自由发挥作用而不受土地管理部门的干预。这就是以色列几十年来大规模公有土地租赁(城市地区)产生的原因,也是为什么这个系统能够运作良好的原因。

保持以色列庞大而沉重的土地管理机构的好处是什么？在他们获得比普遍的以色列税收系统更多的土地增值之外是否达到任何公共政策目标？并且这些好处，如果存在，是否可以弥补臃肿政府所带来的危害？回答这些价值百万美元的问题并不属于本章节讨论的范围，其中一些问题直接或者间接地牵涉到以色列—阿拉伯之间的矛盾。然而，精明的读者可以从这几部分的讨论中获得部分答案[①]。在政治动荡不安的以色列，答案——显然是有争议的——主要决定于读者的地理政治价值和看法。

参考文献

Alexander, Ernest R. 1998. Planning theory in practice: The case of planning Highway 6 in Israel. *Environment and Planning B: Planning and Design* 25:435-445.

Alexander, Ernest R., Rachelle Alterman and Hubert Law Yone. 1983. *Evaluating plan implementation: The national statutory planning system in Israel. Progress in Planning* monograph series 20, Part 2. Oxford: Pergamon Press.

Alterman, Rachelle. 1982. Land value recapture: Design and evaluation of alternative policies. Occasional paper no. 26. Vancouver: Center for Human Settlements, University of British, Columbia.

——. 1988a. Exactions American style: The context for evaluation. In *Private Supply of Public Services: Evaluation of real-estate exactions, linkage and alternative land policies*, Rachelle Alterman, ed. New York: New York University Press.

——. ed. 1988b. *Private supply of public services: Evaluation of real estate exactions, linkage and alternative land policies*. New York: New York University Press.

——. 1990a. *Municipal land policy in Israel: Does it exist?* Haifa: The Klutznick Center for Urban and Regional Studies. Technion-Israel Institute of Technology. In Hebrew.

——. 1990b. From expropriations to agreements: Developer obligations for public services in Israel. *Israel law Review* Autumn, 1990.

——. 1995. Can planning help in time of crisis? The person of decision makers to Israel's wave of mass immigration. *Journal of the American Planning Association*. 61(2): 156-177.

① 研究者们并没有对这个问题进行系统阐述和研究，而且也不作为公共议题来对待。最近，我试图研究类似问题，发表于以色列法律期刊并已被高等法院采用(Alterman，1998)。这里的概述是不可实施的，因为需要本章以后的部分详细阐述规划和公共政策的内容。

——. 1997. *Israel's future land policy*. Policy report in the set of final reports of *Israel 2020: A national plan for Israel in the 21st century*. Haifa: The research and Development Foundation. Technion-Irael Institute of Technology. In Hebrew.

——. 1998. 'Who can retell the exploits of Israel lands'? Assessing the justification for national land ownership in Israel, *Iyunei Mishpat-Tel Aviv University Law Review* 21(3): 535-579. In Hebrew.

——. 2000. Land-use law in the face of a rapid-growth crisis: The case of the mass-immigration to Israel in the 1990s. *Washington University Journal of Law and Policy* 3:773-840.

——. 2001a. National-level planning in democratic countries: A cross-national perspective. In *National urban and regional planning in democratic countries: A comparative perspective*, Rachelle Alterman, ed. London: Liverpool University Press, Town Planning Review book series.

——. 2001b. National-level planning in Israel: Walking the tightrope between centralization and privatization. In *National Urban and regional planning in democratic countries: A comparative perspective*, Rachelle Alterman, ed. London: Liverpool University Press, Town Planning Reiew book series.

——. 2002. *Planning in the face of crisis: Land-use, housing and mass immigration in Israel*. London: Routledge, Cities and Regions Series.

Alterman, Rachelle and Goran Cars, eds. 1991. *Neighborhood regeneration: An international evaluation*. London: Mansell Pubs.

Alterman, Rachelle and Morris Hill. 1986. Land use planning in Israel. In *International handbook on land use planning*, Nicholas N. Patricios, ed., 119-150. New York: Greewood Press.

Alterman, Rahelle and Orli Naim. 1992. *Compensation for decline in land values due to planning controls*. Published jointly: Jerusalem, Land Use Research Institute and; Haifa: the Klutznick Center for Urban and Regional Studies. Technion-Israel Institute of Technology. In Hebrew.

Bonneville, Marc. 1996. Real estate in Russia from socialism to market economy: The case of St. Petersburg. *European Planning Studies* 5(Oct. 4):513-526.

Brutzkus, Eliezer. 1988. The development of planning thought in Israel. *City and Region-Ir Ve'ezor* 18(Nov.):188-198. In Hebrew.

Cohen, Eriç. 1970. *The city in Zionist history*. Jerusalem: Urban Studies series, Hebrew University.

Gordon, David L. A. 1997. *Battery Park City: Politics and planning on the New York waterfront*. Amsterdam: Gordon and Breach publishers.

Haaretz Daily Newspaper. 2002. September 24: C3. In Hebrew.

Israel Central Bureau of Statistics. 2001. *Statistical Abstracts of Israel* 2000. Table 2.1.

——. 1998. *Construction in Israel* 1987. Table 35.

Kalbro, Thomas and Hans Mattsson. 1995. *Urban land and property markets in Sweden*. London: UCL Press.

Kedar, Alexander. 1996. Israeli law and the redemption of Arab land, 1948-1969. Cambridge, MA: Harvard University Law School.

——. 2000. A first step in a difficult and sensitive road: Preliminary observations on *Qaadan v. Katzir*. *Israel Studies Bulletin* Fall:3-11.

Limonov, Lenoid and Vincent Renard, eds. 1995. *Russia: Urban development and emerging property markets*. Paris: Association des Études Foncières (ADEF).

Mazor, Adam. 1993. The land resource in spatial planning. In *Israel* 2020: *A master plan for Israel in the 21st century*, *stage* 1, *vol.* 2. Co-published by the Israel Engineers' and Architects' Association and the Faculty of Architecture and Town Planning, Technion-Israel Institute of Technology. In Hebrew.

Needham, Barrie, Patrick Koenders and Bert Kruijt. 1993. *Urban Land and Property Markers in The Netherlands*. London: UCL Press.

Needham, barrie and Roelof Berhage. 1998. Housing and land in Israel and the Netherlands. *Town Planning Review* 69(1):397-423.

Reiner, Tom and Ann L. Strong. 1995. Formation of Land and housing makers in the Czech Republic. *Journal of the American Planning Association* 61(2):200-209.

Renard, Vincent and Rodrigo Acosta, eds. 1993. Land tenure and property development in Eastern Europe. Paris: Association des Études Foncières(ADEF).

Shachar, Arie. 1993. The national palnning doctrine in Israel. In *Israel 2020*: *A master plan for Israel in the 21st century*. *stage* 1, *vol.* 2. Co-published by the Israel Engineer's and Architect's Association and the Faculty of Architecture and Town Planning, Technion—Israel Institute of Technology. In Hebrew.

Shefer, Gabriel 1996. Society, politics, government and national-level planning in Israel. In *Towards the implementation of the "Israel 2020" plan: National-level planning institutions and decisions in ten countries*. Rachelle Alterman, ed., 195-200. In *Israel 2020*: *A master plan for Israel in the 21st century*, *Phase 3*, *report no. 9*. Co-published by the Israel Engineer's and Architects' Association and the Faculty of Architecture and Town Planning. Technion—Israel Institute of Technology. In Hebrew.

United Nations. 1996. *Demographic yearbook*. New York.

Weisman, J. 1980. Restrictions on the acquisition of land by aliens. *American Journal of Comparative Law* 28:36.

Weisman, Joshua. 1993. *Law of property*: *General part*. The Harry and Michael Sacher Institute for Legislative Research and Comparative Law: The Hebrew University of Jerusalem.

Yiftachel, Oren. 1992. *Planning a mixed region in Israel*: *The political geography of Arab-Jewish relations in the Galilee*. Aldershot, England: Averbury Press.

第二部分

公有土地租赁系统尝试

第六章

乌克兰城市土地私有化使用期限的选择:租赁权的作用*

安·路易斯·斯特朗(Ann Louise Strong)

直到今天租赁权在乌克兰的公有土地使用中仍然起到了举足轻重的作用。2001 年 10 月国会(the Verkhovna Rada)制定了贯彻宪法有关财产权利的土地法令,并由总统库奇马(Kuchma)在同年 11 月签字通过,于 2002 年 1 月正式实施。这是决定未来该如何使用租赁权的关键一步。

乌克兰作为一个独立的国家在选择城市土地使用期限的过程中很大程度地受到过去作为苏联社会主义国家(USSR)成员的影响。在那个时期,

---

* 本章是"Tenure Choices ofr Urban Land Privatization in Ukraine"的缩减和修改。原来的文章是为哈佛国际发展机构(HIID)准备的,并同奥力山大·巴巴宁(Olexander Babanin)博士共同完成。在此要感谢 HIDD 提供为期三个月在乌克兰考察的财政资助。还要感谢多伦多大学印刷厂为我复制地图。有关托马斯·阿特曼(Thomas Atmner)、史蒂文·布拉萨(Steven Bourassa)和康宇雄(Yu-Hung Hong)对这章的评论在对原文修改的基础上提出。这章的信息来自于 1999 年和 2000 年的采访,主要对象有队长路易斯· 法拉(Louis Faoro)和乌克兰非农业土地私有化项目(UKRels)的高级法律顾问贾斯廷·霍尔(Justin Holl)、副市长兼基辅住房部门负责人迈克尔·霍利萨(Michael Holytsia);来自基辅塔拉斯-谢甫琴科大学(Kyiv Taras Shevchenko)的沃洛迪米亚·诺斯科(Volodymyr Nosik)、项目经理瓦伦西亚·利卡(Valentina Legka)、项目副经理派维·斯特林科夫(Pavel Strelnikov)、国际金融公司乌克兰未完成建筑用地私有化部公共关系经理拉瑞士·斯切蒂沃斯卡(Larysa Schidlovs'ka)、乌克兰土地资源国家委员会副会长安东·特里亚克(Anton Tretyak)、土地改革中心主任瓦伦西亚·德鲁克(Valentina Drugak);来自 UKRels 的威塔利·斯蒂普亚克(Vitaly Stepanyuk)、主任安纳托利·邦德(Anatolyi Bondar)、乌克兰土地记录、测量、绘制的首席管理员迈克海洛·切姆辛斯基(Mykhailo Cheremshynsky)、乌克兰土地资源国家委员会的主要律师安纳托利·尤尔车克(Anatoly Yurchenko)等人。

国家所有制处于统治地位。

20世纪90年代，人们开始进行改革，并且开始思考土地和建筑的私人使用及其所包括的内容。接着人们从法律和实际使用角度将私人住房用地和公司用地进行划分。即便是在乌克兰1991年独立前，前者已经通过一种“使用性给予”的方式授予。1990年的土地法令第一次将个人的权利显著扩大，允许出于家庭需要拥有小块土地、乡间别墅、花园或者停车场[①]。接着，在1992年，在“使用性给予”条款规定下持有住房土地的居民，可以选择获得土地的私人所有权。到2000年，包括农村和城市在内的23%的人口，持有“给予使用性”的居住土地，20%的居民持有土地所有权。如果国家有居住土地的租赁权，在公开的报告中都没有反映。

因为土地同依赖劳动力的追求利润机构有关，从意识形态上说与公司建设有关的土地应该需要更多的国家控制。私人企业，包括公寓建筑所有者，首先于1995年授权拥有土地或者拥有49年的租赁权[②]。然而，法律管理企业土地的态度仍然不明朗，尽管实际上这些土地可以被租赁或者出售。并且到2000年，6 000公顷的非耕种土地采用“使用性给予”，其中449公顷的土地出售了所有权，60公顷的土地被租赁。因为户主和企业家不愿意在土地方面进行投资，而1990～2000年GDP下降了2/3，脆弱的经济状况限制了土地使用期限的选择。

本章所讨论的焦点是1991年后期乌克兰国家所采取的措施以及城市土地私有化的过程，租赁权在该过程中所发挥或者将要发挥的作用。法律规定、财政因素和政治预测都发挥了各自的作用。本章分为七个部分。前言；简要介绍从1917年到2000年土地所有权的情况；概述了形成土地私有化的法律结构；产生土地私有化的城市形态；个人和企业在土地私有化过程中关于使用期限的选择；私有化过程中的障碍；对乌克兰现在和将来发展合适的土地使用方式的总结，特别是租赁形式。本章的附录部分记录了1989年和2000年制定的土地使用法律的原则和条款。

---

① 1990年土地法令，#562/90，通过#98/91和#98/92实施。

② 总统颁布的法令，有关非农业耕种土地进行商业活动的私有化和租赁，1995年7月12日。

在一开始需要强调,在使用土地租赁制度方面并没有什么政治上的争论。土地租赁并不是未来土地城市化的管理土地的工具,也不是城市居民进行土地私有化的工具。有关部门租赁权的争论只局限在企业部分。美国国际发展局(USAID)的专家对乌克兰政府在企业土地私有化方面提出的建议是只采取土地私有制。但是乌克兰允许各城市自主选择使用租赁权还是土地私有权。直到 1999 年基辅(Kyiv,俄语 Kiev)是唯一一个只使用租赁权的城市,但是到现在也同时采用两种形式。其他所有的城市都采用土地私有制,并且其中许多也采用了租赁制。

我相信,如果所有参与国家或者地方范围城市私有化过程的人员能够参与到有关土地使用方式对城市化花费和结构影响的讨论中来,这对大家都是有利的。这些参与人员应包括负责实施私有化法律的政府官员、当地政府规划者和私人部门开发者、金融家和经纪人等。这样的讨论有利于面临发展压力的城市外围选择正确的土地政策。这些土地同城市内部面临再开发的土地是不同的。让已经习惯于单方面从时间和特点上控制城市发展的官员预测改变过去做法给私人土地所有权所带来的全新角度和压力是很困难的。从这方面来讲,在达到私人部门的目标后,最重要的是实现公众信息透明化。

一、土地所有权(1917～2000 年)

在过去的几个世纪和本世纪乌克兰都存在私人所有的土地,直到共产主义的到来。过去的做法仍然影响现在对于土地所有权的态度。在 19 世纪末期,大部分乌克兰农民拥有小块土地——超过 85%的农民居住在第聂伯河(Dnipro)的右边(俄语 Dnieper),并且超过 70%的农民居住在河的左岸(图 6—1)。大部分其他土地则在大私人地产者手中。对土地所有权的不同态度是 20 世纪不同派别企图控制乌克兰的矛盾原因之一(这段详细的历史参见 Subtelny,1988)。

1917～1927 年,这 10 年间政府在土地所有权问题上的转型是关键问题。乌克兰从 1918 年到 1920 年间短暂的独立期间充满了动荡、暴力和无

图 6—1　内战期间的马克兰

资料来源:Subtelny,1988(图 22)。

休止的战争。1917 年乌克兰宣布成立自治的左翼国家,包括 9 个东部的省份,后来受到俄罗斯布尔什维克的侵略。1918 年 1 月,乌克兰宣布成为一个独立的国家并且将国内大部分土地国有化。大概一年以后,一个保守的、以德国为后盾的政府控制乌克兰,试图保护私有财产并且将原先属于富人的土地归还给他们。被激怒的农民很快颠覆了这个政权。同时另一个独立的政府又在乌克兰西部成立,他们获得波兰人大块的土地,并分给了农民。后来这两个独立的政府合并,但在 1920 年 11 月,西部被波兰击败,东部被布尔什维克击败。

接着,乌克兰苏联社会主义国家(SSR)成立了。国家面临着经济上的困难和饥荒问题,但是土地在这几年间还是私人所有。1921 年,为了反击乌克兰农民的抵制运动,列宁暂时放弃了农场的集体化,但是在 1928 年作为斯大林第一个五年计划的一部分重新实施。富农制度——比普通农民经济状况好一些的农场主——在乌克兰被废除;一些人被射杀,其他 850 000

人被流放到北极或者西伯利亚地区,很多人就在那里死亡。从乌克兰 SSR 土地角度,1928 年正式开始实施国家所有权,这种状态一直持续到 1991 年乌克兰重新成立。1932 年到 1933 年斯大林引发了乌克兰饥荒,期间有 700 万～800 万人饿死(Mace,1984)。

乌克兰的一些土地在一战后期和二战前期都保持私有状态,其中包括了一些波兰、捷克斯洛伐克和罗马尼亚持有的土地。尽管这些乌克兰人过去对他们的财产拥有所有权,但是在现在的乌克兰,不管在农村还是城市,规划这些所有土地都不是主要的问题。这同许多中欧国家是不同的,其他国家的土地归还问题十分棘手。例如波兰,仍然必须制定归还法律(Strong,Reiner,Szyrmer,1996)。乌克兰不同的状态应该归于几方面的原因。斯大林的政策将所有异教徒转移到不同的地区,他的目的是要建立忠诚于国家而不是忠诚于自己的地区。古拉格(集中营)大屠杀事件和第二次世界大战中杀死了大量的异教徒,并使他们居住得更为分散。同时限制人口的移动也是另一个因素。

从 1990 年起,特别是在 1991 年 8 月 24 日宣布独立之后,乌克兰逐渐开始放弃对不同形式土地的所有权。尽管不是合法的,一些土地由当地政府进行有效管理。耕种土地逐渐从集体手中转移到私人个体手中。市政府开始进行城市居民土地的私有化。到 2000 年 1 月,1 070 万的乌克兰居民拥有他们自己的土地,总面积达到 320 万公顷(图 6—2)。大部分的私人土地是农村土地。然而,只有很少的农村居民有产权证书,因为集体农场主试图管理所有的产权证书。国家通过市政府提供一些企业土地进行租赁或者在拍卖会上出售或者协商出售①。到 2000 年 1 月,超过 1 500 处的土地出售所有权或者租赁给企业主,总额达到 3 160 万乌克兰币(UAH),大概相当于 630 万美元(1999 年秋季的汇率是 UAH 5= US$1)。企业用地面积达到 500 公顷,并且主要由小企业持有,每个企业占有 1 公顷或者更少的土地。

① 总统法令,#168/2000,2000 年 2 月 4 日。

图 6—2　2000 年的乌克兰

资料来源：作者根据材料整理。

二、土地私有化的法律构造

本章主要讨论的一个问题是，“在何种情况下，乌克兰会采用公有土地租赁进行私人使用而不是出售土地?”20 世纪 90 年代乌克兰进行的法律改革主要在土地权利方面展开。这也可以反映于私人利用财产的社会态度的变化。出售所有权，原来仅限于私人个体，也扩展到企业范围并为广泛接受，尽管仍然存在着不同的限制。对于法律允许这种出售的有效性也存在着争议，但是许多市政府都假设这种做法是合法的。因此，现在是公共政策和财政限制而不是法律条款决定土地应该被出售还是被租赁。然而，对于有关法律规定的背景的了解是必要的，这样才能更好地了解城市土地私有化所采取的行为。本章的附录总结了指导和约束城市土地私有化过程的主要法律和制度。该部分描述了在这些法律规定和管理措施之下的主要问题。

在参考已经采用的法律条款时,需要注意到有许多其他的法律被国会拒绝。管理所有权登记、抵押、记录、破产和在国家和当地政府之间分割公有土地所有权的完整的法律并不存在。这些法律是房地产市场系统能够有效运作的关键。

城市土地私有化所处的背景是一个长达60年的系统,在这个系统中私人或者企业的土地所有权是不被看好的。在社会主义国家里,所有的人民拥有国家的所有土地,国家作为一个管理者,以人民的利益之名管理国家的土地。在戈尔巴乔夫进行改革时,前苏联的领导者意识到这种人人所有权最后导致没有任何人拥有土地的状态。在1989年和1991年实施了一些法律,产生了一些形式的土地私人财产权,这些法律影响了后来乌克兰制定的法律。

在乌克兰独立前有三种形式的私人土地使用期限:① 占有,适用于私人使用的农村土地和农场、合作社和机构,这些农村土地可以由私人终身使用并可继承,后者是永久性的;② 使用,主要是针对国家、合作社和社会企业,并且既可以是暂时性的也可以是永久性的;③ 租赁,适用于私人和企业使用。

这种形式的使用制度,从概念上,是与“工作合同”的想法相联系的——是雇主和雇员关系的改革。通过租赁,大合作社或者企业的资产可以细分并分配给半独立、由自己管理的工作群……租金的支付应该要保证能反映土地的“真实”费用和其他财产的投入……(Valletta,1997,61)。

拥有土地所有权和给予使用权是单方面来自于国家的,而租赁是通过国家和承租者之间的协商完成的。在拥有和使用规定下的土地持有者只需支付土地税,而承租者则需支付租金[①]。所有土地的使用都由国家详细规定和管理。没有转让权,国家可以收回所有的权利,如果国家收回土地是用于其他公共使用目的,国家要支付赔偿金,如果土地持有者因为没有按规定使用被授予或者租赁而来的土地时,没收土地不需要支付赔偿金(Valletta,

① 与瓦利塔(Valletta,1997)的描述相反,土地租金和土地税收的内涵是一样的,虽然各自的法律基础不同。

1997）。

从1989年到现在所制定的许多法律规定证明了人们对于私人土地所有权和国家管理土地角色态度的转变。从国家作为全部土地所有者开始，第一步是允许非常有限的小型房屋和相关土地所有权私有化。接着在1991年，乌克兰开始意识到公共和私人所有权在法律面前是平等的。1992年私人这个词被个人替代，因此引出了企业所有的财产权。然而，1992年土地法令明确规定这种土地权利只限于暂时或者永久使用或者租赁。1995年库奇马有更进一步的举措，提出了一个法令，允许国家出售并且租赁企业土地，并且允许购买者或者承租者再出售、赠与或者抵押这种土地，或者转租租赁的土地。国会拒绝将这种修正写入土地法令。1996年宪法规定企业和个人以及其他财产权是被保护的。然而，对于授予企业何种形式的土地使用权利仍然不明确。

广泛赋予的土地使用期限是国家土地私有化准备就绪的表现，同土地私有制和土地租赁权相比较而言，尽管国家仍然控制大部分土地权利。国家在条款上给予了土地使用的权利，至少在概念上赋予了土地使用权，但是相对于土地私有制或者租赁制来说更有撤回权利的空间。然而，权利授予者和土地私人所有者支付相同的税收。自从1992年起，使用权赠与成为私人住宅和花园持有者的桥梁。所有这些人拥有土地的私有权，并且他们可以接着出售土地，只要出售价值不偏离正常价值。1999年，个人私有土地的最大面积增加到两公顷。

土地税收和土地租金仍然是两种不同形式的平行收费方式。1992年和1996年颁布的法律规定土地租金不能低于土地税收，也就是暗示了租金必须比较高，尽管没有证据说明它是否比较高。两种不同的收费存在同一个账户下，并且在统计账户时，对二者并没有区别。在1996年的宪法里，30％的土地税收和租金归国家所有，10％归各州和克里米亚自治共和国所有，剩下的60％归当地政府。

2000年2月总统颁布一项醒目、公正且有远见的法令①。有关住房用

---

① 总统法令，＃168/2000，2000年2月4日。

地市场的发展和规划的法令和其他非农业用地土地的法令，奠定了建立法制、经济和有组织的大环境的基础，使城市土地市场能够在“有效和理智的使用土地的背景下，促进乌克兰城市化发展和社会经济环境的进步”。这个法令承认城市土地私有化并没有如同预计的那样迅速发展，主要是受到部门有效投资和市政府获得私人土地持有者的收入有限的影响。法令也意识到所面临的困难主要是不能充分发挥立法的作用：

> 在乌克兰……有效发挥市场机制的条件（土地交换、土地银行、土地拍卖，等等），应该能够促进土地二级市场发展和功能的完善。但是这样的条件并没有形成，有关土地的明确信息、土地价值和它们的市场发展历史（有关土地长期市场价值的信息）以及他们使用的限制也是缺乏的，并且有关促进税收支付和积累的机制也不完善……实行专业价值评估的组织……还远远没有达到要求。初步建设条款的批准过程，……项目文件的批准和建筑的许可……仍是很棘手的问题。

这项法令描述了市场机制有效发挥作用的蓝图，并要求将生态问题考虑到理智进行土地使用的问题中来。在第 32 条特定要求的任务中：开展国家土地登记作为国家土地地籍簿的一部分；制定一套土地估价系统；制定由国家管理的专业估价许可；并设定一套系统便于潜在投资者获得土地权利的有关信息，了解土地使用的相关限制。

三、城市背景

乌克兰城市土地私有化过程与城市人口背景、土地有关部门的能力、国家和当地政府职权关系等问题交织发展。

城市人口

在未来 10 年内为了满足城市扩张的需要，还需要多少土地？城市在其范围内有足够的土地吗？或者城市合并成为一种必然的趋势？影响扩张的因素包括：由于人口从农村向城市流动而造成的城市人口发展和人口出生率的上升；家庭成员和规模的改变；对低密度家庭的偏好；可使用收入的增加。

(1) 人口变化

乌克兰总人口在过去10年中下降了3.8%，从1989年的5 150万下降到2000年初的4 960万。人口赤字在1999年达到峰值，几乎达到400 000人。美国统计局(1997)估计到2020年乌克兰人口为4 440万。从1995年起，出生率为1.3%。

无论是迁出还是迁入，移民从来都不是乌克兰人口的一个持续影响因素。1991～1997年有200万人移民到乌克兰，有190万人口离开乌克兰。然而，从1994年起移出的人口超过移入的人口，到1999年达到45 000人。

居住在城市范围的人口比率(定义为人口普查时具有城市特点、居民人口至少为5 000人的城镇和城市)最近几乎保持不变——1989年的67%和1998年的68%。60岁和大于60岁的老年人口比率，城市低于农村，1997年分别为15.9%和24.9%。如果乌克兰的发展趋势同全球趋势相一致，人口会从农村向城市流动，就需要更进一步发展城市。

(2) 城市人口规模

城市定义为至少有或者超过10 000人口的城市，其中至少有60%的人口从事非农业生产工作。到2000年1月为止，共有448个城市，其中大部分城市的人口在10 000人和50 000人之间；但是大部分人口居住在人口超过100 000人的城市中。其中5个城市——第聂伯罗彼得罗夫斯克(Dnipropertrovsk)、顿涅茨克(Donetsk)、基辅(Kyiv)、敖德萨(Odessa)和哈尔科夫(Kharkiv)——的人口超过100万。首都基辅仍然是最大的城市，拥有260万人口。

基辅的主设计师瑟奇·巴布施津(Sergey Babushkin)预计，到2005年该城市人口会达到300万。他相信现在城市范围外30～35公里的土地将会被用来满足城市发展的需要。其他一些学者相信能够在现有的范围内满足未来新发展的需要。

(3) 城市范围和密度

到 1938 年,乌克兰 3.9%的土地被定义为城市。共有 130 万公顷的土地在城市范围内,另外 570 万公顷的土地在城镇和村庄范围。然而,其中 360 万公顷的土地用于农业耕种。一些在城市中心附近的集体农场被鼓励为城市工作者发展低密度的单一家庭住房。

基辅的城市密度是每平方公里 3 000 人。城市密度随着住房形式的改变而改变:位于城乡结合部的低密度、老式房屋;19 世纪末到第二次世界大战时期的混合现代风格房屋;高层高密度的房屋,是典型的战后苏联和东欧建筑。基辅 50%的人口居住在最后这种建筑里,800 000 人居住在城市附近的主要的 3 个城镇,剩下的每个城镇人口都超过 100 000 人。

(4) 政府结构和城市功能

乌克兰的政府由国家、克里米亚自治共和国、24 个州(地区)、486 个地方县、448 个城市、894 个城镇和 28 700 个村庄组成。许多村庄只有 50～100 人的老年居民,据估计这类村庄会逐渐衰落并最终消失。

(5) 国家和地方政府结构

乌克兰由总统、总理和 450 个人组成的单一国会统治。库奇马在 1999 年 11 月的总统竞选中战胜共和党竞争对手并当选总统。2002 年 3 月的国会选举产生了一些改变。共和党在国会中占多数席位。现在,共和党的比率已经下降到 20%,但是左翼三个团体仍然占了 51%的席位,右翼只占 49%的席位。左翼的强大势力对反对自由市场、包括土地自由市场法律的通过产生影响。1996 年宪法规定形成立法、执行和司法三权分立的政府。

除了宪法之外,法律和决议也由国会颁布,总统也可以制定部分法律,但是内阁或者大臣委员会所关心的问题并不在法律所考虑的范围之内。总统制定的法律必须先以草稿的形式上交国会进行审核。如果国会在 30 天内没有通过有关同一问题的法律,或者不能以 2/3 的优势否定总统的法令,那么这项法令就能正式生效。

不同等级的法庭有不同的司法权,高等法院是法院的最高等级。宪法法庭是宪法争议的最终裁决人。一共有 18 位法官,每位法官的任期是 9

年。法官由国会、总统和议会提名产生。法庭对于乌克兰而言有特殊的意义，因为法律是在1996年前颁布的，其中包括了许多财产权的管理办法，这些条款经常会同宪法条款相抵触。

地区会选举产生委员会，委员会的权利由国家法律规定授予。城市由选举产生的市长和委员会管理的。城市可以选择设定不同的区，每个区可以推选并产生各自的委员会。例如，基辅有14个区。

（6）土地相关的权利和城市的义务

城市和乡镇委员会可以制定以下同土地相关的法律：土地使用规定；土地税收比例；自然资源使用权；划定自然、历史或者文化保护区；批准建设项目。

城市土地使用规划诞生于1992年的城市发展法，其后又通过一些不同的法令不断充实和扩大。正如在前苏联时期，城市规划是一个严密的过程，通常从国家开始然后发展到城市的不同区域。通常城市规划伴随着许多特定的计划。例如，要展示建筑蓝图以及前景和目标。对于人口超过100万的城市，法令要求事先说明有多少人要居住在高层建筑中，并且要公布这些建筑的楼层数。

城市有分区的法令，尽管按照惯例许多国家也有分区法令，但是乌克兰的法令更类似于发展计划，通常分为居民使用和非居民使用两种。

希望进行土地开发的开发商需要获得建筑许可。这是一个复杂、费时的过程；在基辅通常需要一年的时间。在最后城市发展委员会通过开发计划后，开发商一共要获得20个土地预选和授权书。城市发展委员会是由六位城市主要建筑师所代表的组织。这个过程通常也伴随着腐败和贿赂。城市也有自己的土地记载记录但是这些系统已经过时并且也没有得到充分的维护。

分配土地是实施城市发展政策的有效工具。乌克兰国家土地资源委员会以及当地管理单位负责土地私有化的实施。这包括决定什么样的土地在什么样的条款下可以出售。尽管1996年当地政府法令授予市政府权利出售城市土地，但是他们当时并不拥有土地。在市政府范围内将土地所有权从国家手中转移到市政府手中的法令在1999年9月被国会废除。

但是事实是如果国家愿意,国家能有效地将管理、出售和赠与的权利转让给市政府。企业的土地可以通过租赁或者所有权授予的形式通过拍卖或者协商的形式出售。协商出售土地的价格不能低于该地区的正常价格或者是土地的鉴定价格,除非获得国家的允许。市政府可以高价出售土地,但这种情况很少出现。

城市土地合并只有在获得国会允许的情况下才能进行。基辅计划合并北部的 36 个村庄,也同当地政府协商了好几年,接着还将新范围的计划上交国会进行审批。

(7) 城市土地收入

公有土地出售或者租赁的收入由出售者、国家或者市政府获得①。未完工建筑土地的出售或租赁的收入是例外。这项收入归土地所在市政府②。到 2000 年,国家实现的这些收入中 93%归入国家统一基金,7%归入国家私有化基金作为土地管理费用。也是到 2000 年,当地土地收入中的 90%归当地预算,10%归私有化基金③。

私人所有的土地和私人使用的土地要上缴土地税。在许多城市,作为假定的租金同意设定这项税收的基础。1999 年总统内阁通过法令要求城市使用专业的评定方式设定税收的基础。随着越来越多的市场交易的发生和随之而来的土地价格和地点的信息的集中,将会有助于这种估价系统的发展。土地税收对于当地预算是很重要的,在 1998 年占到当地收入的 8.5%,但是只占国家收入的 3.9%。

然而,完整的土地税收法令并不存在。国会先后讨论过许多不同的草案,但是没有一个被采用。国家工业和农业机构反对这些提议,因为一旦法案获准通过他们就要纳税。

---

① 法令#32/99,非农业土地出售法,于 2000 年 3 月 9 日被修改。

② 法令#591/99,未完工建筑土地私有化法。

③ 2000 年国家预算,第 5 和第 41 条。

四、城市土地私有化

1991 年乌克兰独立时，尽管私人拥有一些土地的使用、占有和租赁的权利，城市土地从本质上说是国家所有的。正如前面所叙述的，直到 2000 年 1 月，根据总统内阁在 1992 法令私人土地所有权的规定下，赋予 1 070 万人，大概 20%的人口拥有 320 万公顷土地的所有权。尽管数据并不是很完整，但是这些拥有土地的人大多数来自于集体农场。然而，只有极少数的农场居民被授予土地所有权的证书，因此市场销售性很有限。另外 1 130 万的人口拥有土地的使用权。这些土地包括城市和农村的土地。

到 2000 年 1 月，根据总统 1995 年法令，出于商业活动原因出租或者将非农场土地私有化，同时根据加油站土地和未完成的建筑用地私有化法令，企业获得超过 1500 处土地的所有权或租赁权，占地 500 公顷，价值为 3 160 万乌克兰币，或者，根据乌克兰非农业用地私有化项目（UKRels）的数据，超过 4 500 万乌克兰币。另外，大概 22 000 处土地、总面积为 6 000 公顷的土地被授予使用权。

1. 住房和居住土地的私有化

城市居住土地私有化过程是在住房私有化的环境下产生的。首先，公寓居住者在完成支付租金和水电费的义务下，可以获得永久性的使用权。接着，租户被授予申请获得这些公寓所有权的机会。

1990 年，国家房屋储备总数为 9.22 亿平方米；其中，53%为私人占有，剩下的 47%属于国家、集体或者住房建筑公司所有。城市住房储备总数为 5.74 亿平方米，其中只有 31%为私人所有。到 1999 年，57%的城市住房为私人所有。

住房私有化过程始于 1993 年初。该项目的目标是到 1999 年末完成 710 万套公寓和单一家庭建筑的私有化，或者每年大概完成 100 万套公寓的私有化任务。这些公寓来自于城市、农村和社会住房储备，其中 93%来自于城市。居住者拥有公寓的使用权。在项目开始的头两年，项目的结果同计划一致。然而，1995～1999年私有化的速度减慢，平均每年只有500 000套公寓完成私有化。国会将所有权私有化的截止日期从2000年1月1日延长至2000年12月31日。

同时，根据1992年土地私有化的法令，城市将土地所有权转让给拥有土地使用权的私有个体而不需要支付任何管理费用。这些土地包括围绕单一房屋周围的土地、郊外的别墅、花园和停车场的土地。这个项目原本到2000年1月1日过期，但后来延期到2004年1月1日。

基辅可利用的土地有51 000处。假设每家有3口人，人口数为153 000、占城市人口的6%的人能从土地私有化过程中获益。到目前为止，已经有1/3的土地完成私有化。

2. 企业土地私有化

企业土地的私有化是与企业本身的私有化同时进行的。国家财产基金负责企业结构的出售。1992～1999年基金组织完成53 000个企业组织的私有化。乌克兰土地资源国家委员会负责企业土地的私有化进程。

委员会早期是冒着风险单独出售租赁权的。主要出于社会主义信仰，1992年土地法令第四条认为公有土地不应该出售给从事资本投机的个体。从1995年开始，根据总统提出的商业活动目的私有化和租赁非农业土地的法令，一些城市提供土地出售给私人企业主，接着这种行为越来越被广泛使用。班克罗夫特(Bancroft)组织记录了许多城市愿意采用租赁方式的原因(1997，15)：

> 人们认为使用租赁合同能确保长期的资金流动，然而将所有权从市政府手中转移到私人企业主手中未必能达到这种效果。使用租赁合同能使市政府获得足够的收入。租赁使城市长期控制土地，并使土地使用按照规定和程序办事的优点，也促使市政府不愿意向私人企业主出售土地。

在基辅房地产经纪人协会举办的会议上，所有出席的会员谈到他们的客户并不在意是获得土地租赁权还是所有权。客户所关心的是制定统一的土地私有化法令，并且能够保证他们土地租赁的安全性。

对于企业土地的处理方法，一共有三种形式：从1994年到1995年，四个城市以拍卖土地租赁合同的方式出租土地；从1995年到现在出售或者出租未完成的建筑用地或者建筑用地附近的土地；并且，从1995年到现在，已经扩展到整个乌克兰范围内出租或者出售企业土地。

(1)切尔尼戈夫(Chernihiv)、利沃夫(L'viv)、哈尔科夫(Kharkiv)和敖德萨(Odessa)的土地租赁

1994年，切尔尼戈夫、利沃夫、哈尔科夫和敖德萨开始采用土地拍卖的方式租赁土地。这四个城市位于国家的不同地区。这些城市的当地政府、乌克兰城市发展和建筑国家委员会、乌克兰土地资源国家委员会、USAID、咨询公司PADCO共同制定了拍卖程序，建立合同并共同主持拍卖[①]。土地拍卖的基本原理是：

> 土地拍卖揭开许多土地分配决定秘密的外衣，将土地分配的决定置于公开和透明的环境中，从一定程度上降低了作出不正确决定的可能性。
>
> 土地拍卖为制定和研究土地市场价值带来了机会，因此为买主和卖主以及当地土地价值提供了重要的信息。

拍卖包括拍卖土地49年的租赁权，但是租赁合同可以再续签49年。租赁合同可以完全转让，条件包括，如果企业主合法获得土地所有权，那么土地租赁就可以转变为土地所有。土地是根据事先批准的发展形式提供的，例如用于建筑单一家庭住房、车库、别墅、加油站、商店或者其他商业用途。这些城市对于基础设施建设费用的限制是精确的，切尔尼戈夫和哈尔科夫认为这些费用不能超过建设费用的30%，利沃夫和敖德萨将其标准限

---

① 哈佛大学教授杰罗德·S.凯登(Jerold S. Kayden)是乌克兰政府土地改革的资深咨询专家，并且是乌克兰拍卖项目的领导者。基辅塔拉斯-谢甫琴科大学的教授维尔德·诺斯克(Voldymyr Nosik)是PADCO土地拍卖项目的咨询专家。

制为建设费用的50%。

拍卖的起价有意识地设定得比较低——为预期出售价格的10%～50%——目的是鼓励投标者参与。投标者被要求预先交纳10%的起价作为押金,如果投标不成功再将这笔钱退还投标人。获胜者需向市政府交纳拍卖的总数,并且每年还必须缴纳租金。

第一次拍卖发生在1994年1月的哈尔科夫。在这一年中,哈尔科夫总共进行3次的拍卖活动,提供了34处的土地,一些是出于居住用途,一些是商业用途,一些是用于建造停车场,一处用于建造车库。34处土地中的14处土地被成功出售。土地面积从500平方米到9 000平方米不等。大部分的租赁合同出售价格明显高于起始价格,反映出当地政府有意鼓励人们参与投标。6块商业用地拍卖的平均出售价格是785乌克兰币/平方米。拍卖会为市政府带来了230万乌克兰币的收入(1994年货币是库邦(Carbovanets))。

切尔尼戈夫举办了一次拍卖会,拍卖5块不同商业用途土地的租赁合同。所有的合同都拍卖成功,成交价格同样也是明显高于初始价格,为市政府带来了245 000乌克兰币的收入。

利沃夫举行了一次拍卖会,拍卖10块土地,其中2块土地找到租赁合同买主。一块土地计划内是为多层建筑提供停车场,另一块土地计划建成超级市场和办公楼。成交价格与初始价格很接近,并为市政府带来了25 000乌克兰币的收入。

敖德萨举行了一场拍卖会,拍卖10块土地。在4块出售的土地中,2块根据未完成建筑用地项目的规定出售了土地所有权,另2块出售了长期租赁合同。敖德萨的两种不同形式的土地成交价格与初始的价格很接近。

在这4个城市于1994年举行土地租赁合同拍卖会后,其他一些城市随后于1995年也举办了拍卖会。接着该项目停止了,部分是因为国家或者当地政府缺乏连续举办拍卖会的积极性。例如,哈尔科夫经历市政府成员的巨变,因此反对市场经济的力量占主导地位。另一个原因是,USAID停止对该项目提供财政和技术上的支持。

(2) 未完成建筑用地和附近土地的私有化

1993 年总统有关未完成建筑项目私有化的法令，阐述了废弃未完成建筑土地的严重性。一共有 62 000 处这样的建筑——工厂、酒店、学校、医院、加油站和公寓建筑。1995 年因为商业活动需要私有化或出租非农业土地的法令，总统规定可以出售这类土地及其附近的土地。在 USAID 支持的国际金融公司的帮助下，国家土地资源委员会通过自己在当地的分支机构，试图寻找这类土地的买主。当地政府是否参与该项目，是否提供土地出租或者出售，主要依赖于他们的政策取向。国际金融公司认为土地买主有权选择是要土地所有权还是租赁权，但是许多市政府，特别是那些左翼分子领导的市政府，只提供有限的租赁土地。交易的形式是由土地资源委员会组织学者估价土地，接着同当地市政府联合，决定是通过拍卖的形式或者协商的形式出售土地，并决定是提供租赁权和/或者所有权。

初始价格与成交价格一般都相差悬殊，主要根据土地的特点和优势来确定。初始价格从很微不足道的价格到 100 万乌克兰币、最后成交价格从 1 乌克兰币到 500 万乌克兰币不等。总的来说，在 62 000 块土地中只有 5 000块进行私有化过程，其中 2/3 的土地是通过拍卖完成的。在这5 000 块土地中，只有 60 块土地现在已经完成了私有化过程。一些外国投资者同当地乌克兰人合作，参与了所有项目中的 7%～8%。买主愿意投标这些土地而不购买其他空地的原因是这样他们就不用费力地获得建筑许可，并且所需的基础设施也可能已经完备。

(3) 对于私人企业主的所有权出售、租赁和使用

当国家决定将一个企业私有化，同时，市政府可能决定将其所属和相关的土地也私有化时，土地资源委员会通过当地办公室起到领导的作用。买主必须是百分之百的乌克兰人和百分之百的私人公司。USAID 资助 UKRels 支持土地资源委员会实施项目。根据工作组长路易斯·法若(Louis Faoro)提供的资料，UKRels 政策是通过出售土地所有权而不是租赁的方式进行土地私有化。

如果私人拥有土地，就能将土地管理得更为完善。如果私人个体拥有土地所有权，会增强他们的支付能力，有助于他们的商业

健康发展。UKRels 从意识形态上反对公共部门成为出租者。公有土地所有权完全是出于政治目的而不是经济的需求。没有人会愿意投资非他们所有的土地;也没有人愿意国家成为他们的合伙人。

乌克兰土地资源国家委员会成员安东·特迪亚克(Anton Tretyak)也支持出售土地所有权,因为这样更容易让投资者获利。然而,接受访问的房地产经济人并不同意这个观点。UKRels 的资深法律顾问贾斯廷·霍尔(Justin Holl)认为,如果当地政府有权选择,应该选择出售土地租赁合同而不是土地所有权。

进行私有化的土地首先要经过估价过程,接着当地委员会接受一种价值评估方式作为初始价格的计算方法。从 1999 年 1 月开始,各地委员会普遍采用一种专业的评估方式。最初,这个项目主要针对小企业主收购面积小于一英尺的土地,但是现在主要注意力已经转移到大面积土地上了。2000 年国家开始提供原始土地进行私有化。现在对于土地购买者而言,主要的融资方式是当地委员会提供的延迟付款。延迟的期限可以从三个月到三年不等。延迟付款具体期限主要通过乌克兰国家银行和为土地购买者提供贷款的银行之间协商来决定。到目前为止,银行并不承认土地作为一种商品的价格,因此并不接受土地所谓贷款的担保①。

土地资源委员会(1999)为 24 个不同的地区提供一份详细的账目报告,包括克里米亚自治共和国、基辅和塞瓦斯托波尔(Sevastopol)。这份报告记录了 1993～1999 年有关出售土地储备、已出售所有权的土地和已出售租赁权土地的信息以及总收入的情况。

总共有 23 246 块土地进行私有化,其中:875 块(4%)土地出售所有权;659 块(3%)土地出售了租赁权;21 712 块(93%)的土地赠与使用权。另外有 736 块土地待售。所有地区的市政府都采取出售土地所有权的方式,其

① 根据帕维尔·施特尼科夫(Pavel Strelnikov)在 UKRels 备忘录——企业土地出售的筹资背景——所提供的注释,1998 年 3 月。

中有 11 个地区的市政府同时也出售土地租赁权。只有基辅采取限制措施，只出售土地租赁权。直到 1999 年 5 月新市长当选后，基辅委员会才批准在出售租赁权的同时也可以出售所有权。

已出售所有权和租赁权的 1 534 块土地的总面积为 509 公顷，其中出售所有权的土地为 449 公顷，而出售租赁权的土地为 60 公顷。所有出售价格为 3 161.7 万乌克兰币。出售所有权土地的价值为平均为 60 000 乌克兰币/公顷，而出售租赁权的土地价值更高，平均 78 000 乌克兰币/公顷①。两种出售方式所获得的收入为 2 300 万乌克兰币，其中 30%的收入，850 万乌克兰币是延期支付，期限为 1 年到 3 年。

国家打算将 200 000 公顷的土地卖给私人企业主进行私有化，相当于乌克兰城市土地面积的 10%。如果使用公顷单位计算准确，这项计划中乌克兰私人企业主所完成的土地私有化面积占总目标的 0.25%。整个私有化过程估计可以产生 500 亿乌克兰币的收入②。在这个总体估计的前提下，城市企业土地的平均价格为 250 000 乌克兰币/公顷。

在所有出售所有权的土地中，只有 14%的土地以拍卖的形式出售。市政府倾向于采用协商而不是拍卖的方式，因为这样他们只需要应付一位可能的买主。然而，这种方式就增加了产生腐败的可能性。在所有的买主中，41%的企业买主从事贸易活动，23%的买主将土地用于建设办公室和仓库；12%的买主将土地建成加油站；9%的买主从事不同种类的工业；7%的买主建成餐馆和咖啡馆；剩下 8%的买主购买的是空地。总的销售价格为 2 690 万乌克兰币。土地的真实价值同出售价格之间的差距巨大，一些土地的真实价值远远高于出售价格，还有一些土地的真实价值却远远低于出售价格。当小企业家们要购买土地所有权时，他们觉得受到了政府官员的威吓。

659 处土地的私有化过程是通过出售租赁权的方式进行的。一般采用拍卖土地的方式，所拍卖的土地面积平均为 0.3 公顷。所有土地出售租赁

---

① 这个对比并没有考虑到所有权出售和租赁权出售在地区和时间上的差异。

② 总统法令，#168/2000，2000 年 2 月 4 日。

权的总收入为 470 万乌克兰币,相当于平均 78 000 乌克兰币/公顷。出售租赁权可以增加市政府的财政收入。例如,在 1999 年 1 月到 8 月期间,基辅的总收入为 219 万乌克兰币,比 1998 年高出 40%(Vechirniy Kyiv, 1999)。

共有 21 712 处土地、相当于 6 000 公顷是通过赠与使用权的方式进行私有化的,其中 71%是并没有任何的私人建筑的空地。所有这些土地的使用者每年需要支付一定的土地税。

有趣的是,城市越小,土地私有化活动越活跃,在这些形式的土地出售活动中,84%的土地出售发生在人口少于 50 万的城市。城市土地的市场以及城市办公楼和公寓楼的土地市场正处于发展时期。最近,基辅出售的一处面积为 0.5 公顷的市区办公楼为卖主带来了 219 万的收入。虽然这相当于圣彼得堡城市土地现行价格的 1/3,但是必须考虑到圣彼得堡的人口是基辅的 2.6 倍。

五、城市土地市场发展的障碍

从前面所叙述的土地私有化过程中可以看到,自从 1993 年开始,居住土地的私有化就在不断发展,政府也努力进行企业的土地私有化,同时进行公寓楼和商业组织的私有化。房地产市场特别是住房和办公楼持续发展,非常活跃。然而,仍然存在许多未完成的问题,同时缺少的根本的政策条款和相关的法律规定的现实情况也阻碍市场的充分发展,阻碍乌克兰国民和国外投资者对房地产的投资。在乌克兰独特的社会背景下,何种形式(赠与使用权、转让所有权或者转让租赁权)最为合适的问题仍处在理论讨论的阶段。当结束对城市土地市场的阻碍因素的讨论后,需要再重新思考这些不同的所有方式和使用方式。

这些障碍可以分为几个不同类别:缺少必要的、可以实施的法律、同现存法律之间的矛盾、司法干预不足、管理上缺少透明度以及公共和私人腐败等问题。一个基本而广泛存在的问题是缺少可信赖的信息来源。

1. 缺少必要且可行的法律

从20世纪90年代开始，许多政府委托机构和国内外的咨询家就致力于城市土地市场政策措施和法律规范的研究。然而，直到现在，还没有形成一套完整的有关土地所有权登记、抵押的法律。

一些学者断言缺少法律保护的税收制度是发展城市土地市场的障碍。另外一些学者持否定的态度。如果存在一套现成且能发挥作用的土地税收制度，政府就能根据这套制度分析，相对于房地产税而言，土地税是否能更好地补偿乌克兰土地和建筑的费用。支持土地税的学者认为这种税收制度可以在提高土地的利用率的同时也不影响城市的发展。但是这种税收政策同时也可能对建筑保护和维护建筑产生消极影响，因为这些行为会导致房地产价格上涨，最终导致税收总量的上涨(Netzer，1966)。

(1) 缺少完善的所有权记录系统

土地市场如果要繁荣稳定地发展，投资者需要获得足够的信息。他们需要获得准确、详细的有关土地范围、土地前任和现任所有权人的信息。同时，他们也需要了解这块土地有何种使用限制和转让限制。他们需要获得有保障的土地所有权。

现有的有限的土地所有权记录系统并不能提供这些信息，也不能提供有保障的土地所有权。买主可以获得有关最近土地交易的详细信息，但是无法获得早期土地交易的有关资料。潜在买主希望购买土地，但是却无法获得这些信息。土地所有权，包括公共和私人的权利都没有记录。也没有关于土地抵押的记录。不能为买主提供一套搜寻土地所有权的方法，也阻碍了债权人将土地视为有价值的抵押品。另外，所有权保险也不存在。即使买主购买土地时的价格高于标准价值，他们仍然可以说他们支付的是标准价值，其目的就是减少税额。

屡次不能通过恰当的所有权登记法说明为土地市场机制引进一套新标准是很困难的。1994～1997年许多国家都曾帮助乌克兰政府设计新的所有权登记方法，并起草有关的法律制度。加拿大、英国、瑞典和美国在世界银行和欧共体的支持下，组织了一个咨询小组帮助乌克兰政府设计国家所有权登记系统。小规模试验计划也在几个城市实施过,也制造和编写了一些电脑的硬件和软件,并且提出了房地产评估的方法。以下这段叙述是对法律制度的一些建议。

> 有些学者建议,在单一登记系统的支持下,使用一种特殊的术语同时登记土地和建筑。有关这方面的具体建议是每块土地授予唯一的土地清册号码,并启用这个号码。这个号码不仅仅用于在所有文件中确认土地所有权,而且这个号码也可能用于财政方面……房地产的价值必须定期更新……(Bancroft Group,1997,13)。

然而,尽管有这么多的合作努力,还是没有合适的法律获准通过。班克罗夫特组织的报告中谈到的具体原因在于政府的不稳定性,表现在经常更换参与此项目的资深官员以及拒绝向国家和当地各阶层提供有关房地产的信息。实施所有权登记法律的另一个障碍是司法部门同建筑委员、建筑和住房政策委员会之间的矛盾。

缺少公开、准确的所有权登记系统的后果是国会强制使用的作为征税基础的评估方式并没有广泛使用。部分原因是受过训练、知道如何使用该方法的人很少,另外就是有关出售价格的信息量很少而且也不确定。基辅房地产学院曾经毕业了第一批评估员。但是随着越来越多的人了解这种方法,销售数据能够日益为大众所获得,这种专门的评估方法就会逐渐代替先行的方法。

另外一个所有权问题与缺少公共资金有关。许多土地所有权的授予并没有赠与所有权证书。政府说没有足够的资金支持对上百万的土地进行调查、记录面积并授予适当的书面文件。在集体农场,人们通常拥有 6 块小面积的土地,他们也知道这些土地的所有权的归属。但是,这样的土地不能成为可转让的土地。

(2) 抵押和破产法

如果借款人的信用不容易确定,银行一般不愿意接受土地抵押贷款。

评价信用安全性的一个因素是土地的价值同抵押贷款之间的比率。在现在的乌克兰，如果不存在一个公开、信息透明的房地产交易市场，任何土地的信息都是不确定的。如果抵押的土地是居住土地，获得有关部门信息的难度就更大，预测潜在借款人的未来获利能力就更扑朔迷离。

银行不愿意为企业者提供贷款还有另一个原因。尽管现在有一套新的破产法出台，但是研究人员认为很难迫使企业者宣布破产并获得包括土地在内的企业资产的所有权，包括土地。尽管银行和其他借款人不愿意取消土地抵押品的赎回权，因为这些所有权缺少流动性，但是取消赎回权是一个必要的法律追索权利。

两位被采访者阐述了土地所有权相对于租赁权的优越性，他们认为，租赁利益是不能抵押的。另外一些被采访的人中，两位代表外国投资者的被采访者认为他们的客户是否持有土地所有权或者租赁权并不是他们投资决策的主要考虑因素。这两个不同的角度具有很深层次的意义。显然，抵押法必须允许抵押租赁权，这个问题就不会产生。也就是说，这是保证租赁权同未来借款人/承租人之间金融稳定性的问题。在现在的乌克兰，企业土地租赁的期限是 49 年，并且可以再续签 49 年。租金适当，并且租赁合同可以转让。从出租人计算风险的角度，租赁权同所有权是等价的。比利时新建的城镇卢万勒纽芬(Louvain la Neuve)颇具例证意义。这个城镇建在租赁土地上，银行根据土地抵押提供建筑贷款，长期的租赁权并不比所有权风险高[①]。无论土地是租赁或是所有权的形式，提供贷款主要的考虑因素应该是贷款人还清贷款的可能性。

美国住宅土地抵押的实施方法是银行将抵押品折价出售给混载业者，他们可能是也可能不是较大规模的银行。混载业者可以将所有的抵押品混合出售，再一次折价出售给专门从事住宅土地抵押的公司。对于企业土地抵押，如果贷款人不能及时支付欠款，债权人有权取消抵押品赎回权。

(3) 缺少现代的土地清册系统

---

① 根据同城市环境基金会主席皮埃尔·拉康特(Pierre Laconte)于 2000 年 2 月 7 日的谈话。在这个方面，堪培拉的经验同卢万勒纽芬类似。

这是一个严重的障碍，但是有迹象表明解决问题已为期不远。同土地所有权登记、抵押和破产一样，西方国家在这个问题上也进行了巨大的努力，提出了广泛的建议。乌克兰土地资源国家委员会已经计划起草一份能在全国范围内建立适用的自动土地清册系统的法律。该法律有可能在2000年实施；在批准的过程中，四个试验项目将会分别在3个地区和基辅实施。

2. 需要更为积极主动的司法部门

正如本章所描写的土地私有化现状所说明的，乌克兰并不缺少有关的宪法条款、法律和法令。尽管许多重要的法令还未成功地被国会所接受，但是大多数法令的草稿已经形成。摆在土地私有化面前的法律障碍是人们不清楚什么是经过授权的，什么是还未被授权的？产生这种混乱状况的原因是法律条款的语言表述不清或者不同的法律条款有相互抵触的现象。许多1996年前实施的法律条款存在与宪法相矛盾的问题。

两个主要的矛盾是关于市政府是否有权转让国家的土地以及公有土地所有权是否可以出售给私人企业主。这些问题关系到土地私有化的核心部分。

关于第一个问题，安东·特迪亚克认为应该这样修改法律：在城市范围内的国家土地的90％可以将所有权转让给城市，40％～50％的城市以外的土地可以转让给城镇或者村庄。

即使不依照美国的诉讼模式，我们也能看到一个更为积极主动的司法部门，能够将有关宪法的问题在宪法法庭上解决，并能有助于解决法律的有关部门之间的矛盾。而且，法庭的决定应该要能够被大众及时了解并广泛传播，因为他们的影响是迅速且即时的。通过计算机网络，法律和对司法观点的解释能够及时在全国范围内提供信息。

3. 腐败和缺少透明度

政府曾经对腐败问题进行研究，并建立了评价腐败的指标。国际廉政组织已经制定了5年腐败评价指标，现在又加入另一个付款人贿赂指标；后一指标是评价本国以外的公司行政人员的贿赂指标。1999 年，99 个国家采用 1 到 10 的评分标准进行腐败指标的评定，10 是满分，丹麦分数最高，10 分。乌克兰 2.6 分，排名第 75。其他国家的情况是，美国排名第 17，7.5 分，爱沙尼亚排名第 27，5.7 分，波兰排名第 44，4.2 分(Crossette，1999)。

第二项研究要求 59 个国家的行政官员对他们国家的腐败现象、逃税漏税情况和其他一些存在问题进行 1 到 7 的打分，1 分代表情况最为恶劣(Sachs and Warner，1999)。关于逃税漏税情况，乌克兰排名第 57，得分是 1.99，而俄罗斯排名第 59；关于政府官员偏袒与之关系密切的公司和个人的问题，乌克兰排名第 57，得分是 2.57，而俄罗斯排名是第 58；在许可证、执照、税收估价或者贷款申请的付款不规范问题，乌克兰排名是第 58，得分是 2.46，而俄罗斯排名是第 55；在个人向高级政客行贿受贿问题上，乌克兰排名第 57。

总体看来，腐败和逃税漏税现象相对于 1998 年而言有所增长。例如乌克兰 1998 年排名第 57，平均得分是 3.04，增长了－1.11。俄罗斯排名第 59，平均得分是 2.87，增长了－4.53。这个排名的报告显示新加坡是最具竞争力的国家，乌克兰和俄罗斯作为第 58 和 59 名，相对而言是最不具竞争力的两个国家(Sachs and Warner，1999)。

没有研究显示乌克兰的情况在有所好转。被采访者认为在基辅，建筑师必须增加 15％的建筑费用专门用于申请不同层次建筑许可证的贿赂费用。一些人认为采用协商方式销售土地而不是拍卖方式反映了土地私有化过程中的偏袒和贿赂问题。

在这种腐败的氛围下，相对于其他有较高公共信用度的国家，乌克兰缺少透明度就成为一个更为严重的问题。例如，为什么当人们都知道存在特定土地的城市发展和规划目标时，有兴趣的个人却不能对这些土地进行详细的研究？为什么有关土地所有权、建筑所有权和抵押贷款情况的信息要登记在三个不同的地方？许多官员并不公开他们所有的信息或者权利，可能只有在对他们有利的时候才公布。这种行为对投资产生了消极影响，包括对未来国外投资者的投资。

但是，到 2002 年年中，这种现象应该会有所好转。因为再选的库奇马总统竭力主张明确和修改土地法律。有关部门土地市场建立的发展和规划方法、其他非农业土地的用途的法令[①],是一个了解现有情况和运作模式的重要文件。尽管受到共和党成员的强烈反对,2001 年的土地法令还是在国会上被通过了。共和国党成员说"出售土地相当于出售祖国"。这部法令将确定何种形式的出售是被允许的,并将首先促进城市土地市场的进化,其次促进农村土地市场的进化。两条法令都同土地租赁相关。其中一个列出了现有土地的所有权利。它们是:所有权、永久或无限期使用权、短期不超过 5 年的租赁权、长期不超过 50 年的租赁和使用权(地役权)。法令的另一部分规定承租人只有在得到出租人的允许下才可以转租土地。

六、土地占有方式的选择:结论和建议

在国家刚独立的时候,土地占有方式而不是使用方式的唯一选择是,对小块土地授予所有权,例如花园、车库或者单一家庭住房的土地,而对于企业用地给予租赁权。到 1993 年,私人个体、加油站和未完成建筑的企业主都可以获得土地所有权。到 1995 年,企业主也可以获得其他非农业土地的所有权。从那时候开始,1 070 万私人个体获得小块土地的所有权,而1 130 万私人个体获得土地的使用权。另一方面,企业主大部分选择通过获得土地使用权而完成私有化过程。现在,93%的企业主通过获得使用权完成土地私有化,只有 4%的企业主购买土地所有权,而且 3%的企业主购买土地租赁权。

从某种程度上说,土地私有化的选择反映了一些市政府不愿放弃土地的事实。然而,毫无疑问,这些选择方式反映了乌克兰经济的脆弱性、法律和土地私有化实施的结果不如人意。因为私人个体首先获得土地使用的权利,所以在进行私人土地私有化的过程中并不需要支付土地所有权的费用。企业主一般都缺少资金,也没有其他融资的方法,他们的选择只有获得土地使用权,或者购买所有权或租赁权。只有在很少的情况下,他们才会选择购

① #168/2000,2000 年 2 月 4 日。

买所有权或者租赁权，平均土地出售价格的30%都需要延期支付。

缺少清晰、公开、可操作的市场交易管理系统，是土地投资的另一个很大的障碍。潜在投资者更多的是考虑是否存在一个可信赖的、稳定的和透明的市场结构，而不是特定土地权利的性质。2000年2月4日的总统法令明确地指出这些问题并进行详细分析。如果国会拟定的法律草稿能够通过，就可以为投资形成一个新的大环境。政府希望活跃的土地市场能够产生大量的税收收入以支持公共设施的建设。土地法律和实施本身的改革并不能促进经济发展，但是能发挥很大的作用。近几年虽然递交了许多法律草稿，但是都被国会否决了。尽快通过一套完整的法律已经迫在眉睫。

总统法令并没有表示出售所有权和出售租赁权二者孰优孰劣，也没有提出现阶段最合适的土地使用方式。尽管现在私人个体要求获得土地的压力并不是很大，但是现在应该是要开始研究不同使用方式的利弊、提出在什么情况下什么样的使用方式较为合适的时候。

赠与使用权对于土地和建筑都适用。一方面，它能产生收入（以地税的形式），并能为公共部门考虑土地未来的使用方向提供灵活性。另一方面，它限制了使用者的权利，并没有将土地放入市场。乌克兰的城市正面临着再开发的需求。许多二战后建设的公寓已不能满足现在的要求，而且也没有得到及时维护。服务和设施也很有限。许多工业建筑是空置的并且被遗弃了。政府给予土地暂时的使用权以满足需要，这同城市再开发的计划是互补的。也能够使市政府在需要进行新的发展的时候收回土地，在一定程度上清理土地并重新进行建设。短期租赁可以达到同样的目的，但是对私人个体和企业主却没有太大吸引力，因为他们要承担较大的义务。

在基辅，未来的城市扩张要求在新基础设施的建设方面支付更大的公共开销：公路、运输线、污水和管道系统以及交通系统。如果出售需要扩张土地的所有权，那么基础设施系统的建设就会更为困难且昂贵。一些城市例如鹿特丹、斯德哥尔摩和堪培拉为了实现它们的计划，把即将要扩展土地的所有权控制在公共部门手中，只是对短期出租土地进行农业耕种。当需要城市化时，他们就可以进行基础设施建设，再将土地以长期租赁的形式进行开发（Strong，1979；Bourassa，Neutze and Strong，1996）。乌克兰的城市有大量的机会——如果他们保留了城市边缘土地的所有权,并进行短期租赁——避免昂贵的回收费用并进行有效的城市清算。

对于新开发或已经开发的城市土地采取出售还是租赁的方式取决于许多因素。新加坡,在 1998 年和 1999 年的竞争指数上名列第一的城市,被誉为世界上最具竞争力的经济环境,采用的是统一的长期租赁方式(Sachs and Warner,1999)。在当今社会,新加坡估计也是最规范的国家。然而,其他政府,包括许多在本书中提到的政府,认为在租期结束时按法令续签合同,并按法律间歇性地提高地租在政治上是不能实施的,会使租赁权等同于所有权。

出售土地所有权的支持者坚持这种形式的土地占有方式能让土地所有者更自由地决定怎样使用土地而且不受政府的干预。土地租赁权的支持者可能会同意他们的观点,但是他们认为对公有土地使用进行控制有助于提升公共利益。正在美国进行的恶意争论——财产权支持者认为土地所有者有权按照他们的方式使用土地,但是经济增长管理支持者认为应该在确保公众利益的前提下——对乌克兰决定怎样平衡这两种方式是颇具指导意义的。所有权支持者和租赁权否定者 UKRels 到底是代表 USAID 还是美国说话存在疑问。其他地区的经验证明如果公共权利是可以归还的,那么放弃公共权利也就很困难。

政府通过法规和税收进行干预的程度并不一定同土地占有方式相联系。例如,现在乌克兰高度限制土地的使用目的同影响所有权和租赁权的效果是一样的。在美国,各州有关部门关于土地使用的限制是很不一样的。在干旱贫瘠的西部,大部分的土地归联邦政府所有,并租赁给牧场主进行放牧,土地使用的限制少且松散。在人口密集的东部和西海岸,土地所有权是主导的占有方式,政府制定了错综复杂的规划,制定不同的区划、建筑和卫生法令以缓解公有和私人用地的紧张状况。

出售土地所有权为市政府带来比出售土地租赁权更高的最初收入。然而,租赁条款能反映接下去的市场情况,在很长时间内能为政府带来较高的收入。而且,在租赁期满时,如果土地有新的使用方法,政府可以重新获得土地,而不需要进行任何的政治运作和财政花费。现在,土地所有权和租赁权的价格比在没有风险的环境中价格要低很多。因此，有人建议采用短期租赁的方式，等到财政和价格制度趋于完善、能够为投资者提供保障的情况下，再采用其他土地占有方式。

采用拍卖的方式提供土地在乌克兰有很多好处。拍卖相对而言是一种较公开的方式。在一个被腐败问题困扰的国家，透明度是宝贵的资产。拍卖能吸引许多投标者，并让公司相信土地的市场价值。乌克兰正在建立合适的土地估价系统，如果有这种来自竞争情况下的销售数据，有助于建立准确的市场蓝图。

乌克兰政府显然试图将所有尚无公共目的的土地以所有权或者租赁的方式长期出售。这种政策应该要重新考虑。目前的收入要以日后的长期巨大收入为代价。出售所有权或者长期租赁权会阻碍未来城市化过程中土地使用计划的实施。

参考文献

Bancroft Group, PADCO Inc. 1997. *USAID urban land titling/registration, privatization and marketization project*. Contract ＃EPE-00114-I-00-5073.

Bourassa, Steven C., Max Neutze and Ann Louise Strong. 1996. Managing publicly owned land in Canberra: Rural to urban change of use. *Land Use Policy* 13(4): 273-288.

Crossette, Barbara. 1999. A new index tracks bribe-paying countries. *New York Times*, October.

Committee for Land Resources. 1999. Information on fulfillment of presidential decrees on sale and lease of land plots of non-agricultural use.

Mace, James E. 1984. The famine: Stalin imposes a "final solution." *Ukrainian Weekly*, June 17,24; July 1,8.

Netzer, Dick. 1966. *Economics of the property tax*. Washington, DC: Brookings Institution.

Sachs, Jeffrey D. and Andrew M. Warner. 1999. *Year in Review*. Cambridge, MA: Harvard University, Institute of International Development.

Strong, Ann Louise. 1979. *Land banking: European reality, American prospect*. Baltimore: Johns Hopkins Press.

Strong, Ann Louise, Thomas A. Reiner and Janusz Szyrmer. 1996. *Transitions in land*

and housing: Bulgaria, the Czech Republic, and Poland. New York: St. Martin's Press.

State Committee of Ukraine on Urban Development and Architecture, State Committee of Ukraine for Land Resources, et al. 1995. *A guide to land auctions in Ukraine*. Kyiv.

Subtelny, Orest. 1988. *Ukraine: A history*. Toronto: University of Toronto Press.

U.S. Bureau of the Census. 1997. International database: http://www.census.gov/cgi-bin/ipc/idbsprd. Ukraine data updated October 10.

Valletta, William. 1997. Black earth and bureaucracy: The land law of Ukraine. *Parker School Journal of East European Law* 4:53-105.

Vechirniy Kyiv. December 18, 1999.

附　录

一、独立前有关财产权的法律

第一部影响土地权利的法律是 1989 年 USSR 租赁基本使用法规[①]。该法律授予国家或公共所有者出租财产的权利，包括土地；法律主要是针对于企业的租赁合同，当然也包括私人租赁合同。合同必须规定租赁期限、租赁财产的使用用途和付款期限。租赁合同所有者不能转让合同，但是如果合同是私人所有则可以被继承。

1990 年，USSR 租赁基本使用法规正式通过，授予当地市民和企业者以租赁财产权[②]：

> 首先，当地市民可以获得小块"私人财产"性质的土地用于种植、娱乐和居住。使用这些土地并不会要求增加雇佣工人；因此，他们并非"用于生产"，这类土地可以分配给私人个体。其他土地……拥有土地所有权就意味着要雇佣工人，因此产生所谓的"地主"，他们垄断控制土地并利用土地剥削工人。对于这类土地应该要保持相当比例的国家所有权（Valletta，1997，59-60）。

① ＃25，481 条于 1989 年 11 月 23 日颁布，1991 年修改为＃12，325 条。

② 1990 年 2 月 28 号实施，并于 1991 年 3 月 6 日进行修改。

私人个体可以终身拥有土地并传给继承人。农场和林业公司也可以永久拥有土地。城市企业可以暂时或者永久地拥有土地使用权。土地的所有权利包括：租赁权、拥有和使用权，都必须以租金或者地税的形式向国家缴纳费用。租赁合同是以缴纳租金的形式交费，而拥有或使用土地就必须交纳地税。

USSR 土地法令也于 1990 年被采用①。它规定私人土地所有者可以出于居住、耕种和娱乐的目的拥有土地，也可以拥有私人花园和车库。但是这些土地的面积是有限制的。在城市范围内，土地面积不能超过 0.4 公顷；在农村范围内，不能超过 0.6 公顷。私人出售这类土地的延期支付期限最多为 6 年。

1991 年 USSR 财产法律规定②，私人、国家和集体的财产所有权和其他所有形式的财产所有权都是平等的。

二、独立后宪法制定前的法律对城市土地的影响

在独立后和 1996 年 6 月宪法正式通过以前，乌克兰于 1991 年 8 月制定了一套法律。对 1996 年前的法律、包括 USSR 和乌克兰制定的法律的解释，都是根据法庭当时对正在制定过程中的宪法的理解。

在对 1991 年财产法律修改的过程中，加入了企业土地的内容。同时继续规定所有的财产全都是平等的③。

1992 年的土地法律从实质上改变和扩充了 1990 年的土地法令④。修改的法律到现在仍然有效，然而，118 条法律中的 96 条与 1996 年的宪法相抵触，产生了许多麻烦。到 2002 年 1 月土地法令修正案正式实施。2002 年前的几条重要法令总结如下。

第 3 条。当地市政府负责公有土地的管理。他们有权转让土地或者出

---

① ＃562-12，1990 年 12 月 18 日。
② 1991 年 2 月 7 日被采用。
③ 1992 年 1 月 30 日被采用。
④ 于 1992 年 3 月 13 日进行修改。

租土地。个人所有的土地可以将土地出租给他人，但期限不能超过 3 年。

第 4 条。用于多家庭住房、商业或者工业的非农业土地不能被出售，只有国家才有权利将这些土地暂时或者永久地转让或出租。租赁的形式由现在的使用用途、未来计划用途和未来使用者的情况决定。

第 6 条。市民可以私人拥有土地用于私人耕种、居住，或者建设仓库、花园、车库和修车厂。

第 15 条。乌克兰国家土地资源委员会有权管理土地的使用[①]。

第 28 条。在一些情况下，国家可以收回土地。这些情况包括：使用者或承租人长期未缴纳租金或地税；未按规定目的使用土地；未获得官方允许购买、出售、赠与或者抵押土地。

第 37 条。使用土地要支付费用，可以通过向土地所有者交纳地税，或向出租人缴纳租金。

第 39 条。土地所有者和使用者有抵押土地的权利。

土地法令同旧法令也有不同之处。通过授予当地政府以转让国家土地和获得土地税收收入的权利，强调了当地政府的作用。法令中没有改变的地方在于从事非农业耕种的企业不能获得土地所有权。

土地付款法令强调了原土地法令第 36 条[②]。它重申除了承租人，土地所有者和使用者都必须缴纳地税。承租人必须缴纳租金。法律设定了一套评估土地的标准，主要是根据城市的地理位置，并通过基础设施情况、到城市中心的距离和到公共交通系统的距离等参数进行修改。地税和地租的基础是标准价值的 1%。国会负责设定税率。租金不能低于地税，并且农业用地的租金不能超过土地税收。

城市发展基本法的绝大部分保持了独立前法律的规定[③]。所有城市的土地必须有特定用途。城市规划通过的程序包括：介绍使用概念、获得计划许可、获得建筑许可和获得使用和永久租赁的许可。

---

① 委员会的任务是由 1992 年 6 月 22 日的总统内阁法令规定的。

② 1992 年 7 月 23 日采用，于 1993 年 7 月 3 日进行修改。

③ #52,683 条，1992 年 12 月。

总理内阁的土地私有化法令对1990年授权的法令进行了修改[①]。它重申，出于私人耕种、住房和建筑花园、车库和修车厂目的而拥有土地的市民有权将这类土地私有化。市民可以出售这些土地，但是售价不能低于标准价值。出售合同必须登记在土地清册上，并登记出售价格。这个价格，如果高于标准价值，就会成为土地税收根据的基本价值。

土地资源国家委员会根据该法令制定规章制度[②]。在城市范围内，用于建筑房屋和车库的私人土地不能超过0.1公顷，用于建设花园的土地不能超过0.12公顷，修车厂的土地不能超过0.01公顷。市民要获得土地必须先提出申请，并说明土地的面积。当地市政府负责确定土地范围、授予和登记土地权利。

私有化未完成建筑用地的总统法令，为未完成的、通常是废弃的企业建筑和相关土地的私有化过程规定了具体的程序[③]。

出于商业活动目的、出租或私有化非农业用地的总统法令，使私人个体和企业，包括拥有公寓建筑的个人和企业，有权购买和租赁土地[④]。在此之前，私人企业只能暂时或者永久获得土地使用权，而且这类土地并不是企业资产的一部分。对于通过协商出售的土地，售价是土地的标准价值。如果土地通过拍卖的形式出售，标准价值就是土地的起始拍卖价格。在该法令条款规定下所有或者承租的土地可以被出售、被赠与、被抵押，在一些情况下，可以转租。

国会拒绝在土地法令中加入这一系列规定。这种行为继续证明了国会反对将土地所有权出售给企业。在很多情况下这套法令无效。向企业出售土地所有权是否违法仍然是一个值得讨论的问题。尽管存在这种不确定性，所有权出售仍然是企业私有化项目的一部分。

---

① 1992年12月26日颁布。

② #10/93，1993年2月15日。

③ 1993年10月14日颁布。

④ 1995年6月12日颁布。

三、宪法和宪法制定后颁布的法规

乌克兰宪法于 1996 年 6 月 28 日开始实施。它规定了政府的结构，并包括了许多有关部门土地的条款。

》 第 13 条规定：财产有附带责任。任何人都不能利用财产进行危害他人和社会的活动……土地，包括矿产资源、大气空间、水和其他自然资源……都属于乌克兰人民所有。乌克兰国家和当地自治政府代表所有者——乌克兰人民——根据宪法规定行使财产权利。根据法律规定，公民作为所有者有权使用自然资源……一切所有权在法律面前一律平等。

最后这句，再次重申了 1991 年财产法规定的所有权利一律平等。然而，“乌克兰国家和当地自治政府代表所有者——乌克兰人民——根据宪法规定行使财产权利……”，这句话暗示私人所有权并不是个体独有的。然而，第 14 条法律对此进行反驳。

》 第 14 条规定，“土地是基本的国家资源，并受国家特殊保护。国家担保土地所有权。公民、个人和国家只有按照法律的规定才可以获得并实施该权利。”

这条规定否决了土地法令第 4 条的规定：土地所有权并不能出售给非农业性质企业。

》 第 41 条规定，“每个人都有权获得，使用和管理他/她的财产。”并且，“任何人都不能非法地被剥夺财产。”只有在出于社会目的的情况下才能征用土地，并且要支付合理的赔偿金。

》 第 92 条法令限制总统颁布法令的权利，规定只有国会能够实施和制定有关包括土地在内的自然资源的法律。然而，第十五章第 4 条，授权出于经济目的，总统能够颁布为期三年或者到 1999 年 6 月 28 日的总统法令。

1996 年土地付款法令[1]，进一步发展 1992 年有关土地使用租金和税收管理的规定。

- 第 2 条规定，土地所有者和土地使用权所有者必须缴纳地税。公有土地承租人必须根据合同规定交纳租金。土地价值评估必须根据土地资源国家委员会的规定实行。
- 第 4 条规定这条法令是唯一规定地税、包括税率和付款方式的法律。
- 第 7 条重申以前的规定，土地基本税收是根据标准价值的 1%设定的。它也规定了当不存在土地标准价值的情况下的办法。
- 第 21 条规定 30%的土地收入归土地资源国家委员会所有，10%的收入归克里米亚共和国和土地所在的各州所有。
- 第 22 条限制了市政府对土地收入的使用。土地收入是有特定用途的，包括设置和维护土地清册、实施土地改革、城市规划和建设基础设施。如果土地收入没有用于这些方面，市政府要交纳 100%的罚金。罚金归国家所有，并且用于特定目的。国家和各州在土地收入使用用途方面的规定都是类似的。

土地租赁法令规定土地在何种情况下可以被出租或转租[2]。它重申租金不能低于土地税收。

在其后的 60 个法令中，有 3 个是总统于 1999 年 6 月制定的，其目的在于符合宪法设定的期限要求。在 1996 年 6 月到 1999 年 6 月的 3 年间，总统一共颁布了 145 道法令，其中 24%的法令仍在使用，34%的法令因为被国会否决，所以从来没有实施过，10%的法令因为国会通过了类似的法令，所以也没有实施，剩下的 32%出于其他原因也没有实施。

划分政府和社区所有土地的政府法令[3]，被国会否决了。然而，该法令的主要部分将会作为未来土地法令的一个章节。

有关修改＃1353/98 总统法令的法令中将土地租金为土地价值 1%的

---

① 1996 年 9 月 19 日实施。

② 1998 年 10 月 6 日实施。

③ ＃722/99，1999 年 6 月 27 日实施。

比例上升为1.5%[①]。这条法令于1999年12月3日被批准[②]。

有关公民居住土地未来开发规定的总统法令于1999年12月被批准，公民可以免费进行私有化的土地面积不能超过2公顷[③]。

接着在1999年11月的总统竞选中，任命了新总理维克托·尤斯彻库(Viktor Yushchenko)和其他政府成员。这个新政府撤回前政府递交给国会的161道法令草案。土地资源委员会起草了新的土地法令，部分消除了1992年法令和1996年宪法间的矛盾。这项草案包括土地租赁、所有权注册和抵押。这项草案也于2000年6月通过国会第一次讨论，并将在秋天进行第二次和第三次讨论。

---

① #749/99。

② #1529/99。

③ #751/99，1999年6月28日。

第七章

路易斯安那的经验
——租赁军事基地*

克里斯蒂·I. 巴克斯特(Cristie I. Baxter)

像所有大型并有活力的组织一样,美国的军队阶段性地发现目前的任务与其自身不相配。在发生武力冲突的时候,例如第二次世界大战、朝鲜战争和越南战争等,军队需要基础设施并为部队的训练和住房进行了建设。战争过后,军队就放弃了这些设施(尽管放弃总是比获得设施更困难)。在最近的国际冲突中,包括冷战末期以及国家防御对科技而非人力的依赖不断增强,其性质的变化再次改变了军队对土地设施的需求。因此,在1988年到1995年间四个基地联盟与整顿(BRAC)委员会下令,在2001年以前国内主要设施的数量要减少20%。于是,超过200 000英亩的军队地产开始向非联邦政府用户,比如州或地方权威以及私人集团开放供应(表7—1)。

议会给美国国防部6年的时间完成在基地联盟与整顿的每个循环里的关闭任务。国防部试图将多余的财产出售给私人买主。然而,法定的公有

---

* 感谢路易斯安那中部地区的那些对于英格兰空军基地再开发问题作出解释的专家们。本章中重要的数据来源于:J. B. 亨特驾驶学校的特拉维斯·布兰(Travis Brann);格雷纳工程公司(Greiner Engineers Inc.)的布鲁斯·卡普斯(Bruce Capps);英格兰管理局的乔恩·格拉夫顿(Jon Grafton);诺尔斯-弗莱伊(Knoles-Frye)房地产公司的罗德·诺尔斯(Rod Knoles);克莱科电力公司(Cleco Corporation)的凯士·拉布韦(Keith LaBauve);路易斯安那中心电力公司的加兰·劳伦斯(Garland Lawrence);克莱科LLC中心的马克·L. 马维瑞斯;英格兰管理局的詹姆斯·L. 迈耶(James L. Meyer);路易斯安那商业联合中心的埃尔顿·波迪(Elton Pody);亚历山德里亚市市长爱德华·伦道夫(Edward (Ned) Randolph)。

土地转让过程很严格，加之需要对大面积复杂的环境进行清理，大大延长了地产转让的时间。同时限制了在私人市场上销售地产所需要的“照样”出售的投资潜力，使得地方再开发组织（LRAs）成为土地再开发的主要角色①。大部分土地再开发组织都希望快速接管土地，以防止建筑被损坏并批准进行再开发。

表 7—1 军事基地的多余土地：BRAC（1988～1995 年）（当地重要设施）

	面积（英亩）	百分比（%）
多余土地总数	313 803	100
联邦政府之间转化	100 550	30
非联邦政府使用的土地	213 253	70

资料来源：作者整理。

注：当地重要设施包括 95 个被美国国防部下属的经济调整办公室认定的需要关闭或者整合的设施。

根据这些情况推出“军事租赁项目”，以协助在漫长的转让和清理过程中完成将地产控制权由国防部向地方再开发组织的转让工作。项目的细节由最终拥有大部分为非联邦使用土地的地方再开发组织和在关闭前控制土地的陆、海、空部队之间的协商来决定。本章将通过研究路易斯安那中部空军与对负责开发英格兰空军基地的官员之间的协商，解释军队租赁项目是如何发展的。这个案例中的参与者使用租赁合同的目的在于：① 解决传统公有土地转让过程中的问题；② 吸引在空军离开后能够使得失业人员再就业的商业；③ 在前基地上长期管理。英格兰基地的案例由于它为后来的联邦政策创立了先例而变得重要。比如，在一定程度上基于英格兰空军基地的经验基础之上，议会建立了新的被称之为经济发展转让的公共福利转让方式。

---

① 地方再开发组织是被公众或者当地政府认同的对再开发计划全权负责的机构，它领导执行关闭军事基地。

一、军事基地的谎言：综述

早期租赁合同的严苛条款反映了三军只想租赁少量土地。在冷战后基地关闭初期，军队通常拒绝考虑大于一年的租赁期限。所有租户同意在接到通知的 30 天后，军队由于军事目的而废除合同并收回地产。当租户——大多数是最终接受土地权的地方再开发组织——希望将地产租赁给其他组织的时候，军队坚持要审查并批准每个租赁合同。

现在的情况有所不同。尽管军队没有汇集租赁的数据，现有的数据依然显示在关闭的基地中大多数土地是在再开发过程中被租赁出去的，而且其中的大部分是长期合同。路易斯安那的英格兰空军基地没有记录它的土地租赁活动，到 1999 年 1 月被租赁的土地有 41 500 英亩，占在 1988～1995 年间声称的过剩总地产的 46％。大多数合同是 5 年以上的长期合同。立契转让给各种机构的土地只有 19 000 英亩（占其过剩地产的 21％），剩下的土地在当时还没有被再利用[①]。如表 7—2 所示，到 2000 年这个空军基地已经将超过 26 000 英亩（剩余土地的 29％）的土地租赁给了指定的接收人，并继续租赁超过 39 000 英亩（44％）的土地。

表 7—2　空军多余土地的处理方式（2000 年 3 月）（英亩）

	BRAC1988（％）	BRAC1991（％）	BRAC1993（％）	BRAC1995（％）	总数
契约转让	4 696（24.6）	18 011（43.4）	3 483（17.2）	113（1.3）	26 303（29.3）
长期租赁	14 280（74.6）	17 568（42.3）	818（4.0）	1 027（11.6）	33 693（37.5）
短期租赁	107（0.6）	1 218（2.9）	3 273（16.2）	1 163（13.1）	5 761（6.4）
没有再利用	42（0.2）	4 737（11.4）	12 678（62.6）	6 577（74.1）	24 034（26.8）
总数	19 125（100）	41 534（100）	20 252（100）	8 880（100）	89 791（100）

资料来源：詹金斯（Jenkins，2000）。

表 7—2 说明了土地租赁的重要性。在军事基地关闭与整顿的首批关

---

① 参见空军基地交流机构网址：www. afbce. bq. af. mil/。

闭名单被宣布之后的 12 年内，在以租赁转让为明确目标的情况下，租赁仍然是空军处理土地的主要形式。

美国审计总署报道，截止到 1998 年初国防部已经完成了军事基地关闭与整顿(BRAC)委员会在 1988 年到 1995 年间对三个军种的要求关闭和整顿任务的 85%。在发放给非联邦用户大约 154 000 英亩的土地中，有 31%(47 000 英亩)被实际转让，另外的 25%(38 000 英亩)尚在租赁计划中。早期租赁的条款已经不再那么严苛：由于租期根据情况各不相同，军队也就不再坚持审批由地方再开发组织发放的租赁合同。

土地租赁增长的一个原因是由于公有土地转让的复杂性。联邦法规定了联邦土地应该如何被转让，渐渐地议会附加了公共利益的服务限制，但是与私人交易相比还是延缓了进程。1949 年开始实施最重要的管理法规，寻求在优先于私人销售的联邦政府机构中平等的土地的分配方式，这个过程被称之为审查①。联邦过剩房地产首先分配给其他联邦机构为其所用，然后再在联邦机构的担保下提供给其他公共实体。比如，需要地产的地方学校、社区将在教育部提出担保申请。在公共申请的队伍中，议会对那些服务于无家可归的人的机构优先考虑。剩余的地产将以市场价和协商后的租期卖给公共实体。最后，任何剩余的地产将在拍卖中提供给私人购买者表 7—3 中表示了 1998 年中的 95 个转让计划内的当地设施。在表 7—3 中可以看出，1998 年大量的财产转让计划都出于公共利益的目的：4%以下经拍卖转让给私人团体。图 7—1 中显示了基地的再开发活动过程。

除审查过程之外，所有的军事土地转让取决于美国环境政策法案的要求。这通常意味着军队必须在转让之前准备提交一份环境影响的说明。但是，由于议会不希望私人组织通过环境影响的说明使基地关闭的决定，它认为地方地产的重新使用是法案的相关行为而非国防部的相关决定。这就使得了环境影响说明成为内部转让的过程。同时也说明了环境影响说明是如何与转让的过程相联系的(图 7—2)。

---

① 1949 年法令约束总务管理局(GSA)的行为，联邦机构负责联邦土地转让。后来国会委托总务管理局代替美国国防部接手基地关闭的事宜。

由于许多军事基地实际上是宗地地区，对环境清理的需求使得需要更进一步将转让过程复杂化。以前几乎所有的军队基地都带来了一些环境污染，所以军队负责清理工作。一般来讲，转让必须在清理完成后方可进行。为了解释军队如何通过租赁来加快基地转让的漫长而复杂过程，下面将举一个案例来说明之。

表7—3　计划转让的设施

分类	英亩	比例(%)
全部财产转让	169 995	100
FAA	41 313	24.3
教育	2 856	1.7
公园和娱乐	20 842	12.3
经济发展	83 439	49.1
其他公共利益	8 840	5.2
与公共团体议价	5 746	3.4
拍卖给私人团体	6 400	3.8

资料来源：作者的数据库结合MIT基地再发展项目的计算结果。

注：计划转让的财产数据根据1998年8月美国国防部的报告而得；报告中指出86%的可利用土地为非联邦使用。

二、英格兰空军基地

长期以来，英格兰空军基地的一系列情况比较复杂。陆军首先在二战初期从亚历山德里亚市租赁了土地的使用权。空军在越南战争期间获取了其中的利息。在1991年基地被命令关闭后，空军只通过租赁合同将内部区域的控制权转让给了一个州立的公共企业英格兰管理局(the England Authority)。1995年空军与这个组织签署了长期的租赁合同。英格兰管理局把它的第一个租户——一家私人公司——在空军离开之前带到了基地，并很快将一部分地产租赁给陆军供军事演习之用。租赁收入帮助英格兰管理局完成其功能并资助土地的再开发。

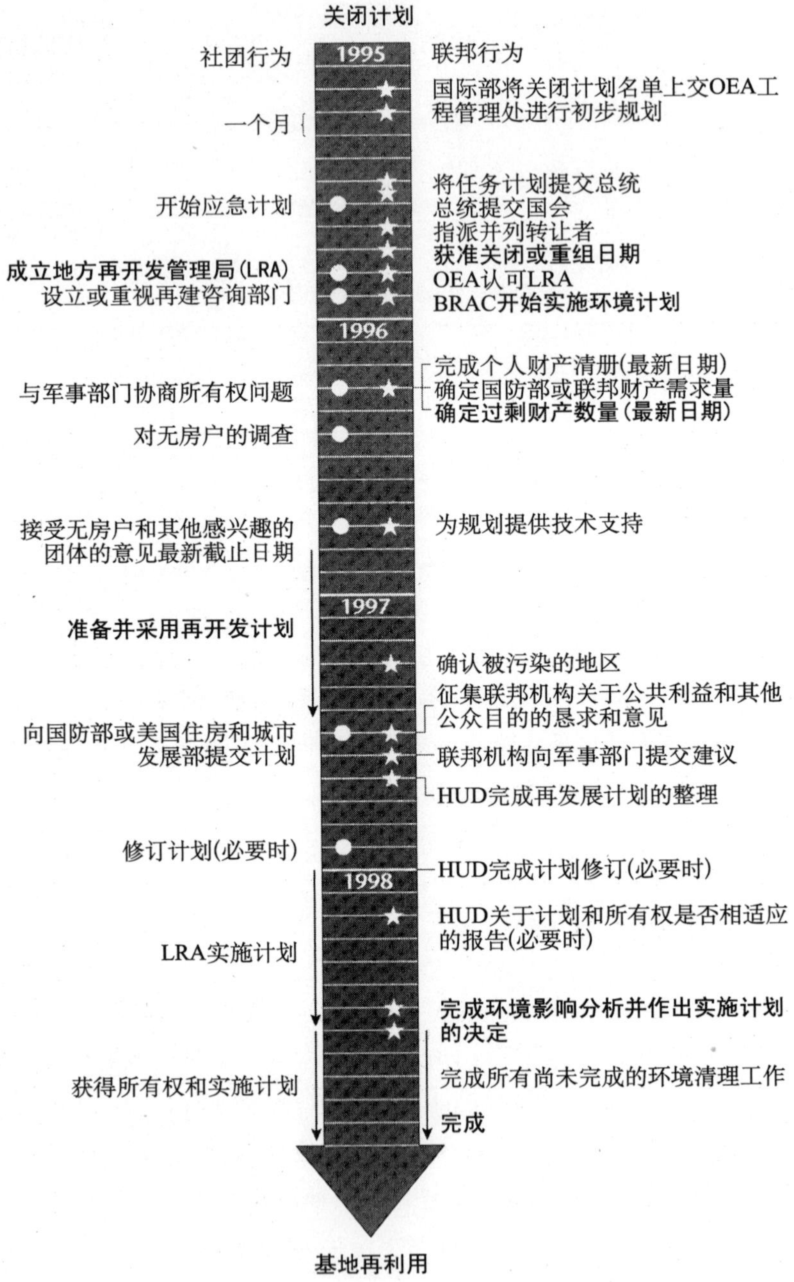

图 7—1　基地再利用

资料来源：(DOD，1997)。

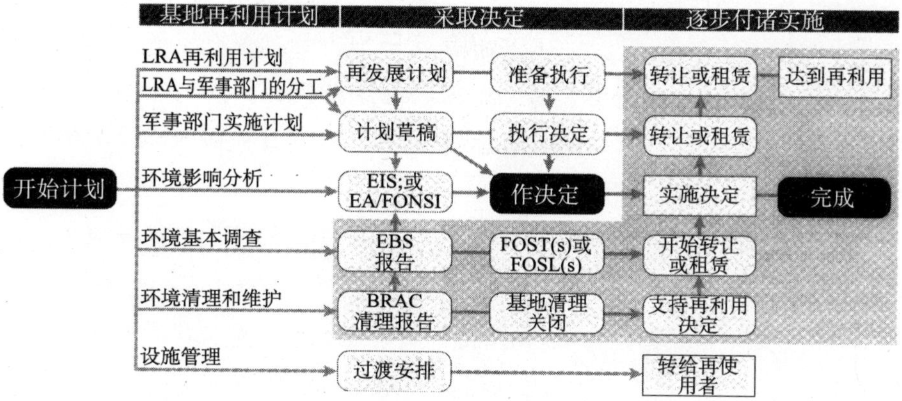

图 7—2　基地再利用计划实施流程图

资料来源:(DOD,1997)。

1. 背景知识

英格兰空军基地的所在地原本是被植被所覆盖的。在 20 世纪 40 年代早期亚历山德里亚有 1 339 英亩的农业土地被改建成了民用机场。二战期间陆军从这个城市租用土地以进行轰炸训练。战后,曾经短期地将这个地区用做民用机场,但朝鲜战争开始时国防部重新使用该地区。这个空军基地在 1954 年重获了除了原来的区域之外另外的土地。

多年来这个空军基地在这个人口将近 4 000 人的小城市的基地进行开发土地和建设。当军事基地关闭与重整(BRAC)委员会于 1991 年下令关闭基地的时候,在 2 282 英亩的土地上,有 2.5 万平方英尺的非居住建筑,598 户家庭住房(92 个军官住宅和 506 个在职人员住宅)以及 13 个营房(总容纳量为 968 人)。在所有机场运行和服务军用飞机的必备设施以及设备之外,还有一家医院、一个学校、一个九洞的高尔夫球场、一个小自然保护区和一个军官俱乐部。空军基地的财产清查对该基地地产的估价为12 000 万美元,并估计它的取代成本将在 60 200 万美元左右(DOD,1995)。

2. 单独转让

当地居民担心英格兰空军基地的关闭将会破坏路易斯安那的经济现

状。在基地关闭后，将有 3 000 名官兵和 700 名市民雇员失业，占亚历山德里亚—派恩维尔市的 6%。当地的领导把基地再开发视为经济复苏的重要因素。然而，他们担心基地利益的分摊将会破坏新经济活动的能力。在其他基地的联邦审查过程中观察员认为这片地产在转让完成后会成为各个公众实体和无家可归者的“瑞士奶酪”。

在路易斯安那的官员希望国防部将土地归还给原始的捐献者亚历山德里亚市。像亚历山德里亚市长内德·伦道夫(Ned Randolph)在被宣布关闭不久所说的，“我们的目标是重新得到所有地产的权益。我们希望得到整片土地并实现对其全面控制”(Caslin and Daye,1991， A—4)。

为了得到这片土地的利益，社区建立了英格兰空军园区和工业区(英格兰管理局)，一个州特许的公共集团。建立英格兰管理局的法规规定它将成为当地唯一有资格处置土地的机构，这个延迟的声明将有可能在公共审查的过程中出现。路易斯安那的立法机关在 1991 年 6 月关闭命令公布之前批准成立英格兰管理局成立。

一周之后，伦道夫与路易斯安那议员约翰·布鲁(John Breaux)会面并就保证英格兰管理局获得的控制权进行了讨论。路易斯安那议员布鲁和贝内特·约翰斯通(Bennett Johnston) 决定在国防拨款法上附加一个修订案，在经过美国议院讨论之后，废除了将关闭的军队基地转交给其他政府实体的法令，而把地方社区放在了首位。议院以 93 比 1 的比率通过了这项法令，在众议院中也提出了一个类似的法令。

由于担心约翰斯通—布鲁修订案可能切断国防部队可以被人们所看好的房地产市场，例如加利福尼亚，通过基地销售获得可观收入的希望，国防部开始与路易斯安那中央的官员进行协商。同时，地方领导也在想办法促使联邦的审查过程向对他们有利的方向努力。联邦负责人可以在公共权益转接的时候，提出要求并且转让本来是被指定公共目的所用的地产。更有趣的是联邦航空管理局(FFA)拥有转让被用作机场的地产的能力。如果在英格兰的地产被用作机场，空军可以通过联邦航空管理局将公共利益转让到英格兰管理局。

路易斯安那的中央官员想通过与国防部的协商完成转让，同时路易斯安那代表团在国会推广约翰斯通－布鲁修订案。这两个策略非常有效。在议员批准国防拨款法之后不久，全国的军事基地没有花费任何费用地回归社区，国防部的高级官员同意与亚历山德里亚代表团就通过联邦航空管理局进行公共福利转让的事宜进行磋商。

路易斯安那委员会代表、地方领导、国防部律师和空军主要决策者同意，如果约翰斯通－布鲁修订案没有获得通过，他们将保证英格兰管理局得到基地的地产权。在空军发表这个意向信时，布鲁和约翰斯通从他们的修订案中退出。国防秘书理查德·切尼(Richard Cheney)在1991年11月宣布了这个协定。转让将取决于常规的联邦航空管理局条例，同时地产属于公众，其使用用途应当与航空事业有关。

3. 租赁

英格兰管理局在证明通过联邦航空管理局转让全部土地的正确性的过程中，依靠租赁是其核心策略。在空军统一支持转让的同时，英格兰管理局还要使联邦航空管理局相信公共利益转让符合要求。这其中有两个问题。首先，在英格兰基地必须建一个商用机场。由于路易斯安那中心已经有了一个机场，当局必须决定将它的商业运作业务搬到路易斯安那。第二，联邦航空管理局的典型转让受限于机场土地和辅助机场需要的土地。为了能够一次性转让所有土地，英格兰管理局必须证明整个基地的租赁收入对于机场的再开发和支持机场运作是必要的[①]。因此，英格兰管理局启动了一个财政计划来支持再开发以及对整个机场的管理。

最后，英格兰管理局决定开发一个民用机场来服务于商业乘客、小型私人机场、仍在这个地区的防御设施以及航空货机。英格兰管理局将主要针对商业和工业使用者，租赁所有的非机场地产。另外，应该在联邦审查过程中得到土地的其他社区的公共实体，比如像将设学校基地的社区教育部门，需要教室空间的路易斯安那州立大学以及需要医院的社区，都将给这个自

---

① 关于公共利益转让的主要解释在1994年的普赖尔(Pryor)修订案中有所反映，该修订被视为经济发展过程中公共利益的表现形式。

给的项目支付费用。

4. J. B. 亨特(J. B. Hunt)驾校

英格兰空军基地是冷战后 BRAC 时代被最早关闭的基地之一。英格兰机场园区的第一个租户 J. B. 亨特货车运输公司创了几个先河。这次租赁协商考验了空军与英格兰管理局应对租赁新方式的能力以及与租户进行同步租赁操作的能力。亨特公司租赁价格的确定为后来基地的租赁搭起了框架。在空军实际关闭基地之前与租户签合同的行为带来了市场效应并激发了再利用的源动力。同时也考验了空军实施这个行动的意愿之真实性。

在 1991 年开始进行租赁协商的时候,亨特公司是全国最大的公共集资货车运输公司。这个公司拥有很多卡车和集装箱,雇用和培训自己的司机,并在很多商业运货中向顾客提供送货上门的服务保证。亨特公司希望扩展司机培训学校,并已经在阿肯色的洛厄尔(Lowell)寻找位置。在与英格兰公司的市场人员进行协商后,亨特公司不再考虑将这个学校办在阿肯色以外的地区。

英格兰空军基地提供亨特公司所需要的全部设施:司机训练需要的大片铺路、教室、受训者的住房和可扩展的房屋。尽管如此,洛厄尔学校的主任对地方官员是否能够签署这个合同表示怀疑,认为将浪费很长的时间,以至于公司不得不另寻校址。

基于对亨特公司管理这片地产的估算,英格兰公司的市场人员计算了其需要支付的租金。计算是根据空军对基地内部的非机场地产的管理纪录完成的,并根据总共可使用的建筑面积被转换到每平方英尺的成本。如果 70%的基地被租赁,这个成本的计算结果对英格兰管理局支付费用是非常重要的,可以给亨特公司提供这个收支平衡点的租金。最终的协商集中在协助亨特公司租赁以及联邦和州财政支持的可能等问题上。

在市场人员向亨特公司提议后不久,英格兰管理局开始与军队协商,希望可以在前空军基地建设模拟战训练设施。部队需要一个与现有的汉格斯(Hangers)相邻的安全区域。这个区域正好位于英格兰管理局划给亨特公司的地区。英格兰管理局希望两个租户同时存在。

提供给亨特公司的另一个地方需要为驾驶训练建设昂贵的新水泥路面。英格兰管理局向经济发展局(EDA)和州政府寻求帮助。在5月EDA给英格兰管理局拨款120万美元帮助其修建一个用于处理空运货物来集中和支持亨特公司构建驾驶训练的新平台。路易斯安那立法机构同意提供80万美元配合资助,并通过一个新的学生贷款项目资助驾驶训练。有了这些资助,亨特公司宣布决定在基地租赁13英亩的土地,成为英格兰空军园区的第一个租户①。

当英格兰管理局同意亨特公司在获得地产和在空军离开基地前进入基地时,给他们自己带来了更大的挑战。英格兰管理局为了达到这个目的,不得不从空军得到可靠的内部租赁合同。然而,截止到1991年尽管空军已经同意通过联邦航空管理局将基地转让给英格兰管理局,但是当时对租赁的严格控制使得转赁变得非常困难。另外,空军声称只要国防部是土地的拥有者,它对基地任何环境污染的责任,包括亨特公司可能造成的污染。为了解决这个困难,英格兰管理局同意承担联邦政府与亨特公司租赁合同相关的所有责任。这些协商耗时长久。英格兰管理局在1992年7月向空军递交了亨特公司地产的内部租赁合同,但是直到10月亨特公司计划迁入时合同仍未被批准。空军起初威胁要阻止亨特公司的进入,直到合同被完全批准,但最后还是退步了。亨特公司"在空军的准许下"在1992年10月没有任何合同的情况下占用了基地。两个月后空军批准了英格兰管理局的内部租赁合同。

最终空军拒绝考虑与英格兰管理局长于一年的租赁合同,亨特公司却想要至少5年的合同。英格兰管理局无法促使空军考虑长期租赁,于是它决定冒险与空军每年签订合同,同时将地盘以5年的租期转租给亨特公司,并附带3个5年期可以更新的条款。据英格兰管理局的执行主任后来描述,"这个租赁过程需要充分的信任。"

最终租户签合同虽然耗时较少,但是过程繁琐。1993年,英格兰管理局要求空军管理基地上所有地产的55年租赁合同。在转让结束的时候,英

① 1997年亨特公司关闭了所有的驾驶学校并离开了英格兰空军基地。

格兰管理局将获得每片土地的所有权。1995 年 3 月空军和英格兰管理局签署了在 55 年内继续转让的合同。英格兰管理局与空军签署了 12 个逐年合同,覆盖了 47 万平方英尺的建筑面积。英格兰管理局的大部分租赁土地被长期转租。

5. 中途前进基地的租赁

在 1992 年早期英格兰管理局听说陆军正在波克堡(Fort Polk)附近寻找准许军事演习的地点,所需的设备被称之为中途前进基地(ISB)。在前英格兰空军基地建立该设施的好处是非常明显的:英格兰管理局最终赢得合同,每年 125 万的首期租金占英格兰管理局收支平衡预算的 25%以上。在英格兰被否决而不可能被选中之后,陆军把 ISB 可操作的截止日期定为 1993 年 8 月。由于英格兰基地直到 1992 年末才关闭,陆军认为英格兰基地不可能被截止日期所限制。英格兰管理局的总裁通过与在弗吉尼亚州兰利(Langley)的空军指挥官的关系,说服了主要的陆军决策者,英格兰基地可以在截止日前成为他们潜在的选择目标。

英格兰管理局不得不转移大量资源以提供陆军所需的设施。机场控制塔不得不全天 24 小时运转,英格兰管理局从国家空军警卫队(Air National Guard)得到了承诺以提供必要的服务。然而,陆军只支付操作控制塔超过正常 12 小时范围的费用。另外,ISB 的飞行援救和救火能力必定要比一般民用设施和机构更为复杂和昂贵。最终,当机场向商业用户开放的时候,英格兰管理局希望产生足够的收入以支付一般机场运转的费用。但是两年内按军队标准机场运转将需要一年 130 万美元的费用。

英格兰向州政府寻求经济援助,1992 年春末议员访问亚历山德里亚,当地领导从他那里得到了承诺,如果英格兰得到了 ISB,他将为英格兰管理局提供两年资助以操作控制塔。如果英格兰管理局得到合同,州立法机构也为 ISB 作了 140 万美元的资助计划①。英格兰随后就得到了合同。

---

① 当年为 EDA 项目配套的资金 220 万美元的一部分被指定用途专用于此。

三、非商业性租赁

在英格兰管理局首次与空军协商中，取代已撤出军队的工作是首要问题，把空军基地租赁给工商业租户也非常重要。然而，英格兰管理局也将前空军基地学校租赁给只支付设施维护费以及公共区域维护费的社区。它同样将前空军基地的住房租赁给非赢利住房开发商，比如像加利福尼亚卢瑟热家园(California Lutheran Homes)，已经建立了178个单元为退休人员以及中等收入人群服务的租房社区，其中很多是军队人员。房租主要定位在年收入在25 000～35 000美元之间的家庭。然而在另外一个例子中英格兰管理局决定不顾社区的压力，拒绝将基地的住房租赁给低收入的家庭，而将在临时基地的住房租给正在寻租的英格兰空军园区的新雇员。

1. 以租赁控制增长并逐步自立

在空军园区内部如果要满足不同租户的需求就涉及重新管理土地使用以及改变现有租户的问题。英格兰管理局在其租赁合同中考虑了必要的灵活性。所有的租赁合同准许英格兰管理局全权负责将租户迁移到条件相当或更好的居住空间。

英格兰管理局也试图使得合同到期时间与规划中的再发展时间相一致。比如，1996年完工的一个客运枢纽站被用做短期设施。英格兰管理局计划改装机场设施，并于2002年在新址建立了新的枢纽站。在另一个例子中，管理局承担了现有的九洞高尔夫球场的主要扩建项目。新的达到专业水平的球场已经成为一个新饭店和会议中心的主要组成部分。由于高尔夫球场的运营者不想搬迁，英格兰管理局买下了所有的租赁权。英格兰管理局同时计划使用租赁条款以控制新开发区的建筑规划和设计。

英格兰管理局是否应该卖掉土地并使用从中得到的资金来资助治理呢？有些人认为不应该这么做。在英格兰空军基地关闭之前，亚历山德里亚市开发了一个工业园区，将地段卖给了私人买主。对当地银行总裁和港口管理董事会成员而言，早期的买主(在这里建了第一个沥青厂)并不是管理和运作港口的合适人选。如果卖掉土地,英格兰管理局也将失去其灵活性。

英格兰空军园区在基地关闭后的5年中达到了其自给自足的目标。到1998年9月英格兰管理局有64个商业租户,租赁空军园区土地有100多万平方英尺。管理局同样租赁140个单元住房。年租金收入占全部年收入600万美元中的550万。由于管理局只花了470万美元,所以管理局可以捐资于资本项目,在1999财政年度它将530万美元投资于这个项目。1998年园区的雇员总数达到1 569人,超过空军基地关闭前的市民雇员人数的两倍。

2. 亚历山德里亚的机遇与窘境

租赁使得英格兰管理局很快地控制了前军队基地的地产,为资助运转和设施再开发提供了收入来源,而且管理局可以根据自身需要进行周转。然而,租赁在一些包括路易斯安那中心在内的社区非常有争议。在英格兰空军园区,前基地(其相关的联邦和州补贴金、从空军手中得到的有优势的租赁和转让条约以及被免除的地产税)与私人地主之间的竞争令人担忧。在空军基地租赁土地的租户以及在私有地产安置租户的地方,房地产商都说空军园区和相应的私人地产存在差别。另一个问题涉及经营责任。由于空军园区没有政治权利,所以没有选民。经营责任和抉择完全由委员会负责。尽管委员会中有三位是立法机构指定的成员,英格兰管理局独立于地方政府。管理局的年收入不为社区所通用。根据航空管理局的转让规定,所有收入必须用来支持空军园区的建设和发展。

四、英格兰空军基地之后的租赁

鉴于英格兰空军基地和全国其他前基地的经验,议会整顿了管理军队基地转让与租赁的立法结构。建立在被广泛定义为航空管理局的英格兰转让的模型基础上,1994年议会构建了被称之为经济发展转让(EDC)的新的福利转让方式。在EDC制度下,军队设施可以大面积地转让给地方再开发组织用于全面再开发。从那以后,私人再开发机构和房地产专家在议会大力游说,说服议员们认同公共设施建设和其他市民居住标准的改善的重要性,许多不作任何改建和整理的基地在私人市场上一文不值①。1999 年议作出答复,只要地方再开发组织至少交纳 7 年净年收入用于投资公共设施改善,就批准建立 EDC。自那时起 EDC 就成为前军队基地的转让的选择对象。

至于军队租赁,议会准许内部存在 5 年以上的租赁行为。不再需要随意中止的条款的存在。议会还在租赁合同中强调"瑞士奶酪"问题,即联邦机构要求得到更大面积的土地上的公共设施。通过回租,国防部可以要求地方再开发组织无偿地将特定的土地租赁给联邦机关。如果联邦机关不再需要这片地产,将其归还给地方再开发组织的时候不需要提供任何新的审查手续。

军队对待租赁的态度也有了很大的变化。国防部 1997 年出台的基地再利用实施手册中总结到,国防部对租赁 BRAC 地产的想法和目标是:

> 早期在一个 BRAC 实行土地租赁可以激发经济快速复苏并增加就业机会,同时减少军队在最终安置地产时的管理费用。因此,租赁是军队部门与地方再开发组织达到共同目标的重要工具之一(DOD,1997,5—1)。

为了对环境污染的责任问题实施管理,国防部在环境检测过程进行到一半的时候考虑到了租赁决策。环境清理过程的第一步是确定当地环境条件现状的环境基准调查。在这个信息基础上,军队将对某片地产发布租赁可持续性裁决(FOSL)或转让可持续性裁决。FOSL 可以确定在这片土地上没有危险物质或任何已知的危险物质已经被清除,或者尽管有危险物质存在,在一定的条件约束下土地可以被安全使用。

---

① 据美国审计总署(1998)统计,早年间国防部预计从四个 BRAC 的资产出售中获得了 47 亿美元的收入。

为了处理不同的租赁情况，国防部还建立了三种租赁模型。大多数接受人是地方再开发组织。在这种情况下不需要支付租赁款。对军队的好处是租户承担地产管理的一切责任。

内部租赁先于设施转让的最终决定的发布。对最终转让决定的不确定并不影响军队将土地转让给地方再开发组织的决定。然而，他们队由地方再开发组织负责的最终再使用计划的细节却很关心。内部租赁允许地方再开发组织与短期租赁者而非长期租赁者达成协议。这些合同有的为 5 年有效期，有的没有对将来地产使用或转让所作的承诺。然而，如果合同与最终的转让决定相一致，则可以被转成为长期租赁或转让。

延期转让的合同滞后于最终转让决定的公布，并即刻提供给接受者对地产的所有权。这些合同可以是长期的(55 年以上)也可以一次性或部分地转让给接受者(比如，一个接受者可以选择在清理前不接受某一片土地)。

总租赁合同包括所有或大部分设施，其形式可以是内部租赁或延期租赁转让。总租赁包括转租以及每次转租过程中从军队里将租户从环境清理责任中全身而退的条件。

在基地被关闭前将其租赁出去已经变得可行了。1996 年的会议召集了空军的领导和涉及基地关闭的社区人员，空军强调其在加州墨赛德(Merced)的卡斯尔空军基地关闭前进行了 17 个内部租赁。国防部经济协调办公室(OEA)介绍了相类似的基地关闭前的行动。OEA 跟踪地方再开发机构在增加就业岗位方面的表现，通过租赁交易转让土地。在 1999 年 10 月的 7 个待关闭基地中，5 个基地的地方再开发组织已经执行了 10 个交易和 41 个租赁(DOD，2000)。

租赁的兴起还得益于它帮助军队解决了一些棘手的问题。对于地产处理，租赁使得军队在完成环境清理和转让前，甚至在所有当地军队装备最终撤离前，完成对设施操作控制权的转移。对于地产收集，租赁使得军队通过租赁土地满足其部队训练任务的需要。一个顺利的转让过程对其他负责公共利益转让的政府机构也非常重要。比如，租赁可以使得航空管理局 20 个空军基地的操作控制权转让给在全国社区，其中就包括英格兰空军基地，并准许在清除和转让过程结束之前用于民用。

五、转租

接受前军事基地的社区很少为必要的再开发提供资源。地方再开发组织租户的年收入为基地地产的运作与开发以及军队撤离后再就业等问题提供了重要的收入来源。甚至在一个地方再开发组织计划迫使进行再开发必须破坏许多现有建筑的时候，它常常短期租赁这些房屋，以指导完成规划和为拓展工程集资的过程。据 OEA 报道，截止到 1999 年 10 月，地方再开发组织在 69 个关闭的设施点有 147 个转让和 1 376 个涉及提供再就业机会的租赁行为。这些机构雇用了 57 429 名员工（DOD，2000）。租户的年收入为改善资本提供了资助。其他地方再开发组织选择使用将来的收入来资助资本投资、流动收入和税务升值券从而聚集必要的资本。

六、结论

英格兰空军基地的租赁经验在很多方面反映了租赁公有土地的国际性经验。首先，当快捷的市场销售受阻的时候，相关的公共机构就顺应形势，转变为转让土地控制权的租赁机构。其次，租赁作为开发机制，准许地方机构组织开发和资助对其有帮助的必要的公共设施建设。再次，租赁收入为地方组织提供了重要的收入来源。

在全球范围内来看，租赁已经成为政府在过渡期管理土地市场上的不定性的方式。在社会主义后期国家，像波兰和乌克兰等东欧国家也是如此，那里的私人市场和对市场运作必要的组织结构建设不很完善，市场运作困难重重。这些国家已经在土地所有权从中央到地方政府转移的背景下使用了租赁方式。在这些情况下租赁可以使地方政府准许所需的开发计划并在适当发展市场机构的同时避免土地投机定价。

还可以将联邦土地向地方所有并控制的转变与在相似的交接过程中关闭军事基地联系起来看。弗里德和巴克斯特（Frieden，Baxter，2000）研究发现，大多数前军事土地在进入私人市场前都经历了正常化的过程。正常化包括“转变军事基地的性质，将在目前形势下不适用于私人开发并且对未来使用和所有权不确定的联邦地产转变为可能被归入正常私人房地产市场运作的地产”。在转变过程中，地方政府和权威机构经常把租赁作为在正常化过程完成之前，能够有效利用地产的途径。英格兰空军基地的例子已经为前军事基地的租赁开创了先河，但是随后联邦政府对正式租赁所作的安排反映了对大多数基地需要进行转换的特点。其目的在于，一旦转变完成，地产可以在正常私人市场条件下通过支付所有权费用完成地产的转让。

由于社区可以指导经济增长，资助其必要的公共设施，租赁也是很多地区开发或再开发的工具。在以色列建立初期，公有土地所有制和租赁支持着建国的议程和领地的稳定。在澳大利亚，租赁协助有规则地开发堪培拉，使其从郊区变成了市区。在瑞典，租赁促进了斯德哥尔摩市低价格房屋的建成。类似的例子还有英格兰空军基地和其他前美国境内的基地，租赁使地方机构可以指导前联邦地产私有化的开发与再开发过程。在路易斯安那，租赁使得英格兰管理局筹备机场建设，在一个地方建设内部航空站并在另一个地方建设长期航空站。英格兰管理局迁移租户的能力表现在前面提到的主要再开发项目(酒店、会议设施以及高尔夫球场)的开发工作。在基地开发过程的早期市场尚不存在的时候，这样的项目工程是无法被预见的。

最后，全球的公共实体出于财政目的都开始采取租赁制度，使公众而非私人从土地调价过程中受益，并且带来所需的公共收入。当然在路易斯安那和美国的许多前军队基地，租赁收入是自主开发建设前军事土地必要设施的重要财政来源。在一些情况下，这些收入就是为发行公债而筹措资金的收入来源。另外，英格兰管理局还通过租赁为退休人员建设低价房。土地租赁合同可以控制住房开发商在基地的土地价格以及建筑和维护成本的基础上定价，避免了土地价格膨胀的后果。

然而，英格兰的案例在公共收入的角度值得更进一步和长时间的研究。在政府租赁的同时，英格兰管理局不是政府，它的收入在法律上讲只能为其所用。以前，它需要所有能够提供的资源。然而，随着英格兰空军园区的兴起，将带来长期增长的收入。沃尔什(Walsh，1978)认为公共权威通常试图最大化他们自己的经济利益，这可能会有悖广泛的公共目标。

以前对美国前军事基地租赁的研究很不系统。然而，英格兰管理局的例子证明军队租赁可以为美国的其他公有租赁提供有意义的借鉴模型。另外，国际租赁的同步发展创造了跨国租赁的机会。这里至少有两个研究可供比较。首先，在市场转化过程中对租赁角色的研究可以帮助纪录不同租赁安排，使最终的私人市场交易成为可能。其次，租赁作为开发手段的研究可以表现租赁在土地规划实施阶段所起的作用。

参考文献

Caslin, Suasan and Raymond L. Daye. 1991. Mayor: It's worst nightmare. *Alexandria Daily Town Talk* (13 April): A-1; A-4.

Frieden, Bernard and Christie Baxter. 2000. From barracks to business: Report of the MIT project on base redevelopment. Washington, DC: Economic Development Administration.

Jenkins, Richard. 2000. Air force base conversion agency report card. Fax to suthor. April.

U. S. Department of Defense (DOD). 1997. Base reuse implementation manual. Springfield, VA: U. S. Department of Commerce, National Technical Information Service. December.

U. S. Department of Defense, Office of Economic Adjustment. 1995. England Air Force base project narrative. Arlington, VA.

——. 2000. Base utilization status: Major base closures and realignments as of October 31, 1999. Arlington, VA. February.

U. S. General Accounting Office (GAO). 1998. Military bases: Status of prior base realignment and closure rounds. Report Number NSIAD-99-36. Washington, DC: Government Printing Office.

Walsh, Annmarie Huack. 1978. the public's business: *The politics and practice of government corporations*. Cambridge, MA: MIT Press.

第八章

波兰的长期公有租赁制度:鼓励性契约的含义

戴维·戴尔-约翰逊和 W. 简·布热斯基
(David Dale-Johnson and W. Jan Brzeski)

长期土地租赁制度是一种广泛应用于许多国家的土地使用形式。在波兰几乎所有非城市化的土地都是私人所有的,并且部分城市土地以公有租赁的形式被使用①。波兰土地的长期租赁者拥有永久的土地使用权,这也是波兰的特点。土地租赁的期限是 40 年到 99 年,并且承租人拥有租赁土地上的增建设施。承租人在获得租赁土地时,必须购买土地上已有的设施。现在,只有国家和当地政府特别是市政府,才有权利出租波兰土地。私人部分土地租赁合同的有关规定正在制定和研究当中,但是并未正式通过。另一种有趣的土地形式是公有或私人的土地租赁,但是这种形式的期限比较短,不超过 20 年,承租人对土地上的增建设施也没有兴趣。而且,这种形式在土地所有权记录上并不是一种真正的土地权利,但是土地永久使用权利就是一种真正的土地权利。

20 世纪 90 年代正是波兰社会的转型期,在这段时间,土地永久使用权受到来自于政坛和法律领域的质疑。一些人要求废除该权利——因为它将会导致"社会主义制度崩溃",并且无法在现代市场经济中占有一席之地。

---

① 以公有租赁方式使用的城市土地的比率并不固定。在克拉科夫市(波兰的第三大城市)土地使用形式的比率为:公共所有权(21%),公有租赁(15%),公共企业所有土地(13%),私人所有土地(46%),其他形式(5%)。在首都华沙和一些位于西部和东北部的城市,土地租赁的比率要高得多,因为大部分的土地是在二战后才开始进行国有化的。

而其他人试图保护这些租赁形式是因为该权利有利于“公共利益”。但是并没有人为长期土地租赁提出经济有效性的证明,或者应该考虑其他形式以促进经济发展。在人们看来,经过对实际情况并不了解的讨论后,在没有提供合理经济原理的情况下,废除这种形式是合理的。

人们已经试图在减少长期使用土地权利的形式,特别是在私人领域。20 世纪 90 年代后期,国会在私人承租者的压力下通过一项法律,允许私人承租者在土地发展与地区规划相一致的情况下,低成本地购买“他们的”土地。这样,当地政府就会失去许多有价值的居住土地资产,而这些土地原来可以为政府带来大量的收入。这些收入是如今的地税系统所不能替代的①。同时当地政府失去了规划的能力。拥有居住土地的非私人个体(机构或者公司)也不能从这项法规中获利。2000 年,该租赁转变法律被宣布是与宪法相违背的,因为它危害了当地政府的土地所有权,当地政府只获得相当低近乎不合理的补偿。这种情况需要长期的政治过程才能加以缓和。

然而,市政府很快又开始出售新的租赁合同,只是这些土地是不能被私人个体所收购的。住房和城市发展部门开始强调土地租赁在土地使用政策、城市发展和发展融资中的作用。1998 年,波兰政府实施了一个城镇和国家的中期规划,包括房地产市场和住房建设的政策。该文件由国家住房和城市发展办公室制定,文件指出长期以来有关部门永久土地使用权的争论存在一个误解,认为在以民主市场为基础的波兰不应该存在长期土地租赁机构(Section II 1.11)。文件指出土地租赁在许多欧美国家都存在,这种形式为那些缺少土地获得能力的投资者提供了方便。文件还指出,波兰的

---

① 所有公有租赁土地所产生的潜在收入都如此。在 1 245 000 处租赁土地中,有 797 000 处是居住土地,199 000 处是非居住土地。大约有 20%的承租人已经缴纳了预付款,因此不需要缴纳土地租金。政府估计每年居住土地的租金(土地价值的 1%)是 150 美元;非居住土地的租金(土地价值的 3%)是 450 美元。因此,在租赁居住土地方面,公共部门所有者(国家和市政府)每年的收入是 1.19 亿美元,在租赁非居住土地方面,每年的收入是 9 000 万美元。同时,市场价值每年大概变化 10%,因此政府估计经过调整后的总收入会达到 2.3 亿美元。这个数字还要再考虑每年新增的土地承租人的数量,他们需要一次性支付相当于 15%～25%的土地价值才能获得土地,但是无法获得这些统计数字。况且从这方面得到的收入也不是很多。当地政府在其他方面获得的收入(排除中央政府的拨款)是 17.8 亿美元。将所有租赁土地转变成私人所有的土地将会一次性增加收入 20.9 亿美元(其中,居住土地是 11.95 亿美元,非居住土地是 8.95 亿美元)。

长期土地租赁只存在于公有土地部分，但是这个权利应该覆盖所有或者部分的私人所有土地。如此一来就能为私人土地所有者提供一些处理土地的方法。而且，如果将这项权利扩展到私人土地领域，可以增加建筑用地的实用性，确保土地所有者的正常收入并且增加房地产市场的交易量。这种变化要求对民法和土地管理法进行修改，但是从 1998 年以后，并没有采取任何具体的措施。然而，该文件至少说明了政府试图改善而不是废除长期土地租赁制度。

本章试图为处于经济转型期的国家提供有关长期公有土地租赁制度方面的建议。主要研究土地租赁的合同和经济内容，通过研究土地租赁结构对城市再开发的时间和强度等方面的影响，提出改善土地租赁的结构的建议。这些问题对于城市再开发中的土地使用安排是至关重要的，而且城市再开发也是扩大经济转型策略的一部分。尽管这里是为波兰公有土地租赁提供建议，但是结论将把研究重点放在波兰公有土地租赁结构和北美公有土地租赁结构的区别方面。本章侧重于研究续签或者延长租赁权以及改良土地等特定合同权利，由于续签或延长租赁权和土地改良权利的出现，公有土地租赁权的利益同所有权的利益很相似。这里选择研究这些合同条款的原因在于，当经济发展要求改变土地用途时将会对再开发土地产生很大的影响。

本章内容概括如下：

① 波兰永久土地使用权的历史演变过程；

② 永久土地使用权的法律和合同条款；

③ 其他可供选择的形式；

④ 经济转型期的长期土地租赁权以及再开发决策过程中的激励因素；

⑤ 相关的理论背景；

⑥ 长期租赁、再开发以及对其他合同方式的评价（在附录中将研究该部分所讨论的模型）；

⑦ 分析和结果；

⑧ 结论和城市发展的含义。

一、波兰永久土地使用权的历史

尽管波兰从1952年开始使用永久土地使用权，但是类似的长期土地使用权利可以追溯到罗马法律系统。罗马法律系统是波兰法律传统的基础。罗马法律系统中有两个条款与永久土地使用权非常相似：永久使用农业用地（emfiteuze）和永久使用建筑土地（superficies）。永久使用者有权从出售和馈赠土地的行为中获利。使用者也拥有开发土地的权利。后来，罗马帝国落没后，一个独立的所有权被提出：直接的土地所有权（dominum directum）和使用土地的权利（dominum utile）。

18世纪末，从这些权利衍生而出的其他权利遍布欧洲。波兰，这个从三个不同权力体制（俄国、普鲁士和澳大利亚）下分割出来的国家，建立了不同的社会机构。在前波兰帝国，曾经是俄国占领区，土地承租人相对于出租者而言保留了较多的权利。在城市和农村，土地承租人拥有传统的永久租赁权（perpetual leases）。在澳大利亚占领的区域，建立了一个将所有权和使用权分开的机构，但是在1912年被建筑权所代替（baurecht）。建筑权的设立是为了满足不能购买土地的投资者构建可支付性住房的需求。建筑权是模仿德国erbbaurecht，它将建筑的权利视为一种附属的权利。这种erbbaurecht形式启发了许多国家政府，包括俄国和瑞士。在俄国占领的其他地区，都设立了建筑权（zastroika）。

波兰在世界大战中独立，刚独立的波兰很大程度上依赖于传统的Erbbaurecht和澳大利亚的baurecht，但不同的是，它并不将建筑权视为一种附属的权利而是建筑的完整所有权，这一权利同土地所有权是分开的，并单独登记。

在1945年，第二次世界大战刚结束时，政府颁布了一条法令，将首都华沙的土地“市有化”（实际上大部分土地都在二战中被破坏），并选择用永久租赁权代替建筑权为解决方法①。但是永久租赁权还是颇具争议的，直到1947年，一个新的概念暂时所有权(temporary ownership)被引入。这个概念的产生是源于旧罗马时代所有权分离的想法。暂时所有权假定暂时所有者是完整的所有人，但是原来的所有者有权否定暂时所有者的决定。暂时所有权尽管是被用于促进住房供给，但是却经受不住来自左派的攻击。左派认为这是一种将国家土地私有化的形式。

接着，1952年颁布的法令对居民建筑土地引入了永久权利的概念，但也没有废除暂时所有权。在接下去的几年间，住房危机并没有得到缓和，因此，到1957年，1952年颁布的法令被废除了，而新通过的一条法律授予国家出售居住建筑和土地的权利，暂时所有权又再度盛行。同时，政府也致力于制定新的民法，企图寻找一个新的、更持久的方法。这个过程一直到1961年，城市和社区土地管理法的产生才结束。这部法律引入了有关永久使用权的制度，并废除了其他有关公有土地的权利。有关永久使用权法律的基础来自于新法和民法。在私人土地所有权和出租者的土地利益中加入永久使用权制度加剧了这两部法律产生的问题。一方面，它是一个有限的物质要求权，另一方面在民法中它又是与所有权和土地租赁权相独立的一种权利。这个权利可转让、继承，也可以授予建筑所有权。同时，这个权利是财产权的一种，可以用于抵押贷款。

在1990年转型初期，永久使用权被视为一种基本的财产权利。实际上，法律帮助当地政府获得许多国有土地进行住房和城市建设，并且在市政府土地所有权下，不同的法律机构可以获得土地的永久使用权。那些没有转让给城市建设使用的国家土地，可以让国有企业、机构和公司永久使用，但是国家保留收回的权利。这样，大部分有价值的城市土地被永久使用权所支配②。在20世纪90年代末期，国会通过一部法律，允许私人个体购买他们所租赁的土地，只需要支付一定金额的费用。费用的金额根据城市的要求和当地政府的利益而变动。该法律的推行目的是让波兰西部的人民能

---

① 尽管在欧洲许多国家，建筑权极为盛行，但是当时的政府认为建筑权会使决策者的目光局限于土地建设而忽略全面的土地管理。

② 授予永久使用权的城市公有土地是30%；波兰20%的土地已城市化。

够拥有土地所有权。波兰西部的土地是在二战中从德国手中收回的，使土地归还给人民就能更好地展现德国土地所有者对土地的要求。

法律学者对是否应该使用其他方法代替永久使用权的问题继续进行争论。这些方法相对于永久使用权而言，同波兰的共和制度联系不那么紧密。一些学者认为国家应该继续实行暂时所有权，这样能授予承租人更大的权利。理由在于暂时所有权与土地所有权类似，国家只保留了剩余权利（显然该权利是不可能实施的），而永久使用权是独立于所有权的，土地所有权由国家保留。这是一个很实际的问题，关系到租赁制度各个方面的政治问题。但是学者们的争论并非依据经济或者财政的研究，而大部分是根据对历史的了解。

二、波兰永久使用权结构：承租人和出租者分享剩余权利

这里首先描述波兰法律中有关部门永久使用权合同条款的规定①。在改良土地方面，有永久使用权者可以将改良权出售给承租人。只有承租人才有土地的改良权利。如果承租人要出售土地改良权，他也必须同时出售土地的永久使用权。如果国家或市政府因为建设公寓而要出售土地，实际出售的应该是每个公寓单位，并根据公寓建筑出售相应部分的土地租赁权②。

根据民法授予租赁权时必须由公证人实行。永久使用权必须登记以更

---

① 两个主要的法律基础是民法和房地产法。有关部门租赁权的理论规定收录在民法中。民法将租赁权视为一种财产权，并允许将该权利同土地私人所有权一样登记在土地所有权系统中。并且该权利可以转让、赠与、继承和抵押。只有国家和市政府的土地才能授予该权利。房地产法规定国家和当地政府如何使用该权利。

② 当租赁土地上的一个新建筑被出售时，开发商会在合同中加入附加条款，要求新建筑所有者在以后出售建筑时要采取大众投票的方式来决定。对于租赁土地上的旧建筑（通常是合作社或者市政府出售的建筑）就不能这么做，因为尚无可以控制私人所有者的条款。而由多人承租的土地也很难被再开发，因为任何单个承租人都可以阻止再开发项目。出于协商费用很高，开发商也不愿意立项新工程。然而，这个问题在公共所有权的情况下也存在。细微的差别在于，在租赁条件下的开发商与主要承租人类似，可将合同转租给不同的私人承租者。

好地进行管理。

授予永久租赁权要求国家机构或者当地政府进行强制性竞争投标并要求 21 天的公告。这是一个公开投标过程，在房地产法中有详细严格的规定。政府可以限制土地的使用，因此事前对投标者进行筛选。任何没有犯罪前科的个人在存入一定的保证金后(可能要求很多)，可以进行投标。公共投标过程在以下情况中可以省略：

- 拥有法定优先权的个人有权获得特定土地的租赁权；
- 两个政府机构之间的土地转让；
- 承租人从事慈善、看管、文化、健康、教育、科学或者体育和娱乐事业；
- 土地交换或者赠与①；
- 土地开发能改善周围环境；
- 土地用以货代款的形式赠与公司或者基金会②；
- 承租人在开发土地后要求获得土地；
- 非赢利性组织为了达到住房供给的目标，使土地满足提供住房目的(建筑或者基础设施)。

最高投标价格作为出售付款金额的基础，通常是最高投标价格的 15%～25%，这个初始金额可以分期支付。另外，在获得租赁合同之后，每年新的承租人必须支付租金，大概为土地价格的一定百分比(通常是 1%～3%)。在后面的部分，将会讨论通过再估价系统对租金进行调整的过程。

租金的百分比是根据合同中对土地使用目地的限制而制定的。对于那些同国防、国家安全、防火、宗教目的、慈善事业、文化、医疗、教育、科学、研究机构以及与土地开发有关的土地，租金的比率通常不低于土地价格的

---

① 一些居民在社会主义时期支付他们未来的房屋，但是在经济制度发生改变之后还没有获得房子。政府制定了一套系统，规定市政府可以根据以前批准房屋的顺序授予土地，但是只有在申请者放弃将来向国家申请住房的前提下才可以实行。在其他情况下，市政府可以按照特定公共或半公共目的授予土地，例如将土地授予慈善机构，或者授予非赢利性房屋租赁项目。

② 当地政府在其他规定下可以形成公有—私人合作伙伴形式。市政府必须选择私人伙伴。一旦伙伴选定，土地就不能进行竞争性投标，但是必须要通过独立估价机构的评价。显然，这产生了腐败的可能，尽管市政府会谨慎行事因为他们要接受公众的审查。

0.3%。对于和居住、基础设施、体育娱乐等部门有关的土地，租金一般不低于1%。最后，对于其他使用目的（大部分为商业目的），土地租金的比率通常不低于3%。如果土地使用目的有所变化并得到批准，租金的百分比和土地价格也会随之改变。也有可能在未来的使用过程中考虑到承租者的收入（支付能力）或因继承而得的建筑给予特定优惠。

土地租金的百分比不会随着租赁的期限（40～99年）而改变。第一年，承租人支付的租金即为根据合同上规定的初始价格。后来，如果存在市场价值变化或者通货膨胀的情况，土地所有者可以调整土地价格。可以每年进行调整，尽管事实上市政府并没有每年都使用该权利，主要原因是由于评估费很高并且缺乏人力资源。也可以根据承租人或者土地所有者的要求进行调整。在两种情况下，需要有获得国家授予的评估资格的正式土地评估者主持。承租人可以通过特殊法庭提出进行租金调整的要求。但是，到目前为止，这种要求很少发生。

在租赁合同中规定土地的使用目的。如果合同目的是建筑开发，合同中必须明确规定：

• 建筑开始和完成的日期；

• 建筑的形式和其他增建措施；

• 有责任保持土地和建筑处于正常状态；

• 在建筑和设施遭到破坏的情况下进行重建的条款和规定；

• 在合同终止或者到期后，对承租人建筑和开发土地的赔偿（根据土地评估）。

承租人必须按照合同规定的土地使用形式进行开发。如果土地使用包括进行新建设，合同必须规定建筑合同开始和结束的日期。如果发生承租人不能控制的情况，这个期限可以延长。如果违反上述规定的日期，土地所有者可以要求额外的处罚费用，相当于延期后每年10%的土地原始价格（在获得租赁合同时）。实际上，能否成功征收该费用取决于每个案例的具体情况。

这些合同条款在土地所有权记录中都有记载，这说明这些合同不仅仅限制了最初的承租人，合同是伴随着土地开发过程的，每位承租人都要遵守。

租赁合同的原始期限是40～99年，但是也能再续签40～99年。国家或者市政府如果不能授予续签许可，必须给出有效的公共理由。民法并没有对续签有任何的规定。国家或者市政府中止永久使用权的时间必须是在合同终止的日期之前，而且如果有任何违反合同规定的行为就必须通过司法程序进行处理。不论是因为合同过期或法律行为而终止租赁合同，土地所有者必须补偿承租人在中止日期前所进行的土地开发的费用。在承租人没有按照规定使用土地或者没有在规定日期前完成土地开发的情况下，可能提前终止租赁合同。在这些情况下，土地所有者必须归还初始付款以及承租人预付的在合同提前终止后的租金。预付租金必须包括利息，但是退还给承租人的总金额不能超过合同终止时租赁权的价值。

1998年通过一套新的法律，允许拥有租赁合同的私有个体提出要求，在2000年前将租赁权转变成土地所有权。承租人需要对此支付费用。如果合同开始实行并且未超过5年，第一次付款必须在14天内，且金额相当于15倍的年租金。如果合同已经超过5年，但不到20年，金额相当于10倍的年租金。如果合同已经超过20年，需要支付相当于5倍的年租金。付款金额由于合同开始时间的长短而有所不同。对这些付款的规定也有许多例外的情况。尽管承租人的永久使用权是1990年制定的，但是政府解释说，第一批永久租赁合同是在1961年授予的，因此，现在的租赁合同已经超过10年。现在，人们正对该法律进行讨论，因为它转移了国家和当地政府的权利。

三、另一个可供选择的机构：出租者拥有所有的剩余权利

在接下来的部分，将讨论北美典型的长期土地租赁。特别是在美国，公有和私人租赁合同通常都是相似的，并且许多公有和私人长期土地租赁都有如下结构。土地所有者将土地出租给承租人，通常租期超过50年。在这50年的期限中，最初规定的是10年或20年，然后再给予承租人两到三次

续签的选择机会,续签期限是 10 年。租赁合同,包括续签在内可以长达 99 年。更长期限的租赁合同(包括续签期限在内超过 99 年的合同),从美国税收的角度上看类似于土地出售,并且也很少使用①。

租赁合同的期限使承租人有充分的时间收回资本投资,并且如果租赁土地开发是利用债务融资进行的,承租人就有足够的时间进行分期付款。借款人不愿意对租赁土地开发项目提供贷款,除非租赁的期限包括续签期限超过贷款的分期付款期限。

一般土地所有者同意(有的甚至是规定)先确定开发性质,再决定合同期限。在许多情况下,土地所有者会向不同的竞争开发商征求开发计划。土地所有人在这个过程中通常不发表意见,但是到最后,当开发计划已经确定后,土地所有者将会积极地参与到租赁活动中,因为这时候所有决定租赁土地收入的参数都已经确定。通常,合同会规定付款的金额,如果并没有按照计划进行开发。通常,合同中会规定一个具体的合同终止日期,如果承租人或者开发商没有按要求进行开发。租赁合同一般包括:

• 持续租金:通常是一个固定金额,需要一直支付直到建设项目竣工或者完成;

• 基本租金:一个固定金额,但是根据事先规定的模式实施,并间隔一定时间进行调整(通常是每 5 年或 10 年);

• 比率租金:根据收到承租人租金的一部分和/或者总销售收入的百分比进行规定。

有效的土地租金随着土地所产生的收入或者出售土地的收入而波动。这也是承租人确定租金同土地开发计划实施情况相一致的方法。如果基本租金每 10 年调整一次,那么就会有条款规定,租金根据土地的总收入或者承租人的销售情况阶段性地提高。

在北美,这种形式的租赁合同通常被公共机构使用,包括港口、机场和当地政府(特别是再开发机构)。尽管此类合同带有一定的风险,但是合同

---

① 出售通常使得出租人需要根据出售价格缴纳资本收入税,即使出租人保留了土地所有权,因此产生了不必要的税收义务。

为公共机构带来了长期收入。而且，这些合同允许一定程度的长期控制。这使得公共机构不需要负担项目立项和开发阶段沉重的财政负担，也帮助这些机构控制项目的进程。通过土地租赁实现的公共控制、控制土地项目的实施比出售土地更为合适。因此，土地租赁在公共一私人合作关系下是个有效的工具(Frieden and Sagalyn，1989)①。

当想要从土地上获得长期收入，但是又缺少兴趣或者专业知识以开发和管理土地时，私人土地所有者也使用类似的租赁合同②。这些私人土地所有者和其他土地所有者可以利用土地租金延期支付资本收入税。土地所有者可以通过土地租赁而非土地出售以获得长期的收入，同时不需要负担任何土地开发的责任，而且还可以延期支付资本收入税。采用这种方法可以达到延迟纳税的目的，但是开发的土地会落到开发商手中，并且，如果获得土地收入是土地所有者的目的，那么这些土地必须要有开发的潜力。因此作为可开发土地的投资者，长期土地出租人获得延期支付税收的特权也是合理的。在交易方面，土地租赁提供了另一种土地融资方法，因此，对于一些土地开发商而言，这也是一种开发的融资手段。总之，长期土地租赁不仅是私人投资者的工具，而且出租人也可以获得延期纳税的好处。

持续租金是促进开发并且减少承租者在土地开发前期以及建设时期费用的一种方法。基本租金是土地出租人获得收入的一种最无风险的方法。这种租金的结构能够产生相等的、相对低风险的租赁收入。租赁合同开始生效时，租金就要根据土地价值的最高值来计算，而且当时的土地使用方式为最优。因为市场价值无法观察，所以需要评估者定期预计土地的市场价值。实际上，以这样的评估方法确定的租赁比率费用较高，只适于评估时间间隔较长的时候使用。因此，基本租金随着土地价值的变化而进行阶段性调整(通常是每 5 年或者 10 年)。这种变化通常由评估者决定，尽管一些规

---

① 如何制定有效的合同是很难解决的问题，也是一直具有争议的问题。一些学者认为制定合同的难点在于必须考虑土地所有者和开发商的意愿。

② 现在加州的许多家庭继承人获得的土地是西班牙国王在 18 世纪晚期或 19 世纪早期授予的，他们从土地租赁中获得收入，这些土地在 20 世纪被用作城市用地开发。

则起草人试图细化基本租金发生的原因①。其他指标或者影响因素应该能够使得租赁收入可以反映通货膨胀率或者土地开发情况②。然而，这些收入的变化并不会同比率地反映土地在最优用途下的最高价值③。

土地所有人不能毫无理由地阻止土地租赁合同从开发商手中转让给下一个承租人。然而，合同允许土地所有者同开发商重新协商租赁合同条款。至少，土地所有者会要求承租人要有优良信用记录。不论是公有或是私人出租者，都可以把这一点列入合同中。

如果土地的最优用途发生改变，许多北美租赁合同（出租者可能是公有出租者也可能是私人）通常不会对即将发生的情况作任何的改变。双方可能会重新协商租赁合同，但是如果在合同中没有条款涉及于此就没有必要进行协商，并且继续进行再开发。土地租赁合同代表了各个不同的所有权分配方式。哈特（Hart，1995）建立了一个简单的财产权模型，其结论是，如果当事人希望在资产生产率方面有重要的投资决策权，很可能需要拥有资产而非租赁资产。同时，哈特认为，高度互补的资产应该保有公共所有权。土地和建筑是互补的资产。哈特重点研究了公司的范围。因此，哈特认为土地租赁将互补资产分隔开，使不同的公司可以管理互补的资产。因此，合同在与互补资产相联系的活动中制造了非正常的界限（土地管理和房地产管理），而这些活动原本应该由一个公司进行的。因此，租赁合同必须达到消除这种界限的目的。也就是说，合同应该提供激励机制使土地所有者和承租人有同等的潜在利益，产生与出租人或者土地承租人拥有土地所有权情况相同的效果。

---

① 土地价值是决定土地租金的基础。土地价值应该是土地在最优用途下的最高价值，而不是即时用途下的价值。一些租赁合同中使用数年租赁土地收入的平均值作为决定新的基本租金的基础。当然，这个方法产生的租金金额可能同通过估价系统决定的租金没有联系。但是，它的优势在于易于实施且可以节省费用。

② 将这些指标机制用于商业房地产的原因是很直接明了的，因为资产产生的阶段性收入是可以衡量的。不幸的是，对于居住土地，获得合理的租金并不是容易的事。因此，指标机制可能很复杂，并且也关系到政治问题（Orange County Register，2000）。如果指标是根据市场价值确定的则可能产生潜在的不稳定性。

③ 即使在房地产市场低落的情况下，土地租金和消费者价格指数表明土地承租人的付款义务可能持续增加。

四、长期土地租赁:在转型过程中的作用和潜在问题

资本市场越来越融入波兰的房地产市场,同时房地产市场也是管理城市发展和再开发的有效工具。长期土地租赁可以视为一种额外的融资方式,使市场参与合同机制以满足它们的特定要求。然而,租赁机制并不仅仅是国家授予的土地所有权的补充,如果存在市场那么它应该可以参与私人市场,就应该使私人个体也有权长期租赁土地。

将土地租赁权授予私人所有土地的做法同以市场为导向的政府目标相一致。政府的目标是消除市场改革所面临的法律和官僚主义障碍。在金融市场上,出现了许多分期付款的方式,为市场提供了许多选择。同样的进化过程也应该发生在房地产市场,促进出售、发展、融资和租赁。接下来将描述有关转型经济下长期土地租赁的特点。这里假设合同的选择方案越多越好,讨论的重点应该是合同的设计问题。这里特别感兴趣的是承租人再开发决策的制定过程,因为他们面临着租赁合同终止和建筑资本被没收的危险。

在经济转型阶段,经济和政治过程是互相关联的,土地租赁可能是促进城市生产力提高、土地再开发、加强城市管理和实现当地财政自给自足的重要工具。长期公有租赁可能是这些制度体系问题的实际解决方法。

① 在当地土地使用规划系统还未成型的时候,长期土地租赁可以作为当地政府影响国家所有土地使用方向的有效工具(尽管土地仍然是在私人部门有效控制之下)[①]。

② 当地政府负责基础设施建设,但是由于税收系统(例如以区域为基础的财产税收系统和以价值为基础的财产税收系统)而缺乏财政收入来源,公有租赁系统成为当地政府的一个重要收入来源。

---

① 公有土地租赁和城市规划之间的关系应该谨慎处理。一些例子说明,规划的发展和租赁应该要保持一致。如果租赁合同的期限长,土地合同条款应该在多年内有效。如果政府没有土地使用规划以指导目前的土地合同,一些现有的租赁条款可能同未来的规划条款相矛盾。将来如果政府试图实行城市规划,他们就会制定一些规章制度来协助实施。

③ 公有土地租赁系统允许当地政府从土地价值增值中获利,这在一定程度上能够刺激政府的基础设施建设。这个目标的实现依赖于土地价值增长、基础设施投资的有效性和租赁合同有效性之间的相互作用。

④ 如果股本权益的有效性是有限的,而且抵押信贷市场仍处于初级阶段,公有租赁系统允许当地政府出于私人目的对土地市场进行融资(产生一个当时并不存在的资本市场)。

⑤ 当土地转让给当地政府时,公有土地租赁系统可以为基础设施建设提供财政来源。因为资本市场仍处于改进初期,而财产税系统也还没有到位。

⑥ 公有租赁系统允许当地政府决定未来土地的使用形式,并且在土地使用形式变化中处于主动地位,这是先前的经济系统遗留的特点。

⑦ 公有土地租赁系统可以在土地处理方法上提供更多的灵活性,允许当地政府推迟土地出售直到有更稳定的市场条件出现。这是假设规划者能预测到市场运行的情况,而尽管大多数人认为这并不可行。

⑧ 公有租赁系统能为非居民投资者获得土地提供更合理的政治理由,从而进行必要的城市开发。

⑨ 公有租赁系统能使用类似于在成熟市场经济下使用的合同,使国际投资者比较容易理解合同的内容,而增加选择的范围。

⑩ 尽管一些人认为公有租赁系统会导致中央统一经济或者计划经济崩溃,但是长期土地租赁在许多市场经济国家有着悠久的历史。

尽管公有租赁系统存在于转型经济中似乎有许多实际可行的原因,但是研究表明,除非很谨慎地起草租赁合同,否则长期土地租赁合同是导致出租者和承租人产生分歧的重要原因。如果合同延期或者自动续签,这些分歧就会消失。因此就产生一个问题:公有租赁系统对转型经济的潜在利益是否会因为它导致承租人和出租者之间意见的分歧而出现负面外部效应而最终抵消。如果承租人没有长期控制或者提高价值的权利,随着合同终止日期的临近,承租人就不会尽力维护土地和设施。如果土地再开发是可行的,在这种情况下也没有投资者愿意再为项目投资。就算有项目,项目的密度也会比承租人拥有土地所有权的情况下要少得多。这和公共部门的区域划分决策没有关系,纯粹是出于经济的原因。后文将讨论这个问题。

首先要充分了解产生分歧的原因。土地租赁合同是长期合同,而且每个人都不确定将来发生的事情,这些事情可能影响当事人双方合同的价值。尽管永久使用权促使土地承租人在土地上新建设施,但是在许多其他系统里当合同到期后,新建设施都归土地所有者(出租人)所有[①]。谁拥有新建设施成为影响合同期限内承租人行为的重要因素。为了充分了解永久使用权对承租人行为的影响,这里将它与美国常见的公有和私人的土地租赁合同进行比较。在美国,当合同到期后,土地和新建设施都归土地所有人所有。而在波兰,承租人拥有新建设施。但是如果这些设施在合同开始前就已经存在,承租人就必须买下这些设施。

如果不存在合同续签的可能,同土地租赁相联系的财产权产生的价值就会低于土地所有权所产生的价值。承租人在合同终止的时候没有任何的土地权利,因此,最终土地的价值对于承租人而言是零。同样地,对于土地所有权者而言,土地价值等于土地未来现金周转的现值。关于新建建筑,北美公有或者私人土地租赁合同并不会给承租人带来任何现有设施和再开发的价值。另一方面,永久使用权使承租人在合同到期时获得新建设施的所有权(或者任何在租赁合同期限内进行的再开发活动)。而且,任何未来承租人都必须购买这些设施。

再开发的选择使控制新建设施的一方获得利益,并获得再开发产生的现金收入。在北美公有和私人租赁合同里,再开发权利对于承租人而言并不是很重要,因为,在合同到期时任何的资本投资对承租人而言都没有价值了(Capozza and Sick,1991)。如果承租人所拥有的剩余权利的价值同新设施的价值和资本投资价值相当,再开发的选择对承租人而言就比较值得考虑,因为这种情况就类似于获得了永久使用权。

通常,当事人双方对合同进行最初协商时,包括土地在最优用途下承租人和土地所有者双方的利益。也就是说,双方会将土地用途集中于可以产

① 在大部分的公有租赁系统,一旦租赁合同过期,土地和新建设施归政府所有,而且不需要支付承租人任何费用。

生最大利润的领域。在将土地运用最优的角度土地所有者具有一定的优势,因为如果合同另一方没有按照土地所有者所认为的最优模式进行开发,土地所有者有权废除合同。然而,一旦土地已经被开发,市场发生了变化,根据合同规定的再开发可能对土地承租人来说并不是最好的方案。有时候,再开发可能是令人满意的,但是并不比土地私人所有的情况更好。土地承租人的动力来自于合同规定的条款。大部分公有和私人土地租赁合同并没有提到再开发问题,即便是期限超过 30 年的合同,随着时间的推移可能会出现更好更优的土地使用模式。

五、理论背景

现在开始分析其他租赁系统的背景。到目前为止,对评价租赁合同在财产权和新建设施权利续签方面能力的研究已经提供了基本框架。威廉姆斯(Williams,1991)通过选择定价的方法,通过逻辑分析和数理统计方法,决定开发最优的时机和密度以及放弃财产的时机。从概念而言,模型考虑了多种租赁形式的发展结构和一个“发展”生产函数。进行开发选择的价值是既定发展模式所能产生的最高利润的预期价值。这个既定发展模式是从预先设定的不同发展模式分布中随机选取的。卡波则和西科(Capozza and Sick,1991)比较了长期土地租赁权价值和所有权土地价值的区别。他们通过选择定价的理论发现,土地租赁权价值低于所有权价值的原因不仅仅是因为合同对于承租人而言有提前终止的风险,而且在承租人预测到合同终止后,承租人获得土地再开发的机会减少了。因此,正如前面所提到的,在相同的经济环境下,土地在租赁权下进行再开发的速度会比较快,但是再开发的密度会比在所有权下低。土地再开发的密度低是因为土地承租人在合同终止后并不能从中获得收入,并且如果项目能够尽快完成,那么土地承租人可以有较长的时间来获得较多收入。从出租人的角度而言,这并不是最佳行为,因为土地租赁合同收入的现值比之土地所有权在同期同规模土地所产生的价值低。卡波则和西科研究了在土地所有权和租赁权下的再开发机会。

研究表明，从再开发的角度来看，合同终止时承租人会丧失所有权利，而导致土地租赁权的价值低于土地所有权的价值。然而，卡波则和西科并没有研究承租人和出租者之间制定合同的性质。戴尔-约翰逊（Dale-Johnson，2001）将卡波则和西科的研究工作进一步延伸，研究当再开发机会出现时合同的制定方法。同样地，戴尔考虑了承租人拥有新建设施剩余权利的租赁合同，这种合同类似于波兰的永久土地使用权。在这两种情况下（合同续签和剩余权利分享），租赁合同的价值随着再开发机会的增加而提高。因此，本章接下来的部分将把永久使用权作为合同的一种选择方案，并讨论这种形式在转型经济中所产生的影响和所具有的意义。

六、再开发、土地租赁、次优选择以及方法

在理想社会和既定的城市计划下，土地所有者（无论是公共部门或者私人个体）都希望租赁土地获得的租金能够与资产（土地）所产生的最优最高的价值一致。这就是所说的最优结果。正如这里所讨论的，在许多情况下，承租人的激励因素与出租者不同。寻找其他的合同制定方式可以获得次优的结果。

在房地产市场，土地价值是预计租金收入、开发技术、预期利息或折旧率、预计建筑费用和其他有关的未来再开发机会等要素的综合函数。最优的发展决策应该包括选择最优时机和开发密度。这里，根据卡波则和西科的方法计算并进行一定改进。首先，模型包括土地和建筑设施的租金或者价值。这样，建筑就可以与土地区分开被视为一种独立的资产。因此，在租赁合同终止时，建筑设施的价值可以由承租人获得（同永久使用权的情况一样）或者由出租人获得（同北美租赁合同的情况一样）。

因此，土地产生的租赁收入包括建筑租金和土地租金：两种价值都是随机决定的，但是土地租金的调整方法是根据再开发时的市场理论价值来确

定的[1]。这里运用蒙特・卡洛(Monte Carlo)样本统计方法和基因搜索算法计算土地所有权和租赁合同的最优价值以及与之相关的再开发时机和密度。初始租金、利息率、租赁期限、建筑费用、转换技术(有效性)、建筑和土地的增长率和折旧率等要素为固定参数。在这个运算阶段不考虑再开发的多种选择方法,但是将租赁合同延期的可能性考虑在内。

每个租赁合同的模型都模拟土地承租人所面临的再开发决策的情况。土地承租人先从土地所有人手中获得土地,然后再将建筑出租给其他使用者。当现有的土地使用模式不再是最优的时候,土地承租人就必须决定是否应该进行土地再开发以及何时进行再开发。即便土地的使用方法不是最优,租赁合同为土地承租人提供的激励因素与土地所有人也不一样。

这里试图寻找承租人和出租人都认同的合同制定方式。土地所有人所进行的理性再开发可以增加土地的价值。未来土地收入的现值会超过再开发的费用。在土地租赁的情况下,承租人和出租人应该分享这些增加的收入[2]。

统计方法和模拟方法能够用来估计土地开发的现值。这些方法通过模拟许多再开发的方式,寻找每种方法所能产生的最高价值,并将所有这些最高价值折现平均,产生一个预期价值。在存在再开发可能的情况下,将这个预期价值减去土地现在使用条件下的价值,就是开发选择的估计价值。

博伊尔(Boyle,1977)率先使用数字技术进行财政选择的评估,接着许多学者采用这些方法进行模型分析,特别是在不能使用偏微分方程的情况下(Capozza and Sick,1991; Childs,Riddiough and Triantis,1996)。察尔兹、里迪乌和特里安第斯(Childs,Riddiough and Triantis)使用逆向动态规划方法解决了这个问题。他们建立了一个包括两个随机变量和时间的三维

---

① 这意味着租金是根据再开发时土地最优使用下的价值制定的。在模型中,土地价格是根据现在土地的使用方式定的。这同许多土地租赁合同的做法一致,这些土地合同的定期租金是根据土地现在使用方式而制定的。当土地有更优用途时土地租金也会随之调整。

② 再开发时分配这些收入的方法很重要。假设在合同续签、延期或者土地再开发的时候,承租人不需要支付一次性的费用。在模型中,定期支付租金(土地租金)的调整反映了土地的新用途。同时,土地租金也在现有用途下根据市场价值进行阶段性的调整。如果再开发是最优方案,承租人有可能故意阻止再开发。这是未来研究的一个课题。

的点阵。点阵中的每个点代表每个可能的标准土地开发项目的折现值和其他所有土地再开发方案的成本的区别。如果再开发优于原来的模式，新的折现值就会代替旧的折现值。这个过程从合同实施第 50 年开始（即合同结束的时候）然后不断地向前重复进行，一直到现在。最后的现值是根据标准开发方式的价值和再开发选择的价值计算的。

这里使用的是另一种方法：综合使用蒙特·卡洛样本统计方法和基因搜索算法，模拟在租赁和土地所有权情况下进行再开发选择的结果。基因搜索算法可以使过程的结果达到最优（例如决定合同的价值）。主要是通过不断地改变事先规定的变量产生结果，并且将参数综合起来得到更好的结果以达到目标变量的最大化和最小化（合同价值）。如果设计适当，这个过程将会产生一个最优结果，也就是说不论再如何改变参数和变量都不可能产生更好的结果了。戈德伯格（Goldberg，1989）和霍兰（Holland，1992）总结了基因搜索算法的演化过程，并阐述了如何将这些方法应用于经济和数学最佳化的问题[①]。财政选择的定价过程也采用这个方法（Chidambaran, Lee and Trigueros，1999；Keber，1999）。

模型中的变量即为开发时机和开发密度，目标变量是合同的折现值。目的是通过综合选择开发的时机（选择时机 τ）和密度（可供租赁的土地数量 q(k) 或者资本 K），使 NPV(R_L，B，τ，K：T，Ω）最大化。其中，T 是合同的终止日期，Ω 为土地合同期限，R_L 和 B 代表市场租金流。建筑租金的增长率（R_L）和土地租金的增长率（B）是随机的。这里假设两个增长率（g_1 和 g_2）是完全相关的。

主要的变量有：目标变量（合同的折现值）；选择变量（开发的时机和密度）；不确定变量（定期租金），还有一些其他固定参数。这个最优化过程可以分成两个步骤。在第一阶段，分析员选择开发的时机和密度变量并输入模型中。在分析过程中，模型随机地确定每年的租金，这些变量有特定的分布频率。增长率 g_1 和 g_2 呈对数正态分布，标准差是 σ_1 和 σ_2。模型使用搜

① 在采用这个方法的过程中，使用了以 Excel 为基础的软件包 RISKOptimizer。这个软件包是帕利斯德（Palisade）公司设计的，用于解决存在不确定性的最优化过程。

索算法不断重复相同的过程，以确定 τ 和 K 的新组合和相应的合同价值。这个运算过程一直持续到最后达成一致。可以根据对 τ 和 K 变换规律的假定选择搜索算法。这里进行的过程是假设 τ 和 K 可以独立地变化。也就是说，并不假设 K 会随着 τ 的增加而增加。τ 和 K 组合的选择还取决于交叉和突变的频率。这些算法的外在参数影响对参数选择的范围。最后达成一致的一点代表模拟过程产生的目标合同的价值和 τ 与 K 的组合。接着，选择另一个组合 τ 和 K 作为起点，进行新的模拟过程。这时，模型根据预先确定的分布频率随机选择一组新的租金。每次模拟过程都会产生一组 PV，τ 和 K，并储存于系统中。经过多次的模拟和重复，最终结果会集中在一点上（在这种情况下，合同折现值的平均值达到最大）。与每次最大化模拟过程所产生的 τ、K 的平均值一致的 τ、K 组合就是使得合同达到最优的 τ 和 K。

使用基因算法解决复杂的最优化问题是常见的方法之一。采用这个方法可以灵活地分析和调整复杂的合同问题。例如，是否能使用逆向动态规划方法设计一种模型来研究合同延期的问题尚不确定。在本章的附录部分将详细介绍该模型。

七、分析和结果

这里分析两种长期土地租赁合同的结构：其一是典型的北美土地租赁合同，其二是波兰的永久使用权租赁合同。因为研究目标是要模拟承租人在土地再开发机会面前的选择过程，所以租赁合同的续签问题也要考虑，如此一来可以使得承租人有时间进行土地再开发。进行此项研究的目的是要确定一种最佳的合同制定方式，使长期土地租赁合同的承租人在合同刺激下的行为与土地所有者的行为（在没有租赁合同的时候）保持一致。对于土地所有者而言，最优或者最佳的结果是，土地开发的时机和密度与没有租赁合同的情况下由土地所有人自己开发的时机和密度相一致。假设这些权利是完备的，拥有土地使用权的一方会选择最优结果。他们只受规划或者政治权利的限制。这意味着他们并不会被剥夺长期使用权，也不会被剥夺土地和建筑设施的所有权。与土地所有权相比而言公有租赁系统提供的权利有可能会比较少，例如，在合同终止时国家不需要续签或者给予承租人任何的补偿。

这里建立的模型是要考虑到再开发土地的价值和合同的期限。以下列出的是研究考虑的几个选择方案。

① 基本模式：标准的北美土地租赁合同，期限为50年，承租人并无剩余权利。

② 永久使用权：波兰公有租赁系统(50年)：模仿波兰永久公有土地租赁系统。为了便于比较，选择50年为期限。在分析过程中假设自动续签并不存在。模型允许调整这个假设，使之与波兰市场的实际相吻合。

③ 租赁合同续签(逐步增加租金，没有剩余权利)：承租人可以在前50年内(合同最初规定的期限)的任何时候再开发土地，但是在最初合同过期时，可以根据项目所需的时间续签合同。例如，如果承租人选择在第40年开发土地，租赁合同就可以再续签40年，这样，合同的总期限为90年。

④ 土地所有权：土地所有者永久地拥有土地。

基本模式假设土地租金和建筑租金均为$16。土地和建筑租金的价值增长率假设为1%。建筑是会逐渐老化的，因此这个1%的增长率是2%的市场增长率和1%的折旧率的综合结果。因为折旧率也会影响租金，所以租金的增长率是1%而不是2%。土地增长率的方差是0.3，而建筑增长率的方差是0.2。这里假设利息率为5%，资本成本为$100。在利息率为5%、增长率为1%的情况下，资本化率为4%，这样每平方英尺租赁土地的原始价值为$800。在生产率的假定条件下(参见本章附录部分)，每增加1平方英尺租赁土地能产生1个单位的资本。然而，增加2平方英尺的租赁土地要求4个单位的资本投入。也就是说，要将1平方英尺的土地转变成租赁土地，就需要投入$100的边际费用。要产生2平方英尺的租赁土地就需要$400的边际费用。

为了分析观察土地租赁合同，需要将可以产生土地所有权效果的租赁合同放在同样的市场假设中进行比较分析。也就是说，如果假设建筑租金的增长率是2%，折旧率是1%，在讨论最佳再开发时机和密度问题的时候，就应该将土地租赁权和所有权(出租人)放在同样的背景下考虑和分析。表8—1的第4种情况记录了土地所有权(土地所有者)情况下的结果和参数。特别地,第4种情况包括了土地所有者在100年内只进行一次再开发的案例。建筑的折旧率已经假定。再开发在第46年开始,规模是26.98,租金是5.19倍。规模代表了资本扩张的单位。再开发土地产生了一个新的房屋面积比率(FAR),也就是说,房屋面积是土地面积的5.19倍,也等于租金的倍数。因此,新的租金就是原来的租金乘以5.19。规模和租金的倍数表示在表8—1的第二列中。第三列记录土地的原始价值是$400,开发后的最终价值是$731。因此,土地再开发选择的价值就是$331。第46年发生的项目在再开发时的折现值是$3 357。这个结果在图8—1中表现出来,图中黑色的曲线逐渐向右攀升,并在第46年的时候明显增加。

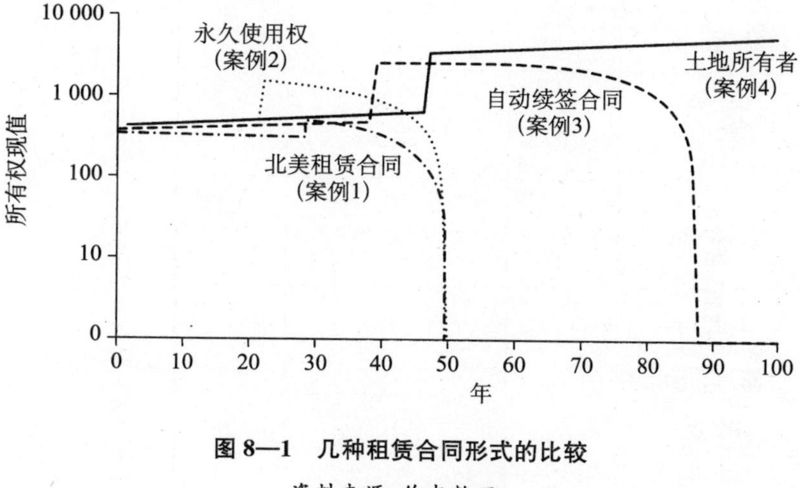

图8—1　几种租赁合同形式的比较

资料来源:作者整理。

表8—1记录了所有模型的假设和主要参数以及每种模型产生的结果。这些结果说明了再开发的时间和密度。在表8—1的第2列,记录了每种情况下的再开发密度和租金的倍数。租金的倍数等于每单位土地达到生产率为γ时所投入的资本,γ是资本替代弹性,即生产率。假设在多数情况下$\gamma=0.50$。第3列分别记录了每种模型里:①没有再开发项目时资产的原

表 8—1 几种租赁合同形式的比较

合同形式	规模(租金倍数)	初始阶段价值(NPV at τ) NPV 平均值	再开发的时间	租赁土地扩大(增加的年数)	土地增长百分比(%)	土地增长率方差	建筑市场价值增长率(%)	建筑价值增长率方差	合同是否能续签	折旧率(%)	剩余权利	出租人PV(租赁费的价值)
(1)北美租赁合同	2.93 (1.71)	346 (515) 331	29	0	1	0.3	2	0.2	否	1	无	500
(2)永久使用权(波兰)	21.07 (4.59)	346 (1 532) 858	22	0	1	0.3	2	0.2	否	0	有	780
(3)自动续签租赁合同	27.5 (5.25)	383 (2 522) 897	38	0	1	0.3	2	0.2	能*	0	无	852
(4)土地所有者	26.98 (5.19)	400 (3 357) 731	46	—	1	0.3	2	0.2	—	1	有(土地所有者)	—

资料来源:作者整理。

* 承租人有权根据再开发项目所需要的时间续签合同。

利息率 = 5%

资本化率 = 4%

生产率 γ= 0.50

PV = 折现值

NPV = 净折现值

始价值;②在 τ 时资产的价值(再开发的时候);③假设再开发项目的密度最优并且时间最恰当时,土地资产的初始价值。第 4 列记录了再开发的时间。第 13 列记录了当最优再开发项目发生的时候,租赁权的初始价值。表的其他部分记录了输入参数值以及合同的特点。

现在可以开始分析几种不同土地租赁合同的结果。结果表明土地所有者和基本模型中的土地承租人在对待再开发密度上的态度是完全不同的。从表 8—1 中可以看到,正如模型 1 中(典型的北美土地租赁合同)使用卡波则和西科(Capozza,Sick,1991)的方法证明的,承租人再开发的密度比土地所有人的少得多。承租人再开发项目产生在第 29 年,时间在土地所有者进行再开发前。同样地,租赁合同的价值在合同终止时为零。土地所有人的开发规模远远大于承租人的开发规模。对每平方英尺的土地,土地承租人的资本投入是 2.93 个单位,租金倍数是 1.71,而土地所有者的资本投入是 26.98,租金倍数是 5.19。卡波则和西科解释到,因为土地租赁合同没有剩余权利,所以土地再开发的密度会比在土地所有人手中的密度要低。承租人再开发的时间要比土地所有者提前,这一结果也反映了承租人想尽量在长时期内获得较多收入的愿望。

第二个模型描述的是永久使用权(波兰公有租赁结果)。因为租赁合同所面临的问题是收回资本投资需要时间,承租人如果有剩余权利,就能获得新建设施的价值,这样就能在一定程度上解决这个问题。同时,出租人保留了土地的剩余利益。在分析中,假设新建设施不会折旧。当合同终止时,承租人从出租人或者新的承租人手中获得与新建建筑价值相当的赔偿。这样,承租人在第 22 年进行再开发,资本投入是 21.07 个单位。显然,能获得合同的剩余权利(新建设施的所有权)的变化极大地影响了承租人的行为。特别是再开发的密度增大了许多。然而,在这种情况下,开始再开发的时间还是比所有权情况下提前。

第三种模型下,如果有再开发项目,合同是可以续签的。假设续签的期限等于原来 50 年合同内已经过去的时间长短。例如,如果承租人希望在第 10 年进行再开发,那么租赁合同可以再续签 10 年,也就是说合同的总期限为 60 年。正如前面所提到的,土地所有人在 100 年的时间内,会在第 46 年进行土地再开发，资本投入是 26.98 个单位，租金倍数是 5.19。在这种情况下，土地所有者永久地拥有土地的剩余权利。另一方面，本研究已经确定模型的参数，通常的土地租赁合同期限是 50 年。研究发现在第一种模型中，土地承租人会在第 29 年进行再开发，而资本投入为 2.93 个单位。在合同可以续签的情况下，承租人会在第 38 年进行再开发，资本投入为 27.5 个单位，租金倍数为 5.25。

而且在表的第 13 列记录了租赁费价值(在租赁合同下的所有权利益)。这个价值是根据模型对不同租赁合同在不同开发密度和时机的模拟比较下得到的。在基本模式(模型 1)中，假设在第 29 年进行再开发，密度为 2.93，租赁费价值为 $500。在其他情况下(模型 2 和 3)，租赁费价值超过基本模式下的价值 $500。因此，说明在所有可供选择的合同中，土地所有者的租赁费价值高于基本模式下的价值[①]。

八、城市形态和再开发决策：含义和结论

这些结果对长期土地租赁普遍存在的社会是很有意义的。如果人们不确定是否可以续签合同，并且如果承租人没有获得新建设施价值的剩余权利，那么同土地在私人所有者手中的情况相比，土地再开发的时间就会提前，并且密度会降低。这意味着，如果所有条件相同，在公有租赁权普遍存在的社会，城市的密度就会降低[②]。在波兰和永久使用权的国家，有关新建设施所有权的明确定义对城市发展有巨大的作用。尽管再开发的时间仍然是提前的，并且土地的密度还是比在土地所有者的情况下低，但是密度已经比承租者没有新建设施所有权的情况要增大了很多。而且，在波兰土地合同续签的可能性也很大(因为拒绝合同续签的唯一原因是有效的公共目的)。研究的结果是，如果合同续签取决于再开发的决策，那么产生的结果会更加类似于土地所有者开发土地的情况。显然，剩余权利和合同续签会

---

① 另一种方法是寻找租赁费和租赁权价值的最大值，并允许当事人双方就现金流动和成本方面的问题进行协商。在以后的研究中将对这一问题展开讨论。

② 感谢伯特兰·雷诺(Bertrand Renaud)对该问题的见解和看法。

产生次优结果[①]。

在本章开头提到在转型经济国家实行长期土地租赁制度是有实际经济利益的。当资本市场参与时,许多利益逐渐消失,当地会逐渐产生其他公共财政收入来源,土地规划和管理系统也会逐步到位。正因为公有租赁系统能够提供这些便利,这里侧重研究合同本身的性质。同时,土地私人所有权系统内在的财产权也在研究之列,以鼓励正在进行中的私人投资。

因此,在本章考虑了长期土地租赁的合同选择模型。讨论在合同终止时剩余权利的选择和合同的续签问题。前几个模型中如果承租人拥有新建设施的所有权,也就是与波兰相同的公有租赁系统。在这种情况下,考虑同意土地承租人获得等同于新建建筑市场价值的赔偿。因此,当土地再开发时,承租人拥有再开发的资产。后几个模型中设计的租赁合同是可以自动续签的,并且续签的期限等于在开发项目发生前已经过去的时间。研究发现,在这些情况下,土地承租人进行再开发选择的价值提高了,使再开发项目的实施更加类似于在土地所有者手中的情况。在美国,许多租赁合同都没有提到再开发的问题。

这项研究的结果很有意义,它表明长期土地租赁合同条款的设立会极大程度地影响承租人在合同期限内的行为。在私人租赁交易方面,会影响租赁合同终止时出租者资产的价值和合同期间的租金。在分析中假设如果产生再开发项目,承租人的开发密度越大,就会给出租人带来越多的收入。在公有租赁环境下,特别是当租赁情况普遍存在时,合同条款对城市形态和当地政府收入会有潜在影响。如果承租人再开发项目密度低,类似于北美形式,城市的发展就会是低密度的。尽管当地政府可以通过扩张城市规模来增加公有租赁收入,但是也会增加为扩张城市提供基础设施的巨大费用。

长期土地租赁的性质是土地所有者在一定时期内,通常超过 40 年,将

---

① 如果承租人能获得合同续签和新建设施的剩余权利,他们在财产权方面就更加类似于土地所有者的情况。再开发项目产生的时间就会推迟,但是仍然早于土地所有者的情况。土地开发的密度也会提高,但是还是低于土地所有者的情况。

资产转让给承租人。在城市的发展中，土地的最优使用方向在长时期内是很有可能变化的。因此，土地租赁合同刺激承租人使他们的行为类似土地所有者。永久使用权，正如波兰所实行的，使土地利用在再开发决策方面能够产生最优结果。在这一章中证明这种形式的合同优于北美的传统合同，因为它具有较高的续签可能性和获得新建设施的剩余权利。因此，如果长期公有租赁系统对于刺激土地使用向私人企业者转移很重要，那么永久使用权是制度发展的权宜之计。

参考文献

Boyle，P. 1997. Options：A Monte Carlo approach. *Journal of Financial Economics* 4：323-338.

Capozza，D. R. and G. Sick. 1991. Valuing long term leases：The option to develop. *Journal of Real Estate Finance and Economics* 4：209-223.

Chidambaran，N. K.，C. H. Jevons Lee and J. R. Trigueros. 1999. option pricing via genetic programming. In *Computational finance*，Y. S. Abu-Mostafa et al.，eds. Cambridge，MA：MIT Press.

Childs，P.，Riddiough，T. and A. Triantis. 1996. Mixed uses and the redevelopment option. *Real Estate Economics* 24：317-339.

Dale-Johnson，D. 2001. Long term ground leases，the redevelopment option and contract incentives. *Real Estate Economics* 29：(3) Fall.

Frieden，B. J. and L. B. Sagalyn. 1989. *Downtown inc.：How America rebuilds cities*. Cambridge，MA：MIT Press.

Goldberg，D. 1989. *Genetic algorithms in serch，optimization and machine learning*. Reading，MA：Addison-Wesley.

Hart，O. 1995. *Firms，contracts and financial structure*. Oxford：Oxford University Press.

Holland，J. H. 1992. *Adaptation in natural and artificial systems*. Cambridge，MA：MIT Press. First edition [1975]，Ann Arbor，MI：University of Michigan.

Keber，C. 1999. Option valuation with the genetic programming approach. In *Computational finance*，Y. S. Abu-Mostafa et al.，eds. Cambridge，MA：MIT Press.

Orange County Register. 2000. Condo owners feel hammered：Land leases up 389%. March 27.

Renaud，B.，F. Pretorius and B. Pasadilla. 1997. *Markets at work：Dynamics of the residential real estate market in Hong Kong*. Hong Kong：Hong Kong University Press.

Williams，J. 1991. Real estate development as an option. *Journal of Real Estate Finance and Economics* 4：191-208.

附　录

模　型

在建立模型的时候，首先要确定一系列的变量和参数。模型的详细说明如下。市场土地租金(R_L)和市场建筑租金(B)的增长率为(g_1和 g_2)。这两个变量的分布是对数正态分布(Wiener Processes)。两个增长率都是正数。因此：

$$dR_L/R_L = g_1 dt + \sigma_1 dz \tag{1}$$

和

$$dB/B = g_2 dt + \sigma_2 dz \tag{2}$$

其中，dz 是标准的威纳(Wiener)过程。研究希望 g_1 和 g_2 有很强的关联性。实际上，在竞争环境下，这两个变量最好能够一前一后地变化。这是希望看到的特性之一。然而，在进行模拟的过程中加入折旧变量，因此 g_1 可能不等于 g_2(折旧后的有效增长率是 $g_2-\varepsilon$，其中 ε 是折旧率)。

土地承租人按照合同规定支付租金，根据租赁合同结构 Ω，这个租金可能不等于市场土地租金。剩下的租金流是土地承租人的收入。本章假设建筑租金是“市场标记”。也就是说，租赁租金率根据市场租金的等级即时调整①。

假设根据租赁合同 Ω 规定的土地租金是 R_S，那么土地承租人的收入等于：

$$R(t) = R_L(t) + B(t) - R_S(t) \tag{3}$$

---

① 这是一个很强的假设。然而，没有该假设会增加模型不必要的复杂性，也不能为合同结构带来任何新解释。

假设再开发完成后，所有的新建筑性质相同[1]，土地租金和建筑租金变化的倍数是一样的。如果土地再开发产生在 τ 期，再开发完成后的租金流是：

$$R'_L(\tau)=q(k)R_L(\tau) \tag{4}$$

$$B'(\tau)=q(k)B(\tau) \tag{5}$$

租金倍数是由柯比—道格拉斯(Cobb-Douglas)生产函数决定的：

$$q(k)=K^{\gamma} \tag{6}$$

其中 γ 是资本替代弹性，K 是每单位土地投入的资本量，q(k)是产生的可供租赁的土地单位。使用 1 个单位资本的成本是 c，因此：

$$\{[K^{\gamma}B(\tau)]/(i-g_1)\} + \{[K^{\tau}R_L(\tau)]/(i-g_2)\}-Kc \tag{7}$$

这是在 τ 时间再开发的价值。注意，土地租金(土地剩余租金)随着土地产生收入能力的增加而增加。FAR(每单位土地可供租赁的面积)的增加会使土地产生收入的能力增加。

在具有确定性和不确定性的模型中，土地承租人在未来 $\tau(0<\tau<T)$ 时有再开发的机会时会试图将项目在 $\tau=0$ 时的折现值(NPV)最大化。NPV 包括 4 个元素：再开发前后的租金流，再开发的费用(每单位面积是 c)，当合同过期时补偿价值或者是剩余价值(m)。

假设土地再开发项目发生在 τ 时，密度为 q，那么租赁权在 $\tau=0$ 时的折现价值为：

$$NPV(R_L, B, \tau, K; T, \Omega)= PV(R_L, B, \tau) + q(k)PV(R'_L, B', T-\tau)-PV(kc)+PV(m)-PV(R_S) \tag{8}$$

T 是租赁合同的期限。这里计算折现率(PV)的公式是离散的标准形式：

$$PV(R)=\sum_{t=1}^{N}\frac{R_t}{(1+r)^t} \tag{9}$$

因此，在简单确定性的模型中，土地再开发的最佳时机和规模(密度)是通过解决以下问题得到的：

---

① 资本投资只增加密度，并不改变质量。

$$\max_{\tau,k} NPV\,(R, \tau,\ K;\ T) \text{ 对于每个合同的形式 } \Omega \tag{10}$$

这个问题可以通过数字最大化方法解决。为了寻找在不确定性情况下的最值，这里采用蒙特·卡洛样本统计方法和基因算法模拟前面讨论的几种合同形式。

以下总结了模型中的外生变量、派生参数和内生变量。

外生变量包括：

1. 利息率，资本费用；
2. 起始地租，它的增长率和“σ”；
3. 起始建筑租金，它的增长率和“σ”；
4. 建筑的折旧率；
5. 生产率；
6. 土地租金和建筑租金的关联系数。

派生参数包括：

1. 土地价值；
2. 真实的建筑租金增长率；
3. 建筑价值；
4. 租金倍数；
5. 资本化率。

分析的结果包括：

1. 再开发的时间；
2. 再开发的密度。

可以根据以下信息进一步研究每个合同的结果：

1. 租金倍数；
2. 资产在没有再开发机会时的初始价值；
3. 资产（当存在再开发机会时）的初始价值；
4. 建设再开发项目产生的时间和密度都处于最佳状态下的资产初始价值；
5. 最佳再开发项目的租赁费的初始价值。

为了研究这个模型，这里只有对建筑设定折旧率。因此，在威纳（Wiener)过程中使用的真实增长率是市场增长率减去折旧率。为了确定资产价值,通过土地租金增长率和利息率中派生了资本化率。

因此,资本化率在合同期限内是固定的[①]。通过租金除以资本化率获得建筑价值和土地价值。在合同终止的时候使用同样的方法决定建筑的剩余价值。

当合同结构变化时,也需要考虑土地所有者的变化。因为土地所有者将协商视为一种合同制定方式,因此通过协商,土地所有人应该从中获利。换句话说,应该有一个共同的最优化过程。在以上分析过程中只计算了租赁费的价值并证明在其他合同形式下,土地所有者或者租赁权所有者可以获得比基本模式情形下更多的利益。

① 根据戈登(Gordon)增长模型或者永久发展模型,资产价值等于 CF/(r−g)。分母等于所有的资本化率。

林肯土地政策研究院简介

林肯土地政策研究院是1974年成立的非赢利性和免税的教育机构，主要开展包括土地经济和土地税收等方面内容的研究和教学工作。该机构主要由林肯基金会支持。林肯基金会是克利夫兰实业家约翰·C. 林肯(John C. Lincoln)于1947年成立的，该机构成立的初衷源于19世纪美国政治经济学家、社会哲学家和《进步与贫穷》(*Progress and Poverty*)一书作者亨利·乔治(Henry George)的灵感。

林肯土地政策研究院的目标是将实践和理论一体化，以理解对土地政策理论和实践产生影响的各种学科所起到的作用。通过开展教学、课程学习、学术会议和出版著作，研究院试图提高有关部门土地政策中关于重要问题讨论的质量，并且传播土地评估和税收方面的相关知识。研究院还设有专门研究拉丁美洲和中国的机构。

林肯土地政策研究院并没有固有的研究模式和理论范式，而是主要通过召集不同背景和经验的学者、政策制定者、实施者和市民，一起研究、反映和交换各自对于土地政策和税收政策的观点和看法。研究院的目的在于产生影响——使今天的生活变得不同，并帮助政策制定者为未来的发展进行规划。

LINCOLN INSTITUTE
OF LAND POLICY

113 Brattle St. Cambridge, MA 02138-3400 USA

Phone 617.661.3016
800.LAND.USE (800.526.3873)
Fax 617.661.7235
800.LAND.944 (800.526.3944)
Email help@lincolninst.edu
Web www.lincolninst.edu